Forum Sprache

Terminologie der Sprachbeschreibung

Forum Sprache

ein Fachbuch-Programm für alle, die Fremdsprachen unterrichten und studieren

Ausgewählte Titel:

Beck, R. / Kuester, H. / Kuester, M.
Terminologie der Literaturwissenschaft
Ein Handbuch für das Anglistikstudium
ISBN 3-19-006620-5

Borgwardt, U. u. a.
Kompendium Fremdsprachenunterricht
Leitfaden zum didaktisch-methodischen Grundwissen ISBN 3-19-006615-9

Buttaroni, S.
Fremdsprachenwachstum
Sprachpsychologischer Hintergrund und didaktische Anleitungen
ISBN 3-19-006622-1

Edelhoff, Chr. (Hrsg.) / Weskamp, R. (Hrsg.)
Autonomes Fremdsprachenlernen
Neue Tendenzen in der Entwicklung lernerorientierter Ansätze im Fremdsprachenunterricht ISBN 3-19-006625-6

Hellwig, K.
Fremdsprachen an Grundschulen als Spielen und Lernen
Dargestellt am Beispiel Englisch
ISBN 3-19-002398-0

Karbe, U. / Piepho, H.-E.
Fremdsprachenunterricht von A – Z
Praktisches Begriffswörterbuch
ISBN 3-19-006630-2

Klein, E.
Sprachdidaktik Englisch
Als Lern- und Arbeitsbuch für Lehramtsstudentinnen/-studenten und Lehrerinnen/Lehrer in der Fortbildung konzipiert.
ISBN 3-19-006644-2

Multhaup, U.
Psycholinguistik und fremdsprachliches Lernen
Von Lehrplänen zu Lernprozessen
Eine umfassende Darstellung der linguistischen und psychologischen Grundlagen des Fremdsprachenunterrichts ISBN 3-19-006616-7

Ortner, B.
Alternative Methoden im Fremdsprachenunterricht
Lerntheoretischer Hintergrund und praktische Umsetzung
Jede dieser Sprachlehrmethoden wird in ihren theoretischen Konzepten und in ihrer praktischen Umsetzung beschrieben, analysiert und bewertet. ISBN 3-19-006629-9

Rampillon, U.
Lerntechniken im Fremdsprachenunterricht
Handbuch ISBN 3-19-006967-0

Rampillon, U. / Zimmermann, G. (Hrsg.)
Strategien und Techniken beim Erwerb fremder Sprachen
13 AutorInnen beschäftigen sich mit dem Themenkomplex unter verschiedenen Fragestellungen. ISBN 3-19-006624-8

Rüschoff, B. / Wolff, D.
Fremdsprachenlernen in der Wissensgesellschaft
Zum Einsatz der neuen Technologien in Schule und Unterricht
Vor dem Hintergrund der neuen Kommunikationsmöglichkeiten wird versucht, das innovative Potential der neuen Technologien im Fremdsprachenunterricht zu beleuchten.
ISBN 3-19-006627-2

Schiffler, L.
Learning by doing im Fremdsprachenunterricht
Handlungs- und partnerorientierter Fremdsprachenunterricht mit und ohne Lehrbuch
Die Beispiele des Buches beziehen sich auf den Englisch-, Französisch- und Spanischunterricht. ISBN 3-19-006628-0

Zydatiß, Wolfgang
Bilingualer Unterricht in der Grundschule
Entwurf eines Spracherwerbskonzepts für zweisprachige Immersionsprogramme
ISBN 3-19-006632-9

Thomas Herbst
Rita Stoll
Rudolf Westermayr

Terminologie der Sprachbeschreibung

Ein Lernwörterbuch
für das Anglistikstudium

Max Hueber Verlag

Umschlaggestaltung: Planungsbüro Winfried J. Jockisch, Düsseldorf

CIP-Titelaufnahme der Deutschen Bibliothek

Herbst, Thomas:
Terminologie der Sprachbeschreibung : ein Lernwörterbuch für das Anglistikstudium / Thomas Herbst ; Rita Stoll ; Rudolf Westermayr. - 1. Aufl., 1. Dr. - Ismaning : Hueber, 1991
(Forum Sprache)
ISBN 3-19-006604-3
NE: Stoll, Rita:; Westermayr, Rudolf:; HST

1. Auflage [5]

Druck: Ludwig Auer GmbH, Donauwörth
Printed in Germany
ISBN 3-19-006604-3

Inhaltsverzeichnis

Vorwort

Dieses Wörterbuch ist ein Wagnis, denn es ist geeignet, den Zorn der – oder zumindest mancher – Fachkollegen auf sich zu ziehen. Nun steht wohl – etwas überspitzt formuliert – jeder Lexikograph vor einem quasi-tragischen Konflikt: nämlich entweder ein Wörterbuch zu schreiben, das der wissenschaftlichen Überprüfung standhält, oder ein Wörterbuch zu schreiben, das dem Benutzer hilft.

Natürlich wäre es schlimm, wenn ein Terminologiewörterbuch nicht der wissenschaftlichen Überprüfung standhielte; dennoch haben wir uns bei dieser Gratwanderung zwischen wissenschaftlicher Exaktheit und Verständlichkeit bemüht, vor allem den zweiten Aspekt in den Vordergrund der Konzeption dieses Wörterbuchs zu stellen.

Jedermann weiß, daß – dem Wesen jeglicher Terminologie entgegen – viele der in der Linguistik gebräuchlichen Termini keineswegs klar und eindeutig verwendet werden, daß Kollokation bei Halliday etwas anderes ist als bei Firth, daß Nominalisierung bei Quirk etwas ganz anderes ist als bei Marchand und daß schließlich zwischen den Phonemdefinitionen von Bloomfield, Jones und Trubetzkoy – von Jakobson oder Chomsky ganz zu schweigen – erhebliche Unterschiede bestehen. Wenn wir auf diese Unterschiede (fast) nie eingehen, sondern nur sehr gelegentlich auf sie verweisen, dann nicht, weil wir meinen, die berühmte *great terminological confusion* durch eine *final terminological solution* ersetzen zu können, sondern aus zwei Gründen: Erstens gibt es eine ganze Reihe sehr anspruchsvoller Terminologiewörterbücher, die eben diese Differenzierungen sehr detailliert berücksichtigen (etwa die von Lewandowski oder Crystal, die uns bei der Erstellung dieses Wörterbuchs eine große Hilfe waren und auf die wir auch alle „fortgeschrittenen“ Benutzer dringend verweisen). Zweitens sind wir der Auffassung, daß es vielleicht doch so etwas wie einen *minimal terminological consensus* gibt, zumindest in dem Sinne, daß es eine Art Grundverständnis eines Terminus wie Phonem gibt, das Studentinnen und Studenten, die am Anfang ihrer Beschäftigung mit Sprachwissenschaft stehen, erst einmal erreichen sollten, bevor sie sich mit den Unterschieden zwischen Trubetzkoy und Bloomfield auseinandersetzen (weil sie vielleicht andernfalls nie soweit kommen, sich damit zu beschäftigen). Gerade weil auch die Erfahrung aller Einführungskurse in die Sprachwissenschaft und vieler sprachpraktischer Veranstaltungen an der Universität sehr deutlich zeigt, daß man nicht davon ausgehen kann, daß alle Studentinnen und Studenten im ersten Semester von der Schule her mit so offensichtlichen Unterschieden wie denen zwischen Substantiv und Subjekt vertraut sind, meinen wir, daß es auch ein Terminologiewörterbuch geben sollte, das letztlich nicht viel mehr sein will als eine Hilfe beim ersten Einstieg in die Sprachwissenschaft.

Dennoch – um allen Mißverständnissen vorzubeugen – mag es wichtig sein, zu betonen, wozu dieses Wörterbuch nicht geeignet ist:

- Es ist nicht ausreichend im Hauptstudium, um eine Hauptseminararbeit zu einem bestimmten Thema zu schreiben und sich über terminologische Unterschiede zwischen einzelnen Schulen oder einzelnen Linguisten zu informieren oder Literaturhinweise zu einzelnen Gebieten zu suchen.
- Es ist schon gleich gar nicht ausreichend zur Vorbereitung von Prüfungen im Fach Sprachwissenschaft im Staatsexamen oder in der Magisterabschlußprüfung.

Wir hoffen vielmehr, daß *Terminologie der Sprachbeschreibung* von manchen Benutzern als sinnvoll empfunden wird, weil es all das nicht versucht. Dennoch kann das vorliegende Wörterbuch in bezug auf andere Terminologiewörterbücher nicht nur defizitär beschrieben werden. Sein spezifischer Charakter äußert sich vielmehr in der gezielten Konzeption als *Lernwörterbuch für das Anglistikstudium*, was insbesondere auch in der Gliederung und der Anordnung der Termini deutlich wird:

- Die Termini werden nicht strikt alphabetisch, sondern in 9 verschiedenen Kapiteln definiert.
- Auch innerhalb der einzelnen Kapitel werden Termini, die – wie etwa Phonem und Allophon – am leichtesten im Bezug aufeinander verstanden werden, in demselben Eintrag behandelt.

Damit eignet sich *Terminologie der Sprachbeschreibung* zum selbständigen Erarbeiten des Stoffes, der in linguistischen Einführungskursen oder Proseminaren behandelt oder in sprachpraktischen Übungen vorausgesetzt wird. Die bei jedem Kapitel angefügten Übungen bieten eine Möglichkeit zur Selbstkontrolle.

Darüber hinaus ist *Terminologie der Sprachbeschreibung* selbstverständlich auch als *Nachschlagewerk* geeignet:

- Innerhalb der einzelnen Kapitel sind die Haupteinträge in alphabetischer Reihenfolge angeordnet und durchnumeriert.
- In einem ausführlichen Register werden alle Termini, also sowohl Haupteinträge als auch solche Termini, die im Zusammenhang größerer Einträge erläutert werden, in Deutsch und Englisch mit der Nummer des entsprechenden Haupteintrages aufgeführt, was leichtes und schnelles Nachschlagen ermöglicht.

Letztlich kann es als Besonderheit des vorliegenden Wörterbuchs angesehen werden, daß es gezielt für das Anglistikstudium in Deutschland oder Österreich konzipiert ist:

- Die Einträge sind in deutscher Sprache abgefaßt, beziehen die englische Terminologie mit ein und legen fast ausschließlich englische Beispiele zugrunde. In den wenigen Fällen (wie etwa *tone group* oder *clause*), in denen ein englischer Terminus weitaus gebräuchlicher ist als sein deutsches Pendant, haben wir

mögliche deutsche Entsprechungen zwar aufgeführt, aber im Text die englischen Begriffe zugrundegelegt. (Die damit verbundene „Sprachmischung" erscheint uns im Vergleich zur Verwendung einer wenig etablierten Terminologie das kleinere Übel: *clause* ist als Terminus eindeutiger bestimmt als etwa Gliedsatz, Teilsatz oder Satz als mögliche Entsprechungen.)
- Bei der Definition der Termini orientieren wir uns vornehmlich an ihrer Verwendung in der angelsächsischen Sprachwissenschaft, was z. B. im Bereich der Syntax eine starke Anlehnung an die Terminologie der *Comprehensive Grammar of the English Language* (CGEL) von Quirk, Greenbaum, Leech und Svartvik mit sich bringt, von der wir auch einige Beispiele übernommen haben.
- Es werden fast ausschließlich Termini erfaßt, die zur linguistischen Beschreibung der englischen Sprache relevant sind.
- Das Wörterbuch hat in dem Sinne quasi-enzyklopädischen Charakter, daß nicht nur Definitionen, sondern – abgesetzt außerhalb der markierten Kästen – relativ ausführliche Informationen über die englische Sprache gegeben werden, die zum anglistischen Grundwissen gerechnet werden können.

Ziel dieses Terminologiewörterbuchs ist es, einen fundierten Einstieg in die Beschäftigung mit dem Gegenstand Sprache zu ermöglichen, um so die Voraussetzungen zum weiteren Studium der Sprachwissenschaft zu schaffen.

Bei der Gratwanderung zwischen Einfachheit der Erklärungen und wissenschaftlicher Ausführlichkeit haben wir sehr viel Unterstützung und Hilfe erfahren: Danken möchten wir vor allem Emmi Deil, Annemarie Huber, Sigrid Kehlbach, Heidi Maier, Britta Meyer, Ute Nachtigall, Kerstin Popp, Hildegard Schäffler, Martin Schnell und Kerstin Stegemann, die uns als „Vorkoster" durch zahlreiche Hinweise auf Unklarheiten in unseren Definitionen geholfen haben, uns in die studentische Perspektive zu versetzen. Für hilfreiche Anregungen hinsichtlich der Auswahl der Termini sind wir Dr. Klaus-Dieter Barnickel und Dr. Hubert Gburek von der Universität Erlangen-Nürnberg sowie Prof. Dr. Horst Weinstock von der Universität Aachen sehr zu Dank verpflichtet, ebenso Prof. Dr. Kucharek von der Fachhochschule Rosenheim für seine Anmerkungen zu einem frühen Entwurf. Insbesondere möchten wir Prof. Dr. Thomas Finkenstaedt dafür danken, daß er uns in diesem Unterfangen bestärkt und einige Kapitel gelesen und mit kritischen Anmerkungen versehen hat. Ganz besonders danken wir in diesem Zusammenhang Prof. Dr. Dieter Götz für die intensive Unterstützung durch seine vielen hilfreichen Kommentare zum Gesamtmanuskript.

Hinweise zur Benutzung dieses Wörterbuchs

Dieses Terminologiewörterbuch ist als Lernwörterbuch konzipiert, d. h. es kann auf zweierlei Weise benutzt werden:

1. *zur Einarbeitung in die linguistische Terminologie:*
   Dabei sollte Kapitel für Kapitel durchgearbeitet werden. Die Aufgaben am Ende eines Kapitels dienen als Kontrolle für den Lernerfolg; die Lösungen sind ab S. 268 zu finden.

2. *als Nachschlagewerk:*
   Da das Wörterbuch nicht strikt alphabetisch aufgebaut ist, sondern die Termini in Sachgruppen zusammengefaßt sind, wurden alle Einträge numeriert (wobei die erste Ziffer für die Kapitelnummer steht) und für die Zwecke des Nachschlagens drei Indizes angefügt:
   - ein allgemeiner Index, in dem die Namen von Sprachwissenschaftlern und wichtigen Wörterbüchern oder Forschungsprojekten aufgeführt sind;
   - ein Index der englischen Fachtermini (in dem in schwierigeren Fällen auch die phonetische Transkription angegeben ist);
   - ein Index der deutschen Fachtermini.

   Im Index findet man die Nummer des Eintrags, in dem der entsprechende Terminus erklärt ist. Termini, die nur im Englischen oder nur im Deutschen gebräuchlich sind, sind nur im entsprechenden Index aufgeführt.

Falls nicht offensichtlich ist, wo ein Terminus zu finden ist (wie bei Adjektiv, das unter A im Kapitel Syntax aufgeführt ist), empfiehlt es sich also, zunächst im Index nachzuschlagen und im entsprechenden Kapitel die angegebene Nummer zu suchen.

1 Allgemeine Termini

101 Akzeptabilität – Grammatikalität (Acceptability – Grammaticality)

Akzeptabilität

Beurteilung von Äußerungen oder Sätzen durch Muttersprachler (*native speakers*) in Hinblick darauf, ob sie in einer Sprache (in einem bestimmten Kontext <608>) möglich sind.

Grammatikalität

Übereinstimmen eines Satzes mit den Regeln der Grammatik <418> einer Sprache.

Akzeptabilität bedingt zwar Grammatikalität, aber umgekehrt bedeutet Grammatikalität noch nicht unbedingt Akzeptabilität. So sind Sätze mit mehrfachen Relativsatzeinbettungen (*?The people who wrote the book that every student that studies English, which is a very important subject, at a German university ought to buy live in Augsburg*) zwar grammatisch, aber kaum akzeptabel.

Grammatikalität bezieht sich auf Sätze und die Ebene der Kompetenz <108>, während Akzeptabilität sich auf Äußerungen und Performanz <108> bezieht.

Anstelle von *grammaticality* wird im Englischen auch der Terminus **WELL-FORMEDNESS** verwendet. Ungrammatische Sätze werden als **ILL-FORMED** bezeichnet.

Inakzeptable Sätze bzw. Äußerungen werden in der Linguistik durch ein vorangestelltes Sternchen (*) bezeichnet, ist die Akzeptabilität fraglich, wird ein Fragezeichen (?) verwendet.

Sowohl Akzeptabilität wie auch Grammatikalität unterliegen Stufungen, da keineswegs alle Sprecher einer Sprache alle Äußerungen in diesem Punkt gleich beurteilen.

Entscheidend ist, daß in der modernen Linguistik aufgrund des Prinzips der Deskriptivität <102> Aussagen über Akzeptabilität bzw. Grammatikalität sich immer auf die Einstufung eines Satzes oder einer Äußerung innerhalb einer Sprachgemeinschaft beziehen. Normative Kriterien wie „richtig“ oder „falsch“ widersprechen diesem Prinzip.

Literatur: Greenbaum (1988).

Deskriptivität (Descriptivity) 102

Grundprinzip der modernen Sprachwissenschaft, das die wertungsfreie Beschreibung von Sprache verlangt, wie sie von den Sprechern einer Sprachgemeinschaft zu einem bestimmten Zeitpunkt (synchron <103>) tatsächlich verwendet wird.

In diesem Sinne ist in der Sprachwissenschaft die Feststellung deskriptiv, daß etwa doppelte Verneinung (*I did not see nobody*) als *non-standard* <720> einzustufen ist, weil hier nur eine Aussage über die Verbreitung einer bestimmten Form gemacht wird, aber nicht behauptet wird, die in vielen Dialekten gebräuchliche doppelte Verneinung sei „falsch“ oder „schlechter“ als die im Standard übliche Form.

Die **DESKRIPTIVE SPRACHWISSENSCHAFT** steht im Gegensatz zur **PRÄSKRIPTIVEN** oder **NORMATIVEN SPRACHWISSENSCHAFT**, die „verbindliche“ Regeln für einen „richtigen“ Sprachgebrauch aufstellt. In diesem Sinne ist die traditionelle Grammatik <922> präskriptiv. So ist z. B. die einfache Verneinung im heutigen *Standard English* <720> auf den Einfluß präskriptiver Grammatiker vor allem des 18. Jahrhunderts zurückzuführen. Regeln der präskriptiven Grammatik orientieren sich häufig an Gesetzen der Logik (wie beim Beispiel der Verneinung) oder am Lateinischen, wie etwa bei der Regel, es müsse *It is I* heißen. Da aber die meisten Sprecher von Standard English die Form *It is me* verwenden, ist diese Form im Rahmen einer deskriptiven Grammatik als akzeptabel <101> zu beschreiben.

Diachron(isch) – Synchron(isch) (Diachronic – Synchronic) 103

Diachron

Geschichte bzw. Entwicklungen aufzeigend, zu verschiedenen Zeitpunkten herrschende Zustände vergleichend.

Synchron

Den zu einem bestimmten Zeitpunkt herrschenden Zustand aufzeigend.

Die deutliche Trennung von synchronem und diachronem Ansatz geht auf Ferdinand de Saussure zurück.

Im Rahmen einer synchronen Beschreibung wird eine Sprache zu einem bestimmten Zeitpunkt bzw. in einem relativ eng begrenzten Zeitraum untersucht, also etwa das Englische seit 1970, das Englische der Shakespeare-Zeit oder der Chaucer-Zeit.

Eine diachrone Analyse setzt im Grunde genommen verschiedene synchrone Beschreibungen voraus und zeigt die Entwicklung der Sprache oder einzelner Aspekte auf, also z. B. die Veränderungen im englischen Wortschatz zwischen 1000 und 1300 oder die Entwicklungen des englischen Vokalsystems von der Shakespeare-Zeit bis heute. Eine völlige Trennung zwischen diachroner und synchroner Methode ist nur rein theoretisch möglich, da einerseits ein Sprachzustand immer auch eine zeitliche Dimension hat (z. B. lassen sich die Formen der sogenannten unregelmäßigen Verben <825> historisch erklären). Andererseits setzt eine diachrone Untersuchung die exakte Analyse der einzelnen synchron aufeinanderfolgenden Sprachzustände voraus.

104 Distribution – Komplementäre Distribution (Distribution – Complementary Distribution)

Distribution

Vorkommen eines sprachlichen Elements in bestimmten Umgebungen.

Im Englischen sind z. B. die Konsonanten /s/, /n/ und /ŋ/ unterschiedlich distribuiert:

		/s/	/n/	/ŋ/
am Wortanfang:	vor Vokal	/sʌn/	/nʌt/	____
	vor Konsonant	/skɪn/	____	____
in der Wortmitte:	zwischen Vokalen	/ˈkɪsɪŋ/	/ˈenɪ/	/ˈsɪŋə/
	zwischen V und K	/ˈwɪskɪ/	/hɪnt/	/bæŋk/
am Wortende:	nach Vokal	/kɪs/	/tɪn/	/brɪŋ/
	nach Konsonant	/hæts/	/ˈrekn/	____

Bei einer genaueren Untersuchung der Distribution dieser Konsonanten stellt man z. B. fest, daß auch nur gewisse Konsonantenverbindungen möglich sind: /n/ kommt etwa im Gegensatz zu /ŋ/ im Englischen nie vor /g/ oder /k/ vor.

Komplementäre Distribution

Regelhafte Verteilung zweier oder mehrerer sprachlicher Elemente, wobei ein Element nur in Umgebungen auftreten kann, in denen keines der anderen Elemente auftritt.

Die Allomorphe <307> des *past tense*-Morphems {D} im Englischen sind komplementär distribuiert. Dabei gelten folgende Allomorphverteilungsregeln:

/d/ nach Vokal: *cried* /kraɪd/
nach stimmhaften Konsonanten außer /d/: *loved* /lʌvd/
/t/ nach stimmlosen Konsonanten außer /t/: *laughed* /lɑːft/
/ɪd/ nach /d, t/: *padded* /ˈpædɪd/, *hated* /ˈheɪtɪd/.

Aufgrund dieser Allomorphverteilungsregeln ergibt sich, daß die drei Allomorphe nie gegeneinander austauschbar sind, also das Auftreten des einen Allomorphs das eines anderen ausschließt.

In der Phonologie tritt komplementäre Distribution z. B. bei *clear l/dark l* <225> auf.

Formal – Funktional (Formal – Functional) 105

Die Beschreibung von sprachlichen Einheiten kann unter formalen und unter funktionalen Gesichtspunkten erfolgen.

Formal

Die unabhängig von einem Kontext bestehenden äußeren Eigenschaften einer sprachlichen Einheit bzw. ihre Struktur betreffend.

Funktional

Die von einer sprachlichen Einheit erfüllte Funktion betreffend.

In *The butler killed the lady* lassen sich unter dem formalen Gesichtspunkt folgende Feststellungen treffen: *the butler* und *the lady* sind Nominalphrasen <439>, *the* gehört der Wortklasse der Determiners <411> an, *kill* ist ein Verb, *butler* und *lady* sind Substantive, *killed* ist die *past tense*-Form von *kill* etc. Von der Funktion her lassen sich die beiden Nominalphrasen jedoch unterscheiden: *the butler* ist Subjekt, *the lady* Objekt, was formal durch die Wortstellung ausgedrückt wird. Die Form der sprachlichen Einheit *the butler* bleibt gleich, unabhängig davon, ob sie die Funktion eines Subjekts oder Objekts (*The landlady killed the butler*) erfüllt.

Eine formale Beschreibung zielt auf die Eigenschaften ab, über die eine Einheit unabhängig von ihrer Funktion verfügt, etwa daß die Nominalphrase *the butler* aus dem Determiner *the* und dem Substantiv *butler* aufgebaut ist.

Verschiedene linguistische Schulen legen bei der Beschreibung das Hauptgewicht auf Form oder auf Funktion. Der funktionale Beschreibungsansatz ist etwa charakteristisch für die Prager Schule <917>, die z. B. Phoneme aufgrund ihrer bedeutungsunterscheidenden Funktion definiert. Demgegenüber ist der Ansatz des amerikanischen Strukturalismus <901> rein formal, in dem Phoneme aufgrund formaler Eigenschaften wie ihrer Distribution <104> definiert werden.

106 Funktionen von Sprache (Functions of Language)

Der Sprache an sich werden verschiedene Funktionen zugeschrieben. Eine der grundlegenden Einteilungen ist die von Bühler (1934), der dem sprachlichen Zeichen in seinem sog. **ORGANONMODELL** folgende Funktionen zuschreibt:

- **Darstellungs- oder Symbolfunktion (Representational Function):**

  Funktion des sprachlichen Zeichens in bezug auf seine Zuordnung zu Gegenständen und Sachverhalten.

- **Appell- oder Signalfunktion (Conative Function):**

  Funktion des sprachlichen Zeichens in bezug auf den Hörer, dessen Verhalten es steuern kann.

- **Ausdrucks- oder Symptomfunktion (Expressive Function):**

  Funktion des sprachlichen Zeichens in bezug auf den Sprecher, dessen Gedanken und Intentionen es zum Ausdruck bringt.

Von zentraler Bedeutung ist der Funktionsbegriff auch im Ansatz des britischen Kontextualismus <902>, den M.A.K. Halliday aufgegriffen und weiterentwickelt hat. Halliday (1970) unterscheidet folgende drei Sprachfunktionen:

- **Ideational Function:**

  Funktion der Sprache, die außersprachliche Wirklichkeit in begriffliche Kategorien zu fassen.

  Die Aufteilung des Farbspektrums in – je nach Sprache verschiedene – Bereiche entspricht z. B. der *ideational function*.

- **Interpersonal Function:**

  Funktion der Sprache, die Menschen in die Lage versetzt, soziale Rollen wie Sprecher, Hörer, Fragender etc. einzunehmen und soziale Gruppen zu bilden.

Der *interpersonal function* ist z. B. zuzurechnen, daß sich bestimmte Gruppen in der Gesellschaft durch die Verwendung bestimmter Dialekte sowohl regional als auch sozial voneinander absetzen.

- **Textual Function:**

  Funktion der Sprache, einzelne sprachliche Elemente oder sprachliche Äußerungen miteinander zu Texten zu verbinden und angemessen auf den situativen Kontext zu beziehen.
  Zur *textual function* ist z. B. zu rechnen, daß bestimmte Teile von Äußerungen durch ihre Position im Satz, Betonung etc. als wichtig, neu etc. zu interpretieren sind (Thema/Rhema <615>, Focus <604>).

Interferenz (Interference) 107

> Beim Fremdsprachenerwerb die unzulässige Übertragung einer Erscheinung einer Sprache auf eine andere, meist von der Muttersprache auf die Fremdsprache.

So kann z. B. der von Deutschen im Englischen häufig gemachte Fehler, stimmhafte Konsonanten am Wortende (wie in *bad*) ‘stimmlos’ <232> auszusprechen, auf Interferenz zurückgeführt werden, weil die deutsche Ausspracheregel der Auslautverhärtung durch Neutralisation <223> (derzufolge auch das *d* in *Bad* stimmlos ist) auf die Zielsprache übertragen wird.

Für Interferenz wird gelegentlich auch der Terminus **NEGATIVER TRANSFER (NEGATIVE TRANSFER)** verwendet, wobei mit **TRANSFER** die Übertragung von Erscheinungen der Muttersprache auf die Zielsprache generell verstanden wird.

Interferenz kann von der Muttersprache auf die Fremdsprache (**L1-L2-INTERFERENZ**), aber auch von einer Fremdsprache auf eine weitere (**L2-L3-INTERFERENZ**) erfolgen. Beeinflußt die Fremdsprache den Gebrauch der Muttersprache, so spricht man von **BACK-INTERFERENCE**.

108 Kompetenz – Performanz (Competence – Performance)

Kompetenz

Fähigkeit eines Sprechers, in seiner Muttersprache eine unbegrenzte Zahl von grammatischen Sätzen erzeugen und verstehen sowie grammatische von ungrammatischen Sätzen unterscheiden zu können; (unbewußtes) Wissen eines Sprechers um die Regeln des Systems einer Sprache.

Performanz

Tatsächlicher Gebrauch von Sprache in Äußerungen <504> in konkreten Situationen, wozu auch Erscheinungen wie abgebrochene Konstruktionen, Zögerungsphänomene oder Regelverstöße zu rechnen sind.

Die Unterscheidung zwischen Kompetenz und Performanz geht auf Chomsky (1965) zurück und spielt in der generativen Transformationsgrammatik <907> eine große Rolle. Nach dem Verständnis der Transformationsgrammatik ist Grammatik die Beschreibung der Kompetenz eines idealen Sprechers/Hörers – eine Auffassung, die wegen ihres hohen Idealisierungsgrades kritisiert worden ist.

Kompetenz im Sinne Chomskys wäre als rein **GRAMMATISCHE KOMPETENZ (GRAMMATICAL COMPETENCE)** zu beschreiben. Davon abgehoben wird ein weiter gefaßter Kompetenzbegriff:

Kommunikative Kompetenz (Communicative Competence): Fähigkeit eines Sprechers, Äußerungen zu bilden und zu verstehen, die nicht nur grammatisch, sondern in einer bestimmten Sprechsituation auch angemessen sind.

In der Fremdsprachendidaktik wurde im Rahmen einer Entwicklung, die vom traditionellen Grammatikunterricht wegführen sollte, häufig kommunikative Kompetenz als das eigentliche Lernziel des Fremdsprachenunterrichts gesehen. Inzwischen gilt kommunikative Kompetenz zuweilen eher als negativ behaftetes Schlagwort, weil mit ihr manchmal eine Richtung assoziiert wird, die situationelle Angemessenheit und die Fähigkeit, sich verständlich machen zu können, gegenüber sprachlicher Richtigkeit überbetont hat.

Korpus (Corpus) 109

Authentisches Sprachmaterial, das als Grundlage linguistischer Analysen dient.

Bei der Zusammenstellung eines Korpus ist ein wesentliches Kriterium dessen Repräsentativität in Hinblick auf die verschiedenen Stilebenen und den Anteil von gesprochener und geschriebener Sprache. Gegen Korpusuntersuchungen lassen sich eine Reihe von Einwänden vorbringen: Zum einen bringt die Beschränkung auf ein Korpus es mit sich, daß nur Formen analysiert werden können, die in diesem Korpus vorkommen, und keine Aussagen über andere Formen möglich sind. Zum anderen läßt sich nicht feststellen, welche der im Korpus enthaltenen Formen der Performanz, aber nicht der Kompetenz <108> zuzurechnen sind. Auf der anderen Seite stellt der Bezug auf ein Korpus aber sicher, daß die Analyse über eine breitere Grundlage verfügt, als wenn nur die Intuition *eines* Sprechers (häufig des Linguisten) herangezogen wird, wie es in vielen Arbeiten im Rahmen der generativen Transformationsgrammatik <907> der Fall ist.

Zu den bedeutendsten englischen Textkorpora zählen der *Survey of English Usage* und das COBUILD-Projekt <921>. Für das amerikanische Englisch ist das Brown University Corpus wichtig, das als eines der ersten großangelegten Korpora überhaupt erstellt wurde. Zusammen mit dem Lancaster-Oslo/Bergen (LOB) Korpus bilden diese beiden Korpora eine wesentliche Grundlage der CGEL (1.42).

Der Einsatz der elektronischen Datenverarbeitung eröffnet vor allem im Bereich der Korpuslinguistik neue Möglichkeiten, da große Textmengen schnell und präzise analysiert werden können. Alle wichtigen Textkorpora sind inzwischen in Datenbanken gespeichert.

Langue – Parole 110

Langue

Das einer Gesellschaft verfügbare und vom einzelnen Sprecher erlernbare System einer Sprache, das alle phonologischen, lexikalischen und grammatischen Elemente und Regeln dieser Sprache enthält.

Parole

Konkrete Realisation der *langue* in der Form von sprachlichen Äußerungen.

Die Dichotomie *langue – parole* geht auf de Saussure zurück, für den sie verschiedene Erscheinungen der **LANGAGE** darstellen, d.h. der allgemeinen Sprach- und Sprechfähigkeit des Menschen. Was darunter genau zu verstehen ist, hat de Saussure nicht explizit ausgeführt, was zu z.T. recht unterschiedlichen Interpretationen dieses Begriffes geführt hat.

Eine gewisse Parallele zu der Unterscheidung zwischen *langue* und *parole* findet sich in der Chomskyschen Unterscheidung von Kompetenz und Performanz <108>.

111 Markiertheit (Markedness)

> Vorhandensein eines bestimmten Merkmals in bezug auf eine Opposition <113>, die sich aus dem Vorhandensein oder Nichtvorhandensein dieses Merkmals ergibt.

Bezüglich der Numerusopposition im Englischen ist also in einem Paar wie *friend – friends* die Form *friends* markiert, weil hier das Merkmal ‚Plural‘ durch das Morphem {S} <307> ausgedrückt wird.

In der Semantik <522> wird z. B. bei Antonympaaren <503> wie *old – young* oder *high – low* von Markiertheit gesprochen: *old* und *high* sind **UNMARKIERT (UNMARKED)**, weil durch eine Frage wie *How old is she?* nicht impliziert wird *She is old*, sondern die Antwort auch *She is very young* lauten könnte.

112 Natürliche Sprache (Natural Language)

> Menschliche Sprache, die sich innerhalb einer Sprachgemeinschaft und deren sozialem und kulturellem Kontext entwickelt hat.

Natürliche Sprachen stehen im Gegensatz zu **KÜNSTLICHEN SPRACHEN (ARTIFICIAL LANGUAGES)** wie etwa **ZEICHENSPRACHEN (SIGN LANGUAGES)** (z. B. Taubstummensprache) oder **PROGRAMMIERSPRACHEN (PROGRAMMING LANGUAGES)** (Basic, Pascal etc.) und sind alleiniger Untersuchungsgegenstand der Sprachwissenschaft bzw. der sprachwissenschaftlichen Teilgebiete. Ausgeschlossen sind auch die **TIERSPRACHEN (ANIMAL LANGUAGES)** (Bienentanz, Delphinsprache etc.), da diesen einige charakteristische Merkmale der menschlichen Sprache fehlen.

Opposition (Opposition) 113

Unterschied zwischen zwei sprachlichen Einheiten, durch den Merkmale zur Beschreibung dieser Einheiten gewonnen werden können. <225>

So lassen sich in der Semantik <522> z. B. aus der Bedeutungsopposition zwischen *man – woman, boy – girl, man – boy, woman – girl* etc. Komponenten <524> wie '±male' oder '±adult' isolieren. Ähnlich ergibt die Opposition zwischen Phonemen wie /p/ – /b/ das phonologisch relevante Merkmal 'fortis' – 'lenis' <210>.

Paradigmatisch – Syntagmatisch (Paradigmatic – Syntagmatic) 114

Paradigmatische Beziehungen
Beziehungen eines sprachlichen Elements (Phons, Phonems, Morphems, Wortes usw.) zu anderen sprachlichen Elementen, mit denen es formal in einem gegebenen Kontext ausgetauscht werden kann.

Syntagmatische Beziehungen
Beziehungen eines sprachlichen Elements (Phons, Phonems, Morphems, Wortes usw.) zu anderen sprachlichen Elementen, die mit ihm zusammen vorkommen, also in einem Satz vor oder nach ihm stehen.

Die paradigmatischen Beziehungen lassen sich also auf einer vertikalen Achse, die syntagmatischen Beziehungen auf einer horizontalen Ebene ansetzen. So steht im folgenden Beispiel *killed* in paradigmatischer Beziehung zu *loved*, *hated*, *adored* und *kissed* und in syntagmatischer Beziehung zu *the butler* und *the dairy maid*.

	← syntagmatisch →		
↑ paradigmatisch ↓	The butler	killed	the dairy maid.
		loved	
		hated	
		adored	
		kissed	

115 Redundanz (Redundancy)

Tatsache, daß dieselbe Information mehrmals gegeben wird.

Prinzipiell zeichnet sich Sprache durch ein sehr hohes Maß an Redundanz aus. So ist z. B. die im Englischen obligatorische Markierung der 3. Person Singular Präsens bei Verben in einem Satz wie *She smokes* insofern redundant, als diese Information bereits durch das Pronomen *she* gegeben ist. Ein Beispiel für Redundanz auf der phonologischen Ebene ist die Tatsache, daß im Englischen Vokale vor Leniskonsonanten am Wortende länger artikuliert werden als vor Fortiskonsonanten, so daß die phonologische Opposition 'fortis' – 'lenis' <210> auf verschiedene Weisen zum Ausdruck kommt. Entsprechend unterscheidet man in der Phonologie zwischen redundanten und relevanten oder distinktiven Merkmalen <225>.

Redundanz erleichtert das Verstehen von Sprache wesentlich. Durch die Redundanz der Sprache wird auch verhindert, daß Störungen beim Sprechen oder Hören, die u.a. durch Hintergrundgeräusche, schlechte Übermittlungsqualität bei Telefon oder Radio bedingt sein können, unmittelbar zu einem Zusammenbruch der Kommunikation führen.

116 Segmentierung (Segmentation)

Sprachwissenschaftliches Analyseverfahren zur Ermittlung der kleinsten lautlichen oder bedeutungstragenden Einheiten, bei dem ein Lautkontinuum so weit in Bestandteile zerlegt wird, bis diejenigen Elemente gefunden sind, die nicht weiter aufgeteilt werden können.

Segmentierung ist eine wichtige Methode des Strukturalismus <920>. Sie wird durch die **KLASSIFIKATION (CLASSIFICATION)** ergänzt, also die Zusammenfassung der segmentierten Elemente aufgrund gemeinsamer Eigenschaften oder Merkmale zu Klassen.

Die Segmentierung eines längeren englischen Textes ergibt u.a. die Segmente /d/, /t/ und /ɪd/. Aufgrund ihrer gemeinsamen Bedeutung können sie als Allomorphe <307> des *past tense*-Morphems {D} klassifiziert werden.

Die Segmentierung stößt bei bestimmten Phänomenen auf ihre Grenzen, etwa bei der Beschreibung der Affrikaten /tʃ/ und /dʒ/ oder unikaler Morpheme <307> wie {rasp} in *raspberry*.

Sprachliches Zeichen (Linguistic Sign) 117

> Die in einer Sprachgemeinschaft konventionell gültige, feste Verbindung der Komponenten Form (Phonem- bzw. Graphemkette) und Bedeutung.

Die Dichotomie des sprachlichen Zeichens ist von Ferdinand de Saussure beschrieben worden, der die beiden Komponenten des sprachlichen Zeichens folgendermaßen bezeichnet hat:

frz. **SIGNIFIANT (SIGNIFIER)**: Formseite des sprachlichen Zeichens.

frz. **SIGNIFIÉ (SIGNIFIED)**: Inhaltsseite des sprachlichen Zeichens.

Form
Bedeutung

signifiant
signifié

De Saussure (1931/1967: 79-82) führt als zwei Hauptmerkmale des sprachlichen Zeichens an:

- die **LINEARITÄT**, also die Tatsache, daß sprachliche Zeichen eine zeitliche Ausdehnung besitzen und ihre Elemente nacheinander in Folge auftreten;
- die **ARBITRARITÄT (ARBITRARINESS)**, womit die Tatsache bezeichnet wird, daß die Verbindung von *signifiant* und *signifié* in der Weise willkürlich ist, daß kein ursächlicher Zusammenhang zwischen den beiden besteht.

Die Tatsache, daß dieselben Bedeutungen in verschiedenen Sprachen durch unterschiedliche Formen (*milk, Milch, lait, latte* etc.) ausgedrückt werden, macht den arbiträren Charakter sprachlicher Zeichen deutlich.

In einigen Fällen ist die Beziehung von *signifiant* und *signifié* jedoch bis zu einem gewissen Grad motiviert, und zwar

- im Falle sog. **ONOMATOPOETICA (ONOMATOPOETIC WORDS)**, der lautmalerischen Wörter wie *cuckoo, miaow* etc., deren Lautform das Bezeichnete in gewisser Weise imitiert (vgl. aber die Unterschiede, die auch bei onomatopoetischen Wörtern in verschiedenen Sprachen bestehen, etwa *cuckoo* und *Kuckuck*);
- im Falle sog. motivierter Wortbildungen wie *bus station*, die aufgrund in einer Sprache vorhandener Wörter motiviert erscheinen (etwa auch *Endstation* im Gegensatz zu *terminus*). **MOTIVATION/MOTIVIERTHEIT (MOTIVATION)** ist also die semantische Durchsichtigkeit eines komplexen sprachlichen Zeichens im Hinblick auf die Zusammensetzung seiner Elemente, wobei sich

seine Bedeutung in gewissen Grenzen aus den Bedeutungen der Elemente ableiten läßt.

In der englischen Linguistik wird der Terminus **SIGN** häufig für die Formkomponente des sprachlichen Zeichens verwendet.

118 Sprachtypologie (Language Typology)

> Einteilung der natürlichen Sprachen <112>
> – aufgrund bestimmter typischer formaler Eigenschaften,
> – wobei historische Verwandtschaftsverhältnisse nicht berücksichtigt werden.

Auf der Grundlage morphologischer Kriterien <308> unterscheidet die traditionelle Sprachtypologie zwischen folgenden **SPRACHTYPEN (TYPES OF LANGUAGE)**:

> **ANALYTISCHE SPRACHE (ANALYTIC LANGUAGE)**: Sprache, bei der die grammatischen Beziehungen der Wörter im Satz durch die Wortstellung <454> und durch Kombination mit Partikeln (Funktionswörtern), nicht jedoch durch Flexionsendungen <307> geregelt sind.

Analytische Sprachen werden auch als **ISOLIERENDE SPRACHEN (ISOLATING LANGUAGES)** bezeichnet.

> **SYNTHETISCHE SPRACHE (SYNTHETIC LANGUAGE)**: Sprache, bei der die Beziehungen der Wörter im Satz durch Flexionsendungen ausgedrückt werden.

Dabei läßt sich zwischen verschiedenen Typen von synthetischen Sprachen unterscheiden:

- **AGGLUTINIERENDE SPRACHE (AGGLUTINATING/AGGLUTINATIVE LANGUAGE)**: Sprache, bei der die Beziehungen der Wörter im Satz durch Flexionsendungen geregelt werden, wobei einem Affix <301> nur eine einzige Bedeutung entspricht und eine Bedeutung nur durch eine Form ausgedrückt werden kann.
- **FLEKTIERENDE/FUSIONALE SPRACHE (INFLECTING/FUSIONAL LANGUAGE)**: Sprache, bei der die Beziehungen der Wörter im Satz durch Flexionsendungen geregelt werden, wobei ein Affix mehrere verschiedene Bedeutungen haben kann und eine Bedeutung durch verschiedene Affixe realisiert werden kann.

Das heutige Englisch weist nur noch einzelne Züge einer flektierenden Sprache auf: Zum Beispiel kann das Suffix *-s* sowohl Plural (*cats*) wie auch 3. Person Singular Präsens (*barks*) ausdrücken, zum anderen kann der Plural auch mit Hilfe anderer sprachlicher Mittel (*children*) gebildet werden.

- **POLYSYNTHETISCHE SPRACHE (POLYSYNTHETIC/INCORPORATING LANGUAGE)**: Sprache mit sehr langen, morphologisch komplexen Wörtern, die viele grammatische Morpheme <307> enthalten und dadurch verschiedene Funktionen im Satz (z. B. Subjekt und Prädikat oder Prädikat und Objekt) in einem einzigen Element ausdrücken können.

Bei diesen Typen handelt es sich um Idealtypen, wobei einzelne Sprachen in der Regel Mischformen verschiedener Typen darstellen. Das Japanische und das Türkische sind agglutinierende Sprachen, Latein und Griechisch flektierende Sprachen, Vietnamesisch und Chinesisch isolierende Sprachen, die Eskimosprachen sind polysynthetisch.

Im Laufe der Sprachgeschichte kann eine Sprache sich auch von ihrem Sprachtyp her ändern. Während das Altenglische <802> noch sehr stark die Kennzeichen einer flektierenden Sprache aufweist, hat das heutige Englisch isolierende und flektierende Züge.

Literatur: Lyons (1968: 187–92), Götz/Burgschmidt (1971: 81–2), Robins (1971: 342–7).

Sprachwissenschaft/Linguistik (Linguistics) 119

> Wissenschaft von der menschlichen Sprache.

Unter dem Gesichtspunkt der Zweckorientierung wird zwischen theoretischer und angewandter Linguistik unterschieden:

> **Theoretische Linguistik (General/Theoretical Linguistics)**: Wissenschaftliche Beschäftigung mit Sprache, bei der zweckfrei das Erlangen von Erkenntnissen über den Gegenstand Sprache im Mittelpunkt steht.

Innerhalb der theoretischen Linguistik werden von verschiedenen sprachwissenschaftlichen Schulen <Kapitel 9> unterschiedliche Beschreibungsmodelle und methodische Prinzipien entwickelt.

> **Angewandte Linguistik (Applied Linguistics)**: Wissenschaftliche Beschäftigung mit Sprache, die auf die praktische Anwendung und Umsetzung theoretisch gewonnener Erkenntnisse abzielt.

In den Bereich der angewandten Linguistik fallen z. B. Übersetzungswissenschaft oder Lexikographie <913> sowie Probleme der Sprachvermittlung, wobei sich Berührungspunkte mit anderen Wissenschaften, etwa der Didaktik, ergeben können.

Je nachdem, welcher Aspekt von Sprache untersucht wird, ergeben sich innerhalb der Linguistik verschiedene Teilgebiete. Soweit dabei die Sprache als System untersucht wird, spricht man von **SYSTEMLINGUISTIK**. Ihre Teilgebiete lassen sich grob folgendermaßen umreißen:

Laute und ihre Funktionen	> **PHONETIK UND PHONOLOGIE** <226; 227>
Wörter und ihre Bestandteile	> **MORPHOLOGIE UND WORTBILDUNG** <308; 318>
Verbindung von Wörtern zu Sätzen	> **SYNTAX UND GRAMMATIK** <448; 418>
Bedeutung	> **SEMANTIK** <522>
Wirkung im situativen Kontext	> **PRAGMATIK** <516>

Darüberhinaus sind folgende Teilgebiete der Sprachwissenschaft von zentraler Bedeutung:

Geschichtliche Entwicklung	> **HISTORISCHE LINGUISTIK/ SPRACHGESCHICHTE** <814>
Geschichtliche Entwicklung von Wörtern	> **ETYMOLOGIE** <809>
Aufgliederung in Dialekte	> **DIALEKTOLOGIE** <719>
Regionale und soziale Dialekte	> **SOZIOLINGUISTIK** <719>
Vergleich verschiedener Sprachen	> **KONTRASTIVE LINGUISTIK** <912>
Psychologische Grundlagen des Sprechens und Verstehens	> **PSYCHOLINGUISTIK** <918>

<Zu weiteren Teilgebieten und verschiedenen Forschungsrichtungen innerhalb der Linguistik siehe Kapitel 9>.

Im Deutschen wird der Terminus Sprachwissenschaft bevorzugt für eine traditionelle, nicht rein empirische Sprachbetrachtung verwendet, während Linguistik eigentlich nur für die „fortschrittliche" deskriptive Sprachforschung des 20. Jahrhunderts, insbesondere nach de Saussure, verwendet wird.

Substitution (Substitution) 120

Ersetzen eines Elements (Phons <225>, Phonems <225>, Morphems <307>, einer Phrase <439> usw.) durch ein anderes Element in gleichbleibender Umgebung.

So läßt sich z. B. das Verhältnis von *The students I am teaching this term seem very keen* und *They seem very keen* als Substitution der komplexen Nominalphrase <439> *the students I am teaching* durch das Pronomen *they* beschreiben.

Substitutionstests sind in der Linguistik (insbesondere in der strukturellen Linguistik <920>) ein wichtiges Analyseverfahren. So beruht etwa das Aufstellen von Minimalpaaren <225> bei der Ermittlung des Phoneminventars <227> einer Sprache auf der Substitution eines Lautes durch einen anderen; wird durch diese Substitution Bedeutungsveränderung bewirkt, handelt es sich um Phoneme.

Tiefenstruktur – Oberflächenstruktur (Deep Structure – Surface Structure) 121

Tiefenstruktur

In der generativen Transformationsgrammatik <907> postulierte Ebene zur Beschreibung von Sätzen, in der in einer abstrakten, nach bestimmten Prinzipien geordneten Form die Elemente eines Satzes so angeordnet sind, daß die Bedeutungsbeziehungen zwischen ihnen deutlich werden, wobei aus dieser Tiefenstruktur über Transformationen die Oberflächenstruktur bzw. die Oberflächenstrukturen eines Satzes abgeleitet werden.

Die Tiefenstruktur ist also die Komponente der generativen Grammatik, auf deren Grundlage die transformationelle Komponente aufbauen kann. In Chomskys *Aspects*-Modell ist die Tiefenstruktur auch Grundlage einer semantischen Interpretation eines Satzes.

Oberflächenstruktur

In der generativen Transformationsgrammatik postulierte Ebene zur Beschreibung von Sätzen, die als Ergebnis der Anwendung von Transformationen auf eine Tiefenstruktur gesehen werden kann und die lineare Abfolge der Elemente eines Satzes darstellt.

Die Oberflächenstruktur wird in Chomskys *Aspects*-Modell durch die phonologische Komponente interpretiert.

Die Unterscheidung von Oberflächen- und Tiefenstruktur ist u.a. in Hinblick auf die Analyse ambiger Sätze sinnvoll: Ambige Sätze (*Visiting relatives can be a nuisance*) können dadurch erklärt werden, daß sie zwar dieselbe Oberflächenstruktur, aber verschiedene Tiefenstrukturen besitzen. Umgekehrt lassen sich Sätze mit derselben Bedeutung, also etwa Aktiv- und Passivsätze, als verschiedene Oberflächenstrukturen derselben Tiefenstruktur beschreiben. So können die folgenden Oberflächenstrukturen alle auf eine einzige Tiefenstruktur zurückgeführt werden: *The butler killed the old woman*, *The butler killed the woman who was old*, *The old woman was killed by the butler* usw.

122 Universalien (Universals)

Eigenschaften, die alle natürlichen Sprachen <112> besitzen.

Universalien sind für die Spracherwerbstheorie der generativen Transformationsgrammatik <907> von großer Bedeutung: Chomsky trifft in *Aspects of the Theory of Syntax* (1965) folgende Unterscheidung:

Substantielle Universalien (Substantive Universals): Grundlegende phonologische, semantische, syntaktische etc. Elemente oder Komponenten, aus denen sich jede Sprache zusammensetzt.

Formale Universalien (Formal Universals): in allen Sprachen wirkende Regeln und Gesetzmäßigkeiten, die die Beziehungen der Elemente steuern.

Chomsky führt als Beispiel für substantielle Universalien etwa an, daß Kategorien wie Substantiv oder Verb in jeder Sprache zu finden sind. Zu den formalen Universalien zählt Chomsky z. B. die Aussage, daß die Farbwörter jeder Sprache das Farbspektrum in kontinuierliche Segmente aufteilen, oder die Behauptung, die Grammatik jeder Sprache müsse Transformationen enthalten. Substantielle Universalien betreffen also das Beschreibungsvokabular für Sprache, während formale Universalien auf die Regeln zielen, die in Grammatiken enthalten sein müssen.

Usage 123

> Durch die Sprecher einer Sprachgemeinschaft etablierter Sprachgebrauch in Hinblick auf die Häufigkeit bzw. Üblichkeit des Auftretens bestimmter Formen.

Usage ist insofern eine wichtige Kategorie als es Formen gibt, die sowohl grammatisch <101> als auch akzeptabel <101>, aber in einer Sprachgemeinschaft nicht sehr gebräuchlich sind (wie etwa Dativformen mit *-e* im heutigen Deutschen).

DIVIDED USAGE liegt dann vor, wenn zwei bedeutungsgleiche Konstruktionen gleichermaßen gebräuchlich sind, also etwa *He stayed three weeks* und *He stayed for three weeks* oder *They considered this a problem* und *They considered this as a problem* (CGEL 1.39).

Empfohlene einführende Lektüre zu diesem Kapitel

Lyons (1968); Robins (1971); Palmer (1982).

Aufgaben

F11 Inwiefern läßt sich aus linguistischer Sicht von folgenden Äußerungen behaupten, sie seien falsch?
(a) I ain't got no idea.
(b) She has always avoided to check things in the dictionary.

F12 Welches Mißverständnis liegt einer Aussage wie der folgenden zugrunde? „*Whom did you ask?* ist besser als *Who did you ask?*, denn es ist die historisch korrekte Form."

F13 Wie läßt sich die Struktur der folgenden Äußerung erklären?
Isn't it going to be a strange and impossible task for me picking up linguistics and I'm entirely at least almost entirely ignorant of it at present. (Quelle: Svartvik/Quirk 1980)

F14 Worauf ist der Fehler zurückzuführen, den ein englischer Student gemacht hat, als er während seines Studiums in Deutschland gefragt wurde, ob er promoviere, und antwortete: „Nein, nein, ich bin ein ganz ordinärer Student."

F15 Welchem Sprachtyp ist das heutige Deutsch zuzuordnen?

2 Phonetik und Phonologie

201 Akzent (Accent)

1 Komplex all jener phonetischen Merkmale einer Silbe, die eine Hervorhebung bewirken.

Dabei wird unterschieden zwischen Wortakzent und Satzakzent:

WORTAKZENT (WORD ACCENT): Hervorhebung einer bestimmten Silbe eines mehrsilbigen Wortes.

Im Englischen besteht **FESTER WORTAKZENT (FIXED WORD ACCENT)**, d. h. ein Wort wird immer auf derselben Silbe betont. (Bei einigen wenigen Wörtern sind verschiedene Varianten akzeptiert, z. B. *controversy* /'kɒntrəvɜːsɪ/ und /kən'trɒvəsɪ/.)

Je nach Stärke des Akzents unterscheidet man im Englischen:

HAUPT- oder PRIMÄRAKZENT (PRIMARY ACCENT) /'/
NEBEN- oder SEKUNDÄRAKZENT (SECONDARY ACCENT) /ˌ/

Silben tragen also entweder einen Hauptakzent, einen Nebenakzent oder keinen Akzent, d. h. sie sind unbetont: In *contribution* /ˌkɒntrɪ'bjuːʃn/ liegt der Hauptakzent auf der Silbe *-bu-*, der Nebenakzent auf *con-*, während die Silben *-tri-* und *-tion* unbetont sind. Bei *rainwater* trägt die erste Silbe den Hauptakzent, die zweite den Nebenakzent, bei *quantity* hingegen folgen auf den Hauptakzent zwei unbetonte Silben.

SATZAKZENT (SENTENCE ACCENT): Hervorhebung einer bestimmten Silbe in einem Satz.

Die Phänomene von Wortakzent und Satzakzent überlagern sich. In einem Satz wie *Peter enjoys travelling* erhalten die Silben *Pe-* und *-joys* und *tra-* in jedem Fall den Wortakzent. Die Position des Satzakzents ist davon abhängig, welche Teile des Satzes in einem bestimmten Kontext hervorgehoben werden sollen. Entsprechend ändert sich die Bedeutung des Satzes:

PEter enjoys travelling	'not Jane, but Peter'
Peter enJOYS travelling	'no question of him disliking it'
Peter enjoys TRAvelling	'travelling, not reading'
PEter enjoys TRAvelling	'but Jane enjoys staying at home'

Phonetisch entsteht Akzent durch einen oder mehrere der folgenden Faktoren:
- Tonhöhenbewegung <234>
- Druckstärke bzw. Betonung <207>
- Lautqualität
- Lautquantität.

2 Graphisches Zusatzzeichen über einem Vokalgraphem.

Man unterscheidet folgende Akzente:

- **GRAVIS** (frz. **ACCENT GRAVE**, engl. **GRAVE ACCENT**): `
- **AKUT** (frz. **ACCENT AIGU**, engl. **ACUTE ACCENT**): ´
- **ZIRKUMFLEX** (frz. **ACCENT CIRCONFLEXE**, engl. **CIRCUMFLEX ACCENT**): ^

Im Englischen sind Akzente phonetisch nicht relevant. So ist *rôle* eine orthographische Variante von *role*, die lediglich die Herkunft des Wortes aus dem Französichen anzeigt. In anderen Sprachen, z. B. dem Französischen, markieren Akzente phonetische Eigenschaften: frz. *rôle* (Zirkumflex markiert Länge und Geschlossenheit des Vokals), frz. *étoile* (Akut markiert Geschlossenheit des Vokals), frz. *frère* (Gravis markiert Offenheit des Vokals), ital. *città* (Gravis markiert die Tonsilbe).

Querverweis: *Accent* <701>.

Artikulationsart (Manner of Articulation) 202

Art und Weise, auf die ein Laut gebildet wird.

Bei der phonologischen Beschreibung englischer Konsonanten stellt die Artikulationsart (neben Artikulationsort <204> und Fortis/Lenis <210>) ein relevantes Merkmal <225> dar. Die wichtigsten Artikulationsarten für englische Konsonanten <221> sind:

Artikulationsart/Laut	Beschreibung	englische Beispiele
PLOSIV/VERSCHLUSSLAUT (PLOSIVE/STOP)	Artikulationsorgane bilden ein Hindernis (Verschluß), das den Luftstrom stoppt: Plötzliche Lösung des Verschlusses setzt angestaute Luft explosionsartig frei.	[p, b] [t, d] [k, g] [ʔ]

FRIKATIV/REIBE-LAUT/SPIRANS (FRICATIVE)	Artikulationsorgane bilden ein Hindernis (Enge), durch das der Luftstrom mit hörbarer Reibung entweicht.	[f, v] [θ, ð] [s, z] [ʃ, ʒ], [h]
AFFRIKATA (AFFRICATE)	Kombination aus Plosiv und Frikativ: Artikulationsorgane bilden ein Hindernis (Verschluß), das den Luftstrom stoppt: Verschluß wird allmählich gelöst, so daß Luft mit hörbarer Reibung entweicht.	[tʃ, dʒ]
NASAL (NASAL)	Artikulationsorgane bilden ein Hindernis (Verschluß) im Mundraum: Luftstrom entweicht (wegen Senkung des weichen Gaumens) durch die Nase.	[m, n, ŋ]
LATERAL (LATERAL)	Artikulationsorgane bilden ein Hindernis, an dem der Luftstrom seitlich vorbeifließt.	[l]

Laterale weisen bis zu einem gewissen Grad vokalische Qualitäten auf. Das gilt auch für die sog. **APPROXIMANTEN (APPROXIMANTS),** zu denen die Halbvokale /j/ und /w/ <213> zählen und die – in bestimmten Positionen in RP <213> auftretende Realisierung von /r/ als:

GERÄUSCHLOSER DAUERLAUT (FRICTIONLESS CONTINUANT)	Artikulationsorgane nehmen eine Position ein, die dem Luftstrom erlaubt, das Hindernis ohne hörbare Reibung zu passieren.	[ɹ]

In intervokalischer Position wird /r/ in RP oft realisiert als:

EIN-SCHLÄGIGER VIBRATIONSLAUT (TAP/FLAP)	Zunge schlägt einmal gegen nicht bewegliches Artikulationsorgan.	[ɾ]

In manchen Dialekten kann /r/ **SCHWING-** oder **VIBRATIONSLAUT (ROLL/TRILL)** realisiert werden. Dabei schlägt die Zunge mehrmals gegen die Alveolen ([r]) oder das Zäpfchen schlägt gegen die Hinterzunge ([R]). [r] kommt in manchen schottischen Dialekten vor; [R] in nordostenglischen und schottischen Dialekten.

Artikulationsorgan (Organ of Speech) 203

Organ, das bei der Erzeugung von Sprachlauten beteiligt ist.

Abb. 203: Artikulationsorgane (deutsche und englische Bezeichnungen)

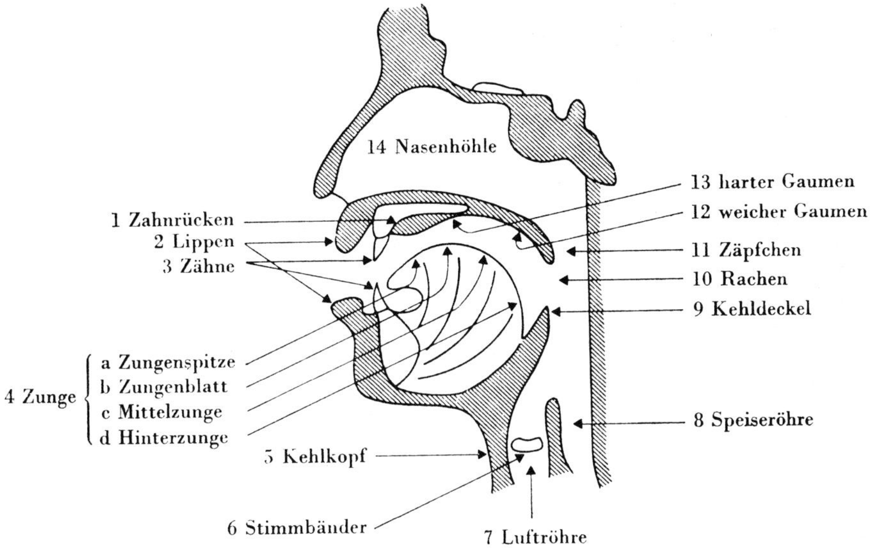

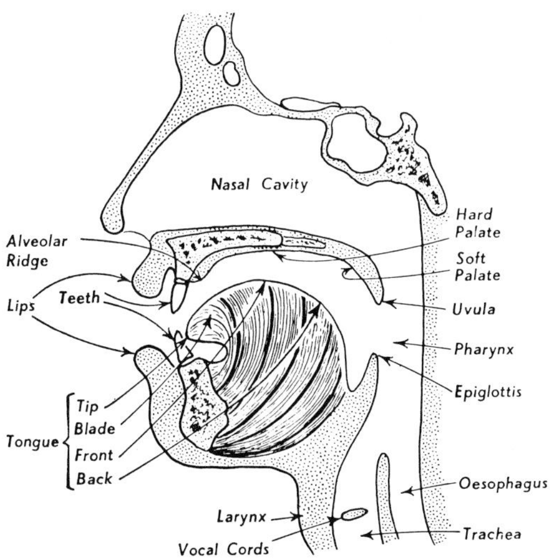

Quellen: Götz/Burgschmidt (1971: 19); Gimson (1980: 11).

204 Artikulationsort/Artikulationsstelle (Place of Articulation)

Bereich des Mund- oder Rachenraums, in dem bei der Bildung von Konsonanten <221> und Halbvokalen <213> ein Hindernis bzw. eine Verengung für den Luftstrom gebildet wird.

Zur Klassifikation der Konsonanten und Halbvokale der *Received Pronunciation* <713> werden folgende durch den Artikulationsort bestimmte Merkmale verwendet:

Merkmal	Artikulationsort (und Artikulationsorgane)	Laute
BILABIAL (BILABIAL)	Ober- und Unterlippe	[p, b, m, w]
LABIODENTAL (LABIODENTAL)	Unterlippe und obere Schneidezähne	[f, v]
DENTAL (DENTAL)	(Zunge und) obere Schneidezähne	[θ, ð]
ALVEOLAR (ALVEOLAR)	(Zunge und) Alveolen (= Zahnrükken, Teil des Mundes zwischen Zähnen und Gaumen)	[t, d, s, z, l, n]
POSTALVEOLAR (POSTALVEOLAR)	(Zunge und) hinterer Teil der Alveolen	[ɹ]
RETROFLEX (RETROFLEX)	(zurückgerollte Zungenspitze und) Ansatz des harten Gaumens unmittelbar nach den Alveolen	[ɻ] nur dialektal
PALATOALVEOLAR (PALATOALVEOLAR)	(Gegen harten Gaumen gehobene Vorderzunge und) Alveolen	[ʃ, ʒ, tʃ, dʒ]
PALATAL (PALATAL)	(Vorderzunge und) harter Gaumen	[j]
VELAR (VELAR)	(Hinterzunge und) weicher Gaumen	[k, g, ŋ]

UVULAR (UVULAR)	(Hinterzunge und) Uvula (= Zäpfchen)	[R, ʁ] nur dialektal
GLOTTAL (GLOTTAL)	Glottis (= Stimmritze)	[h, ʔ]

Die Merkmale 'palatal' und 'velar' werden – besonders in der historischen Sprachwissenschaft – auch zur Beschreibung von Vorderzungen- bzw. Hinterzungenvokalen verwendet.

Aspiration (Aspiration) 205

Behauchte Aussprache eines Lautes, insbesondere eines Verschlußlautes.

Ein Verschlußlaut wird dann als aspiriert bezeichnet, wenn nach der Verschlußlösung ein mehr oder weniger starker stimmloser Hauch ausgestoßen wird, wie in der folgenden Darstellung angedeutet:

―――――――― Verschlußzeitraum
,,,,,,,,,,,,,,,,,,,,,, Stimmhaftigkeit
Aspiration
ʔ glottal stop

peat ――――――　　　,,,,,,,,,,,ʔ――――――――
p　i̥　i　ʔ　t

bead ――――――,,,,,,,,,,,,,,,,,,,,,,,,,――――――
b　i　d

Quelle: Brown (1977: 28)

Für die Aspiration der Verschlußlaute gelten im Englischen folgende Grundregeln:

- Die stimmlosen Verschlußlaute /p, t, k/ sind vor einem betonten Vokal (wie in der deutschen Bühnensprache und im Norddeutschen) stark aspiriert; z. B. [p^{h}æn] (*pan*), [t^{h}ʌn] (*ton*) oder [k^{h}en] (*ken*). Folgen auf /p, t, k/ in dieser Position /l, r, j, w/, so bewirkt die starke Aspiration, daß diese Laute ihre Stimmhaftigkeit verlieren; z. B. [p^{h}l̥eɪ] (*play*), [p^{h}r̥æm] (*pram*), [k^{h}w̥ɪə] (*queer*) oder [k^{h}j̥uː] (*cue*).
- Vor einem unbetonten Vokal sind die stimmlosen Verschlußlaute /p, t, k/ (wie im Deutschen) nicht oder nur ganz schwach aspiriert, z. B. [pə'liːs] (*police*).

– Am Wortende werden /p, t, k/ im Englischen nicht oder nur schwach aspiriert, vgl. [tɒp] (*top*) (während im Deutschen die Aspiration nach betontem Vokal üblich ist).

– Nach /s/ sind /p, t, k/ nicht aspiriert, selbst wenn die Silbe eine starke Betonung trägt, vgl. [spɪn] (*spin*).

– Die stimmhaften Verschlußlaute /b, d, g/ werden normalerweise nicht aspiriert. Verlieren diese Konsonanten in bestimmten Positionen ihre Stimmhaftigkeit, kommt es jedoch auch hier bei der Verschlußlösung zu einer schwachen Aspiration; z. B. [bɔːl] (*ball*).

Die Aspiriertheit eines Verschlußlauts wird in der phonetischen Umschrift durch diakritische Zeichen <208> – meist ein hochgestelltes *h*, manchmal Apostrophierung – angezeigt; z. B. [pʰen] (oder auch [p'en]). In der phonologischen Umschrift wird die Aspiration nicht berücksichtigt, weil sie sich im Englischen aus der Position des jeweiligen Verschlußlautes ergibt, also kein phonologisch relevantes Merkmal <225> darstellt.

206 Assimilation (Assimilation)

Angleichung eines Lautes an einen Nachbarlaut (besonders in informeller gesprochener Sprache) hinsichtlich eines oder mehrerer artikulatorischer Merkmale.

/əv'kɔːs/ [əf'kɔːs]: Assimilation von [v] zu [f]: Übertragung der Stimmlosigkeit des /k/ auf den vorhergehenden Konsonanten.

/'gɪvmɪ/ ['gɪmmɪ]: Assimilation von [v] zu [m]: Veränderung der Artikulationsart ('nasal' statt 'frikativ') und des Artikulationsortes ('bilabial' statt 'labiodental').

/'sɪmfənɪ/ ['sɪɱ fənɪ]: Assimilation von [m] zu [ɱ]: Verschiebung des Artikulationsortes des Nasals von 'bilabial' zu 'labiodental'.

Im Falle von **PROGRESSIVER ASSIMILATION (PROGRESSIVE ASSIMILATION)** beeinflußt ein Laut einen Folgelaut:
/'ʃʌtjər'aɪz/ ['ʃʌtʃər'aɪz] (*shut your eyes*); /'tʃɪkɪn/ ['tʃɪkŋ̍] (*chicken*).

Im Falle von **REGRESSIVER ASSIMILATION (REGRESSIVE ASSIMILATION)** beeinflußt ein Laut einen vorhergehenden Laut:
/'steɪtmənt/ ['steɪpmənt] (*statement*); /'hævtə/ ['hæftə] (*have to*).

Im Falle von **REZIPROKER ASSIMILATION (RECIPROCAL ASSIMILATION)** beeinflussen sich zwei benachbarte Laute gegenseitig: /'dəʊnt'mɪsjə'treɪn/ ['dəʊnt'mɪʃʃə'treɪn] (*don't miss your train*).

Weiterhin wird unterschieden zwischen **TOTALER ASSIMILATION (TOTAL ASSIMILATION)**, der völligen Angleichung zweier Laute (['gɪmmɪ]), und **PARTIELLER ASSIMILATION (PARTIAL ASSIMILATION)**, der nur teilweisen Angleichung ([əf'kɔːs]).

Der Grad der Assimilation ist von Sprechtempo und Stilebene bestimmt: ['gɪmmɪ] ist z. B. einer informelleren Sprechweise zuzurechnen als etwa [əf'kɔːs].

Assimilationen spielen auch in der Sprachgeschichte eine Rolle: So geht heutiges [tʃ] in *question* auf Assimilation von [tj], [ʃ] in *mission* auf Assimilation von [sj] zurück. Auch die Distribution der Allomorphe <307> des Pluralmorphems {S} (/kæts, dɒgz/) läßt sich historisch durch Assimilation erklären.

Betonung (Stress) 207

Aussprache einer Silbe mit erhöhter Artikulationsenergie.

Im Vergleich zu unbetonten Silben werden betonte Silben mit intensiverer Muskeltätigkeit und erhöhtem Druck des austretenden Luftstroms artikuliert. Die dadurch bedingte verstärkte Vibration der Stimmbänder erzeugt den Eindruck größerer Lautstärke.

Betonung ist eigentlich nur einer der Faktoren, die Akzent <201> hervorrufen, gelegentlich wird jedoch Betonung synonym mit Akzent verwendet.

Diakritisches Zeichen (Diacritic) 208

Zusatzzeichen in der Schreibung und phonetischen Transkription, das den Wert eines phonetischen Symbols um genauere Angaben zur Realisation des entsprechenden Lautes erweitert.

In der Orthographie sind z. B. Akzente <201.2> diakritische Zeichen. In der *narrow transcription* <235> werden u. a. Tilden ([ɫ] für *dark l* + ~), Kreise ([b̥] für Verlust der Stimmhaftigkeit bei Leniskonsonanten) und ein kleines hochgestelltes h ([p^h] starke Aspiration) als diakritische Zeichen verwendet. Gelegentlich werden auch Längenzeichen wie [:] oder Symbole, mit denen Intonationskurven, Silbengrenzen etc. dargestellt werden, als diakritische Zeichen bezeichnet.

209 Elision (Elision)

Auslassung eines oder mehrerer Laute bei der Artikulation eines Wortes, vor allem in informeller gesprochener Sprache.

['mʌsbɪ] (*must be*), [wes'dʒɜːmən] (*West German*), ['æspeks] (*aspects*), ['plɪtɪkl] (*political*), ['kæbnət] (*cabinet*).

Im Laufe der sprachgeschichtlichen Entwicklung haben sich einige ursprüngliche Elisionsformen fest etabliert, so daß sie heute die einzig mögliche Aussprache darstellen, z. B.: ['heɪpnɪ] (*halfpenny*), ['iːvnɪŋ] (*evening*) oder ['kʌzn] (*cousin*).

210 Fortis – Lenis (Fortis – Lenis)

In der artikulatorischen Phonetik bildet die Artikulationsintensität ein Merkmal zur Beschreibung von Konsonanten:

Fortis

Phonetisches Merkmal zur Beschreibung von Konsonanten, die mit einem hohen Grad an Muskelspannung und einem relativ starken Luftstrom artikuliert werden.

Lenis

Phonetisches Merkmal zur Beschreibung von Konsonanten, die mit geringer Muskelspannung und einem relativ schwachen Luftstrom artikuliert werden.

Im Englischen sind die Fortiskonsonanten stimmlos (z. B. /p, t, f, s/). Die Leniskonsonanten (z. B. /b, d, v, z/) sind in stimmhafter Umgebung stimmhaft, am Wortanfang und insbesondere am Wortende sind Lenisfrikative und -plosive häufig ganz oder teilweise stimmlos (/rɒb/ [rɒb̥]).

Der phonologische Unterschied zwischen Fortis- und Leniskonsonanten am Wortende äußert sich phonetisch auch in der Länge des vorhergehenden Vokals: Vor Leniskonsonanten sind Vokale länger als vor Fortiskonsonanten.

bit [bɪt]	*bid* [bɪ.d]
beat [biːt]	*bead* [biː.d]

(Dabei kann ein phonologisch kurzer Vokal in einem Wort wie *bid* phonetisch länger sein als ein phonologisch langer Vokal in einem Wort wie *beat*; vgl. Gimson 1980: 96–8.)

Gelegentlich wird nicht die Opposition zwischen 'fortis' und 'lenis' im Englischen als phonologisch relevantes Merkmal <225> englischer Konsonanten betrachtet, sondern die Opposition 'stimmlos' – 'stimmhaft' <232>.

Glottal Stop (Kehlkopfverschlußlaut/Knacklaut) 211

> Stimmloser Fortiskonsonant, der durch Verschluß und plötzliche Öffnung der Stimmlippen <203> gebildet wird.

Im Englischen kommt der *glottal stop* zwar vor, hat jedoch nicht den Status eines Phonems. In vielen Dialekten (z. B. Cockney, einem Londoner Dialekt) und in informeller Sprache tritt der *glottal stop* intervokalisch als phonetische Realisation des Phonems /t/ auf: [ˈbʌʔə] *butter,* [ˈbeʔə] *better.*

In der Standardsprache kann der *glottal stop* in Fällen vorkommen, in denen zwei Vokale an einer Silbengrenze im sog. **HIATUS (HIATUS)** aufeinandertreffen: [ˈkəʊʔɒp] *co-op.*

Da im Deutschen im Wortanlaut vor Vokalen immer ein *glottal stop* artikuliert wird [ˈʔaɪnˈʔaɪʔɪstʔɪmˈʔaɪmə], besteht bei deutschen Sprechern des Englischen die Gefahr der Interferenz <107>, denn die Übertragung dieser Regel wird im Englischen als „abgehackte Sprechweise" empfunden; im Englischen sind *glottal stops* hier nur in sehr formeller Sprache üblich.

Graphem (Grapheme) 212

> Kleinste bedeutungsdifferenzierende Einheit des Schriftsystems einer Sprache.

Ebenso wie beim Phonem <225> und beim Morphem <307> handelt es sich auch beim Graphem um eine abstrakte Funktionseinheit, die sich von allen anderen Einheiten dieses Systems auf eindeutige Weise unterscheidet. Ein Graphem kann durch eine Vielzahl graphischer Varianten realisiert werden, das Graphem <E> z. B. durch die Schriftzeichen bzw. **GRAPHE (GRAPHS)** E, e, **E**, **e**, *e*, usw. Diese Varianten sind **ALLOGRAPHE (ALLOGRAPHS)** des betreffenden Graphems.

Abweichend von dieser Definition wird der Begriff Graphem auch zur Bezeichnung der verschiedenen graphischen Realisationen eines Phonems verwendet. Nach dieser Definition könnte z. B. das englische Phonem /ɪ/ durch die Grapheme <u, y, i, a, o, e> (*busy village women*) realisiert werden.

213 Halbvokal (Semi-Vowel)

Laut, der
- die phonetische Qualität eines Vokals besitzt, bei dessen Artikulation also kein Hindernis für den Luftstrom gebildet wird,
- bei der Silbenbildung aber die Funktion eines Konsonanten erfüllt, indem er nicht den Kern der Silbe <231> bilden kann.

Im Englischen gibt es zwei Halbvokale:

/j/: Artikulatorischer Übergang aus der Position eines halb-geschlossenen bis geschlossenen Vorderzungenvokals in die Position des nachfolgenden Lauts. Beispiel: /ˈjɑːd/, /ˈjeləʊ/, /ˈjɔːn/.

/w/: Artikulatorischer Übergang aus der Position eines halb-geschlossenen bis geschlossenen Hinterzungenvokals in die Position des nachfolgenden Lauts. Beispiel: /wɒt/, /wɪtʃ/, /ˈwɪskɪ/.

Ein weiteres konsonantisches Charakteristikum der Halbvokale /j/ und /w/ ist die Verwendung des Artikels *a* im Gegensatz zu *an*: *a yard*, *a weasel* (im Gegensatz zu vokalischem Anlaut wie bei *an English village*).

Nicht alle Allophone <225> der englischen Phoneme /j/ und /w/ besitzen vokalische Qualität. Nach /p,t,k/ wird /j/ z. B. als Frikativ realisiert und ist demnach auch phonetisch als Konsonant zu klassifizieren (vgl. *pure*, *tune*, *cue*). Gleiches gilt für /w/ nach /t, k/ (vgl. *twin*, *quite*).

214 Homographie (Homography)

Relation zwischen sprachlichen Zeichen mit unterschiedlichen Bedeutungen und unterschiedlicher Aussprache, aber derselben Schreibung.

Beispiele für **HOMOGRAPHE (HOMOGRAPHS)**:

lead /liːd/ – *lead* /led/; *wind* /wɪnd/ – *wind* /waɪnd/; *record* /rɪˈkɔːd/ – *record* /ˈrekɔːd/.

Querverweis: Homonymie <506>.

Homophonie (Homophony) 215

Relation zwischen sprachlichen Zeichen mit unterschiedlichen Bedeutungen und Schreibungen, aber derselben Aussprache.

Beispiele für **HOMOPHONE (HOMOPHONES)**:

write /raɪt/ – *right* /raɪt/ – *rite* /raɪt/
new /njuː/ – *knew* /njuː/
Pete /piːt/ – *peat* /piːt/.

Intervokalisch (Intervocalic) 216

Zwischen zwei Vokalen stehend.

Die Artikulation von Phonemen ist oft von der Lautumgebung – Anlaut, Auslaut, intervokalisch etc. – beeinflußt. Lenisplosive werden z. B. nur intervokalisch phonetisch als voll stimmhaft realisiert. Ähnlich kann /r/ in RP intervokalisch wie in *sorry, very,* etc. auch als *alveolar tap* [ɾ] und nicht nur als *voiced frictionless continuant* [ɹ] gesprochen werden.

Intonation – Intonationseinheit – Nukleus (Intonation – Tone Group/Tone Unit – Nucleus) 217

Intonation
Tonhöhenverlauf einer sprachlichen Äußerung.

Für die Beschreibung des Intonationsverlaufs gibt es kein allgemein akzeptiertes Modell. Während z. B. Gimson (1980: 266–9) zwischen vier *types of nucleus* (*falling – rising – falling rising – rising reinforcement of a fall*) differenziert, unterscheidet Halliday (1970: 9) zwischen fünf *tones* (1 *fall*, 2 *high rise*, 3 *low rise*, 4 *falling-rising* und 5 *rising-falling*). CGE (37) führt als wichtigste **TONES** an, womit die Stimmbewegung beschrieben ist:

FALLING TONE – RISING TONE – FALL-RISE TONE

Abb. 217: *Tones* im Englischen

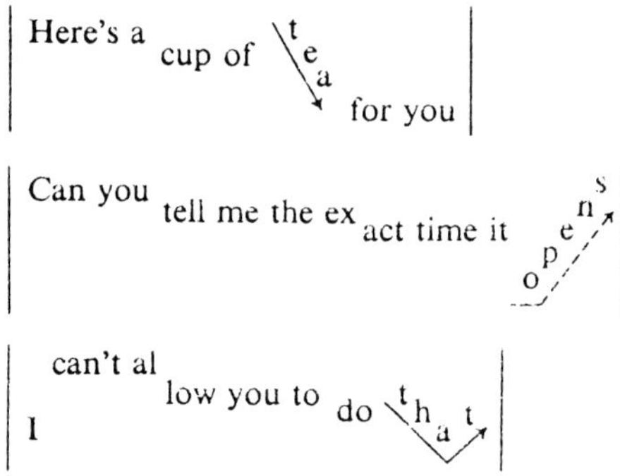

Quelle: CGE (37)

Zur Beschreibung der Bedeutung dieser *tones* führt CGE (40–3) folgende Stichwörter an:

FALLING: 'certainty', 'completeness', 'independence'
RISING: 'uncertainty', 'incompleteness', 'dependence'
FALL-RISE: Kombination von 'assertion' mit 'incompleteness' wie in folgendem Beispiel (CGE 43):

| Are you búsy? | Not rěally | ('Well, I am, but not so busy that I can't talk to you'). |

CGEL (II.11–5) unterscheidet darüber hinaus noch folgende *tones*:
level, rise fall, fall plus rise und *rise plus fall.*
Grundeinheit für die Analyse der Intonation bildet die *tone group*:

Tone Group/Tone Unit

Segment gesprochener Sprache, das aufgrund eines in sich abgeschlossenen Intonationsverlaufs und seiner potentiellen Abgrenzung durch Sprechpausen als Informationseinheit fungiert.

Die Silbe, die innerhalb der *tone group* den stärksten Akzent <201> trägt und die charakteristische Tonbewegung realisiert, heißt **TONISCHE SILBE (TONIC SYLLABLE)** oder **NUKLEUS (NUCLEUS)**. Der Nukleus ist gegenüber den anderen betonten und unbetonten Silben der *tone group* dadurch hervorgehoben, daß sich mit ihm der größte Teil der spezifischen Tonhöhenbewegung dieser Einheit vollzieht. Die den Nukleus bildende Silbe trägt den sog. Satzakzent <201> und markiert den Informationsfokus <604> des betreffenden Satzes.

Eine *tone group* besteht mindestens aus dem Nukleus, d.h. einer einzigen Silbe (etwa *Yes* oder *No*). Dem Nukleus können mehrere betonte oder unbetonte Silben vorausgehen oder folgen, wie in den folgenden Beispielen:

We enjoyed our holiday in CORNwall. Did you REALly?

In manchen Fällen besitzt eine *tone group* zwei Nuklei.

Im Deutschen werden für *tone group* Termini wie **SPRECHTAKT, TONGRUPPE** oder **INTONATIONSEINHEIT** verwendet.

Traditionell werden der Intonation drei verschiedene Funktionen zugeschrieben: (1) eine grammatische Funktion, (2) eine attitudinale bzw. emotionale Funktion und (3) die Funktion der Topikalisierungsanzeige, d.h. der Signalisierung des Satzakzents <201>. Gimson (1980: 264–5) bezeichnet letztere als *'accentual function'* und faßt (1) und (2) als *'non-accentual functions'* zusammen.

Die grammatische Funktion des Tonhöhenverlaufs zeigt sich dadurch, daß z. B. *the postman has arrived* mit steigender Intonation, also mit einer Stimmhebung auf der letzten betonten Silbe, eine yes-no-Frage <445> darstellt, mit fallender Intonation einen Aussagesatz <445>.

Die attitudinale Funktion der Intonation wird z. B. deutlich, wenn man zwei verschiedene Realisationen von *wonderful idea* miteinander vergleicht. Eine fallende Stimmbewegung auf der ersten betonten Silbe signalisiert eine kühle, distanzierte Einstellung des Sprechers, während eine steigend-fallende Bewegung Überraschung oder eine andere Form persönlicherer Reaktion, ob positiv oder negativ, auf seiten des Sprechers ausdrückt.

International Phonetic Association (frz. Association Phonétique Internationale; dt. Weltlautschriftverein) 218

Organisation, die 1886 von einigen europäischen Sprachwissenschaftlern (Paul Passy, Henry Sweet, Otto Jespersen, Wilhelm Viëtor) mit dem Ziel gegründet wurde, das Studium der Phonetik zu fördern. 1889 veröffentlichte diese Organisation das Internationale Phonetische Alphabet, das in modifizierter Form noch heute das gebräuchlichste Transkriptionssystem darstellt.

Die in Frankreich ins Leben gerufene Gesellschaft hieß ursprünglich *The Phonetic Teachers' Association*, die von ihr herausgegebene Zeitschrift *The Phonetic Teacher*, ab 1889 (nachdem Französisch die offizielle Sprache geworden war) *Le Maître*

Phonétique. Bis 1969 erschienen alle Artikel und Mitteilungen in dieser Zeitschrift in phonetischer Umschrift, erst danach ging man allmählich zur traditionellen Orthographie über. Ihren jetzigen Namen erhielt die Gesellschaft im Jahre 1897. Die deutsche Entsprechung wird kaum benutzt.

Die üblichen Abkürzungen **IPA** (engl.) und **API** (frz.) werden zuweilen auch für das Transkriptionsalphabet <235> der Gesellschaft verwendet.

219 Isochronie (Isochrony)

Rhythmische Gliederung gesprochener Sprache, die sich daraus ergibt, daß die Abstände zwischen den betonten Silben in etwa gleich lang sind, unabhängig davon, wie viele unbetonte Silben dazwischen auftreten.

Als rhythmische Grundeinheit gilt dabei der **FUSS (FOOT)**, der mit einer betonten Silbe beginnt und alle Silben bis zur nächsten betonten Silbe umfaßt. Je mehr Silben in einem solchen Fuß enthalten sind, um so schneller müssen sie gesprochen werden, um den Sprechrhythmus zu erhalten.

Im Englischen ist – im Gegensatz zu manchen anderen Sprachen wie etwa dem Französischen – eine Tendenz zur Isochronie festzustellen: So kann man wohl davon ausgehen, daß bei einem Satz wie /'wɪtʃɪzðə'treɪnfə'kru:'pli:z/ (*Which is the train for Crewe, please?*) die Artikulation des Fußes /'witʃɪzðə/, der drei Silben enthält, in etwa genauso lange dauert wie die des einsilbigen /'pli:z/.

Das für das Englische typische Auftreten von *weak forms* <238> läßt sich möglicherweise insofern durch die Tendenz zur Isochronie erklären, als die Reduktion von Vokalen in unbetonten Silben zum Erreichen von Isochronie beiträgt.

220 Kardinalvokale (Cardinal Vowels)

Von Daniel Jones entwickeltes System idealtypischer Vokale, die die zur artikulatorischen Beschreibung von Vokalen benutzten Merkmale *front, central* und *back* sowie *close, half-close, half-open* und *open* exakt realisieren.

Abb. 220: Kardinalvokale

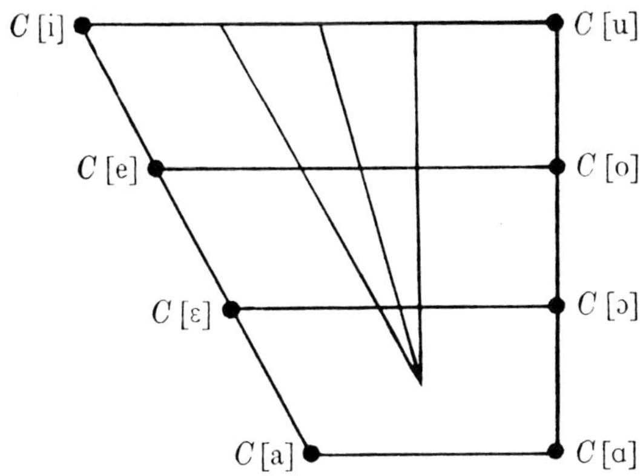

Quelle: Gimson (1980: 42)

Dadurch sind 8 primäre Kardinalvokale bestimmt:

1	i	front	close	unrounded
2	e	front	half-close	unrounded
3	ɛ	front	half-open	unrounded
4	a	front	open	unrounded
5	ɑ	back	open	unrounded
6	ɔ	back	half-open	rounded
7	o	back	half-close	rounded
8	u	back	close	rounded

Durch Umkehrung des Merkmals Lippenstellung ergeben sich in den gleichen Positionen 8 sekundäre Kardinalvokale:

9	y	front	close	rounded
10	ø	front	half-close	rounded
11	œ	front	half-open	rounded
12	Œ	front	open	rounded
13	ɒ	back	open	rounded
14	ʌ	back	half-open	unrounded
15	ɤ	back	half-close	unrounded
16	ɯ	back	close	unrounded

Zwei weitere Kardinalvokale ergeben sich durch die Merkmale *close* und *central*:

17	ɨ	central	close	unrounded
18	ʉ	central	close	rounded

Mit den Kardinalvokalen wird nicht das Vokalsystem irgendeiner natürlichen Sprache beschrieben. Sie sind vielmehr als ein idealtypisches, konstruiertes Koordinatensystem zu verstehen, auf das bei der Beschreibung der Qualität von Vokalen natürlicher Sprachen Bezug genommen werden kann. Damit stellt das System der Kardinalvokale auch für den Vergleich der Vokalsysteme verschiedener Dialekte oder verschiedener Sprachen ein geeignetes Instrumentarium dar.

Beispielsweise läßt sich die Qualität von RP /æ/ dadurch beschreiben, daß es zwischen den Kardinalvokalen 3 und 4, und zwar näher bei 3 als bei 4 liegt. So bezieht sich auch Gimson (1980) bei der Darstellung der Vokalqualitäten des Englischen auf die Kardinalvokale.

Ähnlich kann der Unterschied zwischen der Qualität des /i:/ im Deutschen (*biegen*) und im Englischen (*bead*) durch die Aussage verdeutlicht werden, daß das deutsche /i:/ dem Kardinalvokal 1 näher kommt als das englische /i:/.

221 Konsonant (Consonant)

Sprachlaut,
- bei dessen Artikulation ein Hindernis im Mund- oder Rachenraum gebildet wird, das den Luftstrom aufhält oder zu hörbarer Reibung bringt,
- der akustisch keine harmonische Schwingung darstellt, sondern eine Geräuschkomponente enthält.

Die englischen Konsonantenphoneme werden mit den Merkmalen 'fortis' – 'lenis' <210>, Artikulationsart <202> und Artikulationsort <204> eindeutig beschrieben. (Anstelle der Opposition 'fortis' – 'lenis' kann auch die Opposition 'stimmlos' – 'stimmhaft' <232> als phonologisches Merkmal <225> angesetzt werden.)

Abb. 221:
Die Konsonantenphoneme von R. P.:

	Bilabial	*Labio-Dental*	*Dental*	*Alveolar*	*Post-Alveolar*	*Palato-Alveolar*	*Palatal*	*Velar*	*Glottal*
Plosive	p b			t d				k g	
Affricate						tʃ dz			
Fricative		f v	θ ð	s z		ʃ ʒ		(x)	h
Nasal	m			n				ŋ	
Lateral				l					
Approximant or Semi-vowel	w				r		j		

Quelle:
EPD (1977: xviii).

Plosive, Frikative, Affrikaten und Vibrationslaute werden gelegentlich auch als **GERÄUSCHLAUTE (OBSTRUENTS)** bezeichnet, Nasale und **LIQUIDE (LIQUIDS)** (Laterale und /r/) zusammen mit Vokalen als **SONORANTEN (SONORANTS)**.

Liaison (Liaison/Linking) 222

> Erscheinung, daß zwischen zwei Wörter ein Laut eingeschoben wird, um die Aussprache zu erleichtern.

Im Gegensatz zum Deutschen, wo anlautende Vokale mit einem vorangehenden *glottal stop* <211> gesprochen werden /'ʔaɪn'ʔaɪʔɪstʔɪm'ʔaɪmə/, findet im Englischen beim Aufeinandertreffen von zwei Vokalen *linking*, z. B. durch Einschub eines Halbvokals, statt:

to Exeter: [tʊʷ'eksɪtə]
he is silly and stupid: ['hɪʲɪz 'sɪlɪʲən 'stju:pɪd]

Von besonderer Bedeutung sind im Englischen auch *linking /r/* und *intrusive /r/*

LINKING /r/: Artikulation eines /r/ nach Vokal am Wortende, das – in der Schreibung vorhanden ist, aber – normalerweise nicht artikuliert wird.	vor einem vokalischen Anlaut des folgenden Wortes

/'fɑ:rə'weɪ/ (*far away*), /'pʊər'æn/ (*poor Anne*), /jɔ:r'ɑ:nsə/ (*your answer*).

INTRUSIVE /r/: Anhängen eines /r/ nach Vokal am Wortende, – ohne daß in der Schreibung ein <r> vorhanden ist.	vor einem vokalischen Anlaut des folgenden Wortes.

/'lɔ:rənd'ɔ:də/ (*law and order*), /aɪ'dɪərəvɪt/ (*idea of it*).
Intrusive r tritt zuweilen auch zwischen Silben einzelner Wörter (z. B. /'drɔ:rɪŋ/ für *drawing*) auf. In der *Received Pronunciation* <713> wird *intrusive r* in solchen Fällen jedoch vermieden.

223 Neutralisation (Neutralisation)

Aufhebung einer phonologischen Opposition in einer bestimmten Position.

Im Deutschen ergibt sich z. B. eine Neutralisation der Merkmale 'stimmhaft' und 'stimmlos' bei Plosiven und Frikativen am Wortende, weil diese Laute in dieser Position immer stimmlos gesprochen werden.

Im Zusammenhang mit der Erscheinung der Neutralisation wird auch der Terminus **ARCHIPHONEM (ARCHIPHONEME)** gebraucht: Ein Archiphonem wird in solchen Fällen angesetzt, wo ein bestimmter Laut in einem Wortparadigma <304> stellungsbedingt durch verschiedene Phoneme realisiert wird. So kann z. B. die Tatsache, daß im Deutschen *Wand* mit 'stimmlosem' /t/, *Wände* aber mit 'stimmhaftem' /d/ gesprochen wird, dadurch erklärt werden, daß man ein Archiphonem /D/ ansetzt. Phonologisch wäre dann im Deutschen ein Wort wie *Rad* aufgrund des Genitivs *Rades* als /ra:D/, *Rat* aufgrund von *Rates* aber als /ra:t/ zu umschreiben.

Gelegentlich (etwa Gimson 1980: 53; 195-6, vgl. auch Wells (1990: 476)) wird der Terminus Neutralisation auch zur Beschreibung der Tatsache verwendet, daß bei Assimilationen <206> verschiedene Phoneme durch denselben Laut realisiert werden können, wie z. B. /m/ und /n/ als labiodentales [ɱ] bei schneller Aussprache von *symphony* und *infant*. Ähnlich werden die Plosive in Wörtern wie *sport*, *start*, *skirt* phonetisch so realisiert, daß sie nicht zwingend den Phonemen /p,t,k/ zugeordnet werden müssen, sondern theoretisch auch eine phonologische Umschrift durch /sbɔ:t, sda:t, sgɜ:t/ denkbar wäre.

224 Orthographie (Orthography/Spelling)

System der Realisierung von sprachlichen Zeichen durch graphische Zeichen.

Die Orthographie des Englischen, wie die der meisten europäischen Sprachen, beruht auf dem lateinischen Alphabet, das versucht, je einen Laut des Lateinischen durch einen Buchstaben wiederzugeben. Bereits das Altenglische <802> beruht auf dieser Schreibtradition, ergänzt durch einige germanische Runenzeichen <802> für spezifisch altenglische Laute, für die es im Lateinischen keine Grapheme <212> gab. Nach der normannischen Eroberung wurden in mittelenglischer Zeit <820> im Verlauf der Übernahme der kontinentalen Schreibtradition diese Runenzeichen durch lateinische Zeichen(-kombinationen) ersetzt: <þ, ð> durch <th>, <ƿ> durch <vv> bzw. <uu> (vgl. „*double u*").

Durch die relativ frühe Fixierung der Schreibung (teilweise schon gegen Ende der mittelenglischen Periode im 15./16. Jahrhundert) wurden spätere (v.a. frühneuenglische) tiefgreifende Lautveränderungen sowohl im Bereich des Konsonantismus (Verstummen bestimmter Konsonanten, wie in *knight, write, though* etc.) als auch des Vokalismus (*Great Vowel Shift* <813>) nicht mehr durch die Schreibung zum Ausdruck gebracht. Nicht zuletzt daraus ergibt sich die große Diskrepanz zwischen Lautung und Schreibung, die für das heutige Neuenglisch charakteristisch ist. Eine Folge dieser Diskrepanz ist eine Erscheinung, die im Englischen besonders häufig – wenn auch unsystematisch – auftritt, die sog. **SPELLING PRONUNCIATION (SCHRIFTAUSSPRACHE)**; sie liegt etwa vor bei der Aussprache von Ortsnamen wie /ˈdævəntrɪ/ und /ˈsaɪərənsestə/ für Daventry /ˈdeɪntrɪ/ und Cirencester /ˈsɪsɪtə/, aber auch bei der Aussprache von *forehead, postman, empty* als /ˈfɔːhed, ˈpəʊstmən, ˈemptɪ/.

Bereits seit dem 16. Jahrhundert wurde die englische Rechtschreibung als ein Problem empfunden, was in zahlreichen Orthographiebüchern zum Ausdruck kam. Seit der 2. Hälfte des 19. Jahrhunderts wird sowohl in England (z. B. durch die *Simplified Spelling Society*) als auch in Amerika (durch die *Reformed Spelling Association*) eine **SPELLING REFORM (RECHTSCHREIBREFORM)** gefordert mit dem Ziel einer größeren Annäherung zwischen Aussprache und Schreibung. Alle systematischen Reformvorschläge sind jedoch bisher gescheitert; vor allem im amerikanischen Englisch <703> haben sich einige Vereinfachungen durchgesetzt, etwa bei *honor, color, traveler, center* etc.

Literatur: Leisi (1985: 41-45), Baugh/Cable (1978: 207–13)

> *The English have no respect for their language, and will not teach their children to speak it. They cannot spell it because they have nothing to spell it with but an old foreign alphabet of which only the consonants – and not all of them – have any agreed speech value. Consequently, no man can teach himself what it should sound like from reading it; and it is impossible for an Englishman to open his mouth without making some other Englishman despise him. Most European languages are now accessible in black and white to foreigners: English and French are not thus accessible even to Englishmen and Frenchmen. The reformer we need today is a most energetic enthusiast…*
>
> G. B. Shaw: Preface to *Pygmalion*

225 Phonem (Phoneme)

Kleinste bedeutungsdifferenzierende Einheit eines Sprachsystems.

Die Phoneme einer Sprache lassen sich durch Substitutions- bzw. Kommutationstests ermitteln, und zwar durch das Aufstellen von **MINIMALPAAREN (MINIMAL PAIRS)**, d.h. zwei Wörtern, die sich nur in einem Laut (in derselben Position) unterscheiden:

Da sich etwa [lʌv] *love* und [dʌv] *dove* nur im Anfangslaut unterscheiden, zwischen ihnen aber ein Bedeutungsunterschied besteht, läßt sich folgern, daß durch die Opposition von [l] und [d] im Englischen ein Bedeutungsunterschied konstituiert wird, /l/ und /d/ somit Phoneme des Englischen darstellen.

Phoneme sind abstrakte Einheiten, die in der Regel konkret durch **PHONE (PHONES)** realisiert werden. Verschiedene lautliche Realisationen eines Phonems werden als seine **ALLOPHONE (ALLOPHONES)** bezeichnet.

Das englische Phonem /p/ besitzt beispielsweise die Allophone [p^h] (aspiriert) und [p] (nicht aspiriert), das englische Phonem /l/ die Allophone *clear l* [l] und *dark l* [ɫ]. Daß *clear l* und *dark l* im Englischen Allophone eines Phonems und nicht zwei gesonderte Phoneme sind, ergibt sich daraus, daß durch die Opposition dieser beiden Laute nie ein Bedeutungsunterschied konstituiert wird, sich also auch keine Minimalpaare finden lassen, die auf der Opposition *clear l – dark l* beruhen.

CLEAR L: Allophon des Phonems /l/, bei dessen Artikulation die Vorderzunge gehoben ist; phonetisches Symbol [l].

DARK L: Allophon des Phonems /l/, bei dessen Artikulation die Hinterzunge gehoben ist; phonetisches Symbol: [ɫ].

Abb. 225: Artikulation von *clear l* und *dark l*

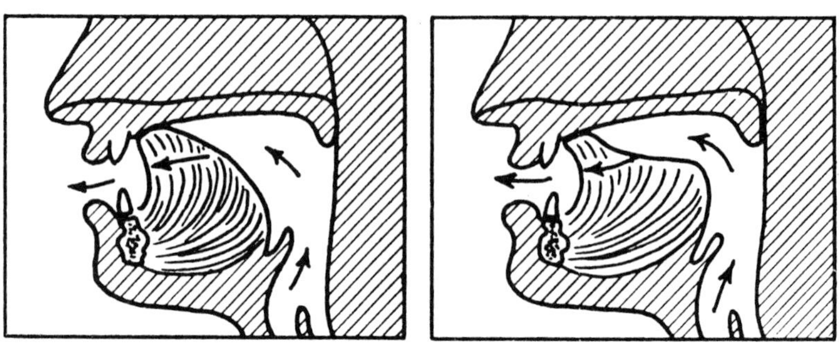

/l/: clear [l].   /l/: dark [ɫ].

Quelle: Gimson (1980: 200).

Clear [l] und *dark* [ɫ] sind komplementär distribuiert <104>. Dabei gelten folgende Allophonverteilungsregeln:

clear [l]	/___V	(vor Vokalen): *light, silly, love, bliss*
	/___/j/	(vor /j/): *failure*
dark [ɫ]	/___C	(vor Konsonanten): *milk, elbow*
	/___#	(am Wortende): *fill, ball, oil*

Daneben treten beim englischen Phonem /l/ als weitere Allophone *syllabic* [l̩] (wie in *little* ['lɪtl̩] oder *apple* ['æpl̩]) und *voiceless* [l̥] (nach stimmlosen Konsonanten, insbesondere /s/ wie in *slender* ['sl̥endə] auf).

Da Phoneme nicht mit konkreten Lauten identisch sind, werden sie nicht wie diese in eckige Klammern [ ], sondern zwischen Schrägstriche / / gesetzt. Phoneme werden durch eine Reihe von Merkmalen beschrieben, den sog. **RELEVANTEN** oder **DISTINKTIVEN MERKMALEN (DISTINCTIVE FEATURES)**. Für eine eindeutige Beschreibung des englischen Phonems /p/ sind also z. B. die Merkmale 'plosiv' (Artikulationsart <202>), 'bilabial' (Artikulationsort <204>) und 'fortis' <210> als relevante Merkmale ausreichend. Diese Merkmale dienen zur Unterscheidung aller Phoneme einer Sprache, sind aber nicht mit den entsprechenden phonetischen Merkmalen unbedingt gleichzusetzen: Beispielsweise kann bei einem Wort wie *comfort* das Phonem /m/ aufgrund von Assimilation phonetisch durch ein labiodentales Allophon [ɱ], realisiert werden; auf der phonologischen Ebene wird es dennoch mit dem Merkmal 'bilabial' beschrieben.

Verschiedene Theorien legen unterschiedliche Definitionen des Terminus Phonem zugrunde, etwa die Prager Schule <917>, Bloomfield <901> und Daniel Jones.

Phonetik (Phonetics) 226

> Teilgebiet der Linguistik, das sich mit der materiellen Analyse und Beschreibung von Sprachlauten beschäftigt.

Die Phonologie unterscheidet sich von der Phonetik <227> dadurch, daß sie die Funktion von Lauten innerhalb eines Lautsystems analysiert und beschreibt, wofür jedoch die vorhergehende materielle Analyse durch die Phonetik eine unmittelbare Voraussetzung ist.

Je nachdem, unter welchem Gesichtspunkt die materielle Seite der Laute untersucht wird, unterscheidet man zwischen artikulatorischer, akustischer und auditiver Phonetik:

> **ARTIKULATORISCHE PHONETIK (ARTICULATORY PHONETICS)**: Ansatz innerhalb der Phonetik, der untersucht und beschreibt, wie Laute mit Hilfe der Sprechorgane produziert, d. h. artikuliert werden.

Dabei haben sich die folgenden Kriterien als notwendig zur eindeutigen Beschreibung von Lauten erwiesen:

Für Konsonanten <221>:

- Artikulationsart <202>
- Artikulationsort <204>
- Artikulationsenergie ('fortis'/'lenis') <210>
- Vibration/Nichtvibration der Stimmbänder (zur Unterscheidung stimmhafter und stimmloser Laute) <232>
- Position des Velums (weichen Gaumens) zur Unterscheidung von nasalen im Gegensatz zu oralen Lauten, bei denen der Luftstrom durch den Mundraum entweicht <203>.

Für Vokale <236>:

- Öffnungsgrad (Abstand der Zunge vom Gaumen)
- Zungenstellung (welcher Teil der Zunge bildet den für den Öffnungsgrad entscheidenden Abstand zum Gaumen)
- Grad der Lippenrundung (gespreizt – neutral – gerundet)
- Position des Velums (weichen Gaumens).

> **AKUSTISCHE PHONETIK (ACOUSTIC PHONETICS)**: Ansatz innerhalb der Phonetik, der Sprachlaute nach ihren physikalischen Eigenschaften, wie Dauer, Frequenz, Intensität beschreibt und klassifiziert.

Dazu ist eine zum Teil recht aufwendige technische Apparatur erforderlich. Die akustische Phonetik erstellt z. B. mit Hilfe von Frequenzmessungen sog. **SONAGRAMME/SPEKTROGRAMME (SONAGRAMS/SPECTROGRAMS)** (siehe Abbildung), wobei die Schwingungen aufgezeichnet werden, die einzelne Laute eindeutig bestimmen. Man spricht in diesem Zusammenhang auch vom *visible speech*-Verfahren.

Abb. 226: Spektrogramm für *We'll take a dozen*

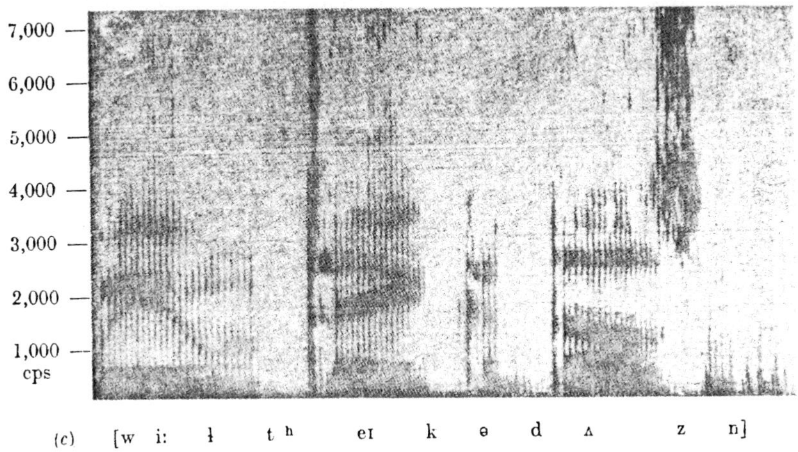

Quelle: Gimson (1980: 25)

In den Sonagrammen lassen sich die **FORMANTEN (FORMANTS)** der jeweiligen Laute deutlich erkennen, d.h. jene Frequenzen, die für die Artikulation des betreffenden Lautes charakteristisch sind (vgl. die dunklen Bänder bzw. Balken). In der vertikalen Achse wird die Höhe der Frequenzen erfaßt, in der horizontalen ihr zeitlicher Verlauf und im Schwärzegrad der Markierung ihre Intensität. Relevant ist nicht die absolute Frequenz, die individueller Variation unterliegt, sondern das Verhältnis der Formanten zueinander.

AUDITIVE PHONETIK (AUDITORY/PERCEPTUAL PHONETICS): Ansatz innerhalb der Phonetik, der die Perzeption der Laute durch den Hörer untersucht.

Dabei wird analysiert, wie die Sprachlaute über das Ohr aufgenommen und über die entsprechenden Nervenbahnen zum Sprachzentrum des Gehirns weitergeleitet, aufgelöst und entschlüsselt werden. Ein eigenes Merkmalsystem hat die auditive Phonetik (noch) nicht entwickelt.

Phonologie (Phonology/Phonemics) 227

Teilgebiet der Linguistik, das die kleinsten bedeutungsdifferenzierenden Elemente innerhalb eines Sprachsystems ermittelt und analysiert.

Während sich die Phonetik <226> mit allen akustischen, auditiven und artikulatorischen Merkmalen eines Lautes im konkreten Sprechakt befaßt, sind für die Phonologie nur jene Merkmale von Interesse, die zur Bedeutungsdifferenzierung von Wörtern unentbehrlich sind (distinktive Merkmale <225>). Sie erfaßt alle Phoneme einer Sprache in ihrem systematischen Zusammenhang (**PHONEM-INVENTAR**) und beschreibt, nach welchen Regeln diese Phoneme kombinierbar sind (<Phonotaktik 228>).

228 Phonotaktik (Phonotactics)

Analyse der Kombinierbarkeit bzw. Distribution von Phonemen in Wörtern.

Phonotaktische Regeln des Englischen sind z. B., daß die Vokale /e, æ, ʌ, ɒ/ nicht am Wortende vorkommen, daß am Wortanfang eine Konsonantenverbindung */kn/ nicht möglich ist (*knight* – /naɪt/) oder daß am Wortanfang bei Konsonantenverbindungen, die aus drei Konsonanten bestehen, der erste immer /s/ ist und als zweiter und dritter Konsonant nur bestimmte Kombinationen aus /p, t, k/ und /l, r, j, w/ (*spleen, street*) möglich sind.

229 Rhythmus (Rhythm)

Gliederung einer sprachlichen Äußerung durch die zeitlich regelmäßige Abfolge von Akzenten <201> oder Silben <231>.

Während im Englischen eine Tendenz zur Isochronie <219> besteht, gilt im Französischen das Prinzip des **ISOSYLLABISMUS**, d. h. betonte und unbetonte Silben folgen in ungefähr gleichem Abstand aufeinander. Für die beiden Arten von Sprechrhythmus hat Pike (1946) die Begriffe **STRESS-TIMED RHYTHM** und **SYLLABLE-TIMED RHYTHM** geprägt.

230 Schwa (Schwa) [ə]

Kurzer halb-offener bis halb-geschlossener Mittelzungenvokal mit neutraler Lippenstellung, der nur in unbetonten Silben auftritt.

Im Auslaut, z. B. in *father*, ist der Laut halb-offen, vor einem velaren Konsonanten, z. B. in *ago*, halb-geschlossen. Ein weiteres wichtiges Artikulationsmerkmal ist die Abwesenheit muskulärer Spannung.

Der Schwa-Laut erscheint im Englischen nicht nur in unbetonten Silben mehrsilbiger Wörter wie *machine* /mə'ʃiːn/, *husband* /'hʌzbənd/, *international* /ɪntə'næʃnəl/, sondern auch in *weak forms* <238> wie *the* /ðə/, *a* /ə/, *an* /ən/ etc.

Der Terminus stammt aus dem Deutschen und bezeichnet ursprünglich einen Vokal dieser Qualität im Hebräischen.

Silbe (Syllable) 231

> Kleinste rhythmische Einheit der gesprochenen Sprache, die durch potentielle Pausen von vorhergehenden und folgenden Silben getrennt werden kann.

Im Englischen besteht eine Silbe in der Regel aus einem Vokal, dem ein oder mehrere Konsonanten vorausgehen und/oder folgen können.

a+bout, un+done, Eng+land, work+force, class+struc+ture

Daneben können im Englischen auch die silbischen Allophone [l̩] und [n̩] der Phoneme /l/ und /n/ Silben darstellen:

litt+le ['lɪtl̩], butt+on ['bʌtn̩], doub+le ['dʌbl̩].

Silben können gelegentlich mit lexikalischen oder grammatischen Morphemen <307> übereinstimmen (*use-ful* etc.), in der Regel sind Silbengrenzen jedoch nicht mit Morphemgrenzen identisch:

Silbengrenzen:	Morphemgrenzen:
ha+ted	hate+{D}
har+dest	hard+est
struc+ture	structure

Anzahl und Kombination dieser Konsonanten erfolgen dabei nach sprachspezifischen Regeln, sind also in jeder Sprache unterschiedlich.

Man unterscheidet verschiedene Silbentypen:

> **LANGE SILBE (LONG/LONG-STEMMED SYLLABLE)**: Silbe, die
> – entweder einen langen Vokal enthält oder
> – einen kurzen Vokal enthält, auf den zwei Konsonanten folgen.

be, go, stone, keep, think, base+ment

KURZE SILBE (SHORT/SHORT-STEMMED SYLLABLE): Silbe,
- die einen kurzen Vokal enthält, auf den höchstens ein Konsonant folgt, oder
- die aus einem silbischen Konsonanten besteht.

se+cre+tary [trɪ], boss, skil+ful

Die Anzahl der dem Vokal vorausgehenden Konsonanten spielt bei der Einteilung in kurze und lange Silben keine Rolle.

OFFENE SILBE (OPEN SYLLABLE): Silbe, die mit einem Vokal endet.

GESCHLOSSENE SILBE (CLOSED SYLLABLE): Silbe, die mit einem Konsonanten endet.

Lange und kurze Silben können sowohl offen (*be, go, se+cre+tary*) als auch geschlossen (*keep, think, of, full*) sein.

Die Unterscheidung dieser Silbentypen ist vor allem in sprachgeschichtlicher Hinsicht von Bedeutung, da einige für das Englische grundlegende Lautentwicklungen <818> auf ihnen beruhen.

232 Stimmhaft – Stimmlos (Voiced – Voiceless)

Ein wichtiges artikulatorisches Merkmal zur Beschreibung von Sprachlauten ergibt sich daraus, in welcher Weise der Luftstrom, der aus der Lunge in den Rachenraum entweicht, im Kehlkopf <203> modifiziert wird. Die wesentliche Funktion kommt dabei den Stimmbändern zu, die entweder (1) weit von einander entfernt sind und den Luftstrom ungehindert passieren lassen; oder (2) schlaff hängen, durch den Luftstrom in Vibration versetzt werden und diesen damit in eine harmonische Schwingung versetzen; oder (3) eng zusammengepreßt sind und den Luftstrom stoppen, so daß bei der Lösung ein glottaler Plosiv <202> entsteht. Je nachdem, ob bei der Artikulation eines Lautes die Stimmbänder in Vibration versetzt werden oder nicht, ergeben sich folgende Merkmale:

Stimmhaft
Phonetisches Merkmal zur Beschreibung von Lauten, bei deren Artikulation die Stimmbänder in Vibration geraten.

Stimmlos
Phonetisches Merkmal zur Beschreibung von Lauten, bei deren Artikulation die Stimmbänder nicht in Vibration geraten.

Vokale sind immer stimmhaft.

Die Merkmale 'stimmhaft' – 'stimmlos' sind phonetische Merkmale, die tatsächliche physikalische Eigenschaften von Lauten beschreiben.

Gelegentlich werden sie in der Phonologie auch anstelle von 'lenis' – 'fortis' als distinktive Merkmale <225> zur Beschreibung von Konsonantenphonemen angesetzt. Dabei ist zu beachten, daß ein Phonem mit dem phonologischen Merkmal 'stimmhaft' nicht immer phonetisch 'stimmhaft' realisiert werden muß. So werden die stimmhaften Phoneme /v, ð, ʒ/ etc. oft phonetisch als stimmlose Lenes [v̥, ð̥, ʒ̊] realisiert, was häufig als **DEVOICING** bezeichnet wird (in der phonetischen Umschrift durch einen kleinen Kreis angezeigt). Da diese Konsonanten aber in jedem Fall als Lenes realisiert werden, erscheint es günstiger, die Opposition 'fortis' – 'lenis' als phonologisch relevantes Merkmal <225> anzusetzen und die Stimmhaftigkeit als nicht-distinktives phonetisches Merkmal zu betrachten.

Suprasegmentales Merkmal (Suprasegmental Feature) 233

> Phonetisches Merkmal, das nicht bei der Artikulation eines einzelnen Lautes realisiert wird, sondern sich über mehrere Laute erstreckt.

Suprasegmentale Merkmale sind z. B. die verschiedenen Intonationsmuster <217> wie 'fallend' oder 'steigend'. Auch der Akzent <201> wird durch suprasegmentale Merkmale realisiert, weil sich die Druckstärke einer betonten Silbe nur durch den Kontrast zu anderen Silben erkennen läßt.

Tonhöhe (Pitch) 234

> Komponente der auditiven Wahrnehmung eines Sprachlautes, die es einem Hörer erlaubt, diesen Sprachlaut auf einer Skala zwischen den Eindrücken 'hoch' und 'tief' einzuordnen.

Das auditive phonetische Merkmal der Tonhöhe hängt im wesentlichen von der Vibrationsfrequenz der Stimmbänder <203> bei der Artikulation des Lautes ab: Ein Anstieg der Vibrationsfrequenz bewirkt einen Anstieg der Tonhöhe. Es existiert jedoch keine direkte oder parallele Korrelation zwischen Tonhöhe und Frequenz: Bei gleicher Frequenz kann z. B. auch die Variation der Artikulationsintensität den Eindruck einer Tonhöhenänderung hervorrufen.

Der Tonhöhenverlauf einer sprachlichen Äußerung wird als Intonation <217> bezeichnet. Tonhöhe zählt neben Lautstärke, Tempo und Rhythmus zu den **PROSODISCHEN MERKMALEN (PROSODIC FEATURES)** einer Äußerung.

235 Transkription/Lautschrift/Phonetische Umschrift (Phonetic Transcription)

System zur schriftlichen Darstellung von Sprachlauten.

Im Hinblick auf den Grad der Genauigkeit der Wiedergabe von Sprachlauten in einem Umschriftsystem wird folgende Unterscheidung getroffen:

WEITE UMSCHRIFT (BROAD TRANSCRIPTION): Umschrift, die im wesentlichen nur die Phoneme <225> einer Sprache, nicht aber die Allophone darstellt.
ENGE UMSCHRIFT (NARROW TRANSCRIPTION): Umschrift, die feiner zwischen einzelnen Lauten differenziert, indem sie auch die Unterschiede zwischen den Allophonen eines Phonems zum Ausdruck bringt.

Broad und *narrow transcription* sind nicht unbedingt mit **PHONEMATISCHER TRANSKRIPTION (PHONEMIC TRANSCRIPTION)** und **PHONETISCHER TRANSKRIPTION (PHONETIC TRANSCRIPTION)** gleichzusetzen; es sind Zwischenstufen denkbar, in denen manche Allophone (also etwa *clear* [l] und *dark* [ɫ]) in der Umschrift unterschieden werden, aber andere nicht. Phonetische Transkription wird in eckige Klammern, phonematische Transkription zwischen Schrägstriche gesetzt, also z. B. /ˈkɔːnwɔːl /[ˈkɔːnwɔː].

Phonetische Transkriptionssysteme lehnen sich nicht notwendigerweise an gebräuchliche Schriftsysteme an. Die *Visible Speech* von A.M. Bell (1867) stellt z. B. einen Versuch dar, eine ikonische Notation zu entwickeln, so daß die Symbole die Qualität der Laute widerspiegeln.

Das heute wohl gebräuchlichste System ist das der IPA (International Phonetic Association bzw. API Association phonétique internationale) <218> von 1886, das auf dem lateinischen Alphabet aufbaut und so konstruiert ist, daß die Phoneme der meisten Sprachen durch jeweils ein Symbol dargestellt werden können und der Gebrauch diakritischer Zeichen <208> weitgehend auf die Markierung von Länge, Betonung und allophonischen Unterschieden beschränkt bleibt.

Abb. 235: Bell's Visible Speech

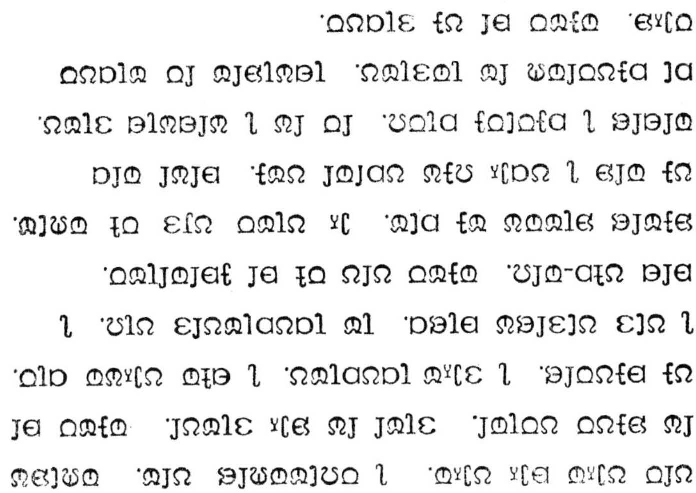

Alexander Melville Bell's Visible Speech (from *English Visible Speech in Twelve Lessons*, 1895, pp. vi and 38).

Quelle: D. Abercrombie: *Elements of General Phonetics* Edinburgh: Edinburgh University Press (1967: 119)

Vokal (Vowel) 236

> Sprachlaut,
> - bei dessen Artikulation kein Hindernis gebildet wird, das den Luftstrom aufhält oder zu hörbarer Reibung bringt,
> - der, akustisch analysiert, keine Geräuschkomponente enthält, sondern eine harmonische Schwingung darstellt.

Eine rein artikulatorische Definition der Vokale führt zu Schwierigkeiten, weil die genannten Kriterien z.T. auch auf Allophone von /l/ oder /r/ im Englischen zutreffen. Als weiteren Unterschied zwischen Vokalen und Konsonanten kann man anführen, daß Vokale silbentragende Funktion haben, Konsonanten in der Regel aber nicht. Vokale sind (außer beim Flüstern) stimmhaft <232>.

Vokale können nach verschiedenen Gesichtspunkten beschrieben werden, z. B. hinsichtlich des Entweichens des Luftstroms:

ORALVOKAL (ORAL VOWEL): Vokal, bei dem der Luftstrom nur durch den Mund entweicht.

NASALVOKAL (NASAL VOWEL): Vokal, bei dem der Luftstrom sowohl durch den Mund als auch durch die Nase entweicht.

Im Englischen gibt es im Gegensatz zum Französischen keine eigentlichen Nasalvokale, aber in der Umgebung von nasalen Konsonanten (wie bei *man*) kann Nasalierung des Vokals eintreten.

Vokale werden weiterhin klassifiziert nach der Position der Zunge bei der Artikulation. Bezugspunkt ist dabei der jeweils höchste Punkt der Zunge im Mund. Dabei ergibt sich eine Klassifikation nach der horizontalen und der vertikalen Dimension:

VORDER-, MITTEL-, HINTERZUNGENVOKAL (FRONT, CENTRAL, BACK VOWEL): Vokal, bei dessen Artikulation die Vorder-, Mittel- bzw. Hinterzunge den höchsten Punkt im Mund bildet.

GESCHLOSSENER, HALB-GESCHLOSSENER, HALB-OFFENER, OFFENER VOKAL (CLOSE – HALF-CLOSE – HALF-OPEN – OPEN VOWEL): Vokal, bei dessen Artikulation die Zunge entweder so nah wie möglich am Gaumen ist, ohne daß Reibung entsteht (geschlossen) oder so niedrig wie möglich im Mund liegt (offen) bzw. der höchste Punkt der Zunge auf einer der beiden Zwischenstufen liegt, die sich zwischen diesen beiden Extremen ergeben.

Bezugssystem für diese Einteilung ist das Vokalviereck <237> bzw. das System der Kardinalvokale <220>.

Ein weiteres Beschreibungskriterium bildet die Lippenstellung, wobei man zwischen folgenden Positionen unterscheidet:

GESPREIZT (SPREAD) – NEUTRAL (NEUTRAL) – GERUNDET (ROUNDED)

Die Lippenstellung ist bei englischen Vokalen kein phonologisch distinktives Merkmal <225>.

Letztlich lassen sich Vokale noch danach einteilen, ob die Lautqualität während der Artikulation relativ unverändert bleibt oder nicht:

MONOPHTHONG (MONOPHTHONG): Vokal, bei dessen Artikulation keine Änderung der Lautqualität stattfindet.
DIPHTHONG (DIPHTHONG): Vokal, bei dessen Artikulation innerhalb einer Silbe eine Änderung der Lautqualität von einem Vokal zu einem anderen (oder in Richtung auf einen anderen) stattfindet, wobei die beiden Elemente ineinander übergehen.

Bei **FALLENDEN DIPHTHONGEN (FALLING DIPHTHONGS)** ist die erste Komponente auffälliger hinsichtlich Länge und Betonung; bei **STEIGENDEN DIPHTHONGEN (RISING DIPHTHONGS)** die zweite. Die englischen Diphthonge /eɪ,aɪ,ɔɪ,əʊ,aʊ,ɪə,eə,ʊə/ sind fallend, wobei die Artikulationsposition der zweiten Komponente nicht erreicht wird. /ɪə/ kann in der zweiten Silbe von Wörtern wie *period* oder *serious* auch steigend sein.

TRIPHTHONG (TRIPHTHONG): Vokal, bei dessen Artikulation zwei Änderungen der Lautqualität wie bei einem Diphthong erfolgen.

Im Englischen treten Triphthonge durch Kombination der Diphthonge /aʊ,aɪ/ mit /ə/, etwa bei *fire* /faɪə/ oder *hour* /aʊə/ auf.

Abb. 236: System der RP-Vokale

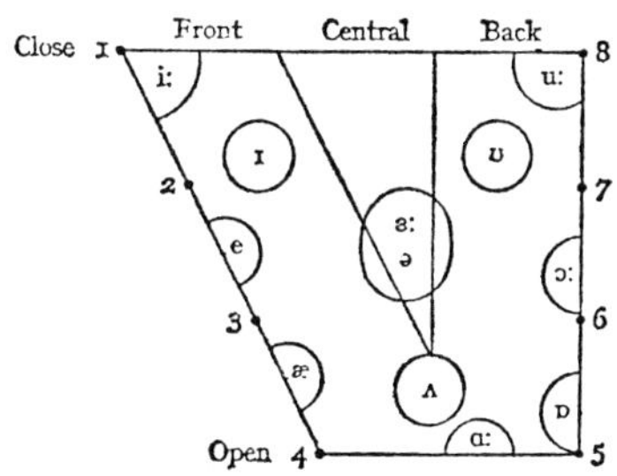

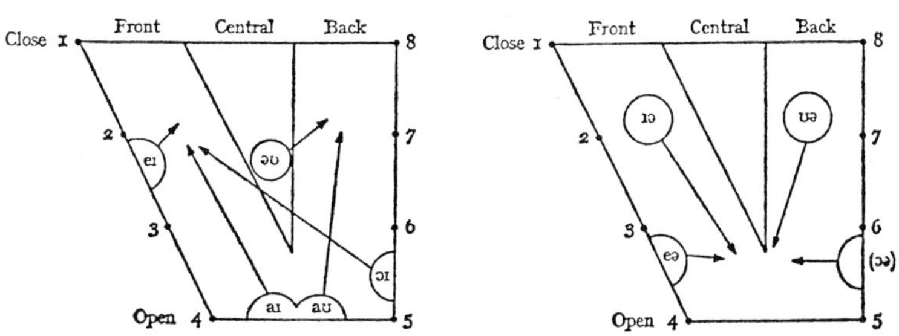

Quelle: EPD (1977: XV)

237 Vokalviereck/Vokaltrapez (Vowel Diagram)

Abstrakte Darstellung der Lage der Zunge im Mund bei der Artikulation von Vokalen, wobei Koordinaten zur Einordnung als Vorder-, Mittel- und Hinterzungenvokal <236> und als geschlossen, halb-geschlossen, halb-offen und offen <236> vorgegeben werden.

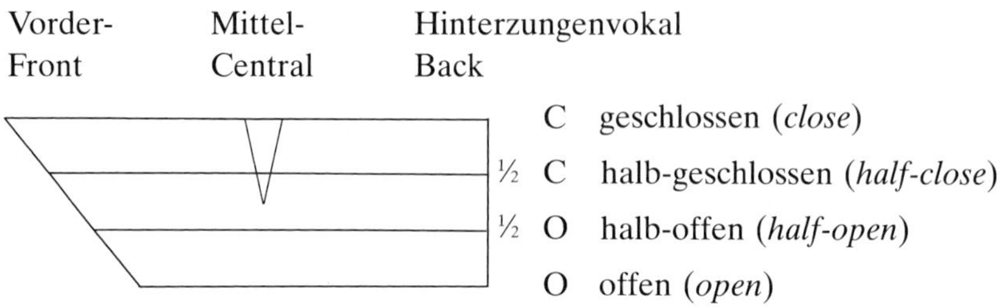

Die Schnittpunkte der horizontalen mit den äußeren vertikalen Linien bezeichnen die Lage der Kardinalvokale <220>.

Monophthonge <236> werden im Vokalviereck durch Punkte, Diphthonge <236> durch Pfeile von der ersten zur zweiten Komponente dargestellt.

Die Punkte, mit denen ein Vokal im Vokalviereck beschrieben wird, bezeichnen dabei den jeweils höchsten Punkt der Zunge bei der Artikulation des entsprechenden Vokals.

Abb. 237

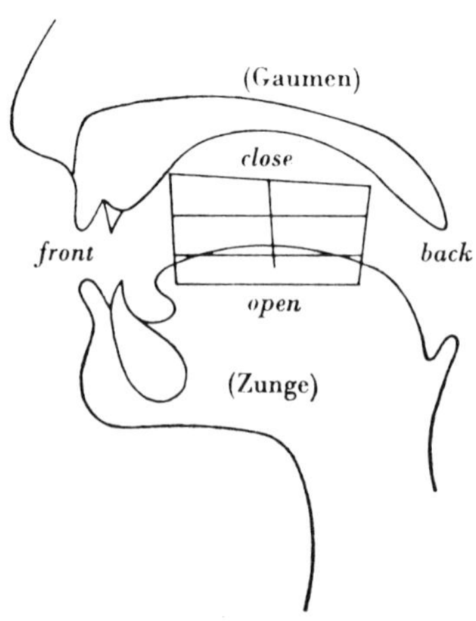

Quelle: Götz/Burgschmidt (1971: 21)

Weak Form – Strong Form 238

Weak Form

Aussprachevariante eines Wortes,
- die in unbetonter Stellung gebraucht wird, und
- die sich von der **STRONG FORM**, also der in betonter Stellung verwendeten Aussprachevariante desselben Wortes, durch phonetische Reduktionen – z. B. Elision <209> von Konsonanten oder Reduktion von Vokalen – unterscheidet.

Weak forms sind ein typisches Merkmal jeder Form der gesprochenen Sprache im Englischen. Es handelt sich dabei keineswegs um eine nachlässige, schlampige oder besonders informelle Aussprache.

Weak forms treten im Englischen bei den sog. Funktionswörtern, also Artikeln, Präpositionen, Konjunktionen, Pronomina und Operatorverben, auf. In einem Satz wie *Jane had enjoyed a cup of tea* sind die Funktionswörter *had*, *a* und *of* bei normaler Aussprache unbetont und treten daher in den entsprechenden *weak forms* /həd/ oder /əd/, /ə/ und /əv/ auf. Die *strong forms* solcher Funktionswörter treten nur dann auf, wenn die betreffenden Wörter hervorgehoben werden sollen, wie etwa bei der Kontrastierung von *I said of* /ˈɒv/, *not off*.

Tabelle 238: Wichtige *weak forms* im Englischen

	Unaccented	*Accented*
a	/ə/	/eɪ/
am	/m, əm/	/æm/
an	/n, ən/	/æn/
and	/ənd, nd, ən, n/	/ænd/
are	/ə/ + consonant	/ɑː/
	/ər, r/ + vowel	/ɑːr/
as	/əz/	/æz/
at	/ət/	/æt/
be	/bɪ/([bi])	/biː/
been	/bɪn/	/biːn/
but	/bət/	/bʌt/
can (aux.)	/kən, kn/	/kæn/
could	/kəd, kd/	/kʊd/
do (aux.)	/dʊ, də, d/	/duː/
does (aux.)	/dəz, z, s/	/dʌz/

for	/fə/ + consonant	/fɔː/
	/fər, fr/ + vowel	/fɔːr/
from	/frəm/	/frɒm/
had (aux.)	/həd, əd, d/	/hæd/
has (aux.)	/həz, əz, z, s/	/hæz/
have (aux.)	/həv, əv, v/	/hæv/
he	/hɪ, iː, ɪ/ ([hi])	/hiː/
her	/hə, ɜː, ə/	/hɜː/
him	/ɪm/	/hɪm/
his	/ɪz/[1]	/hɪz/
is	/s, z/	/ɪz/
me	/mɪ/ ([mi])	/miː/
must	/məst, məs/	/mʌst/
not	/nt, n/	/nɒt/
of	/əv, v, ə/	/ɒv/
Saint	/sənt, snt, sən, sn/	/seɪnt/
shall	/ʃəl, ʃl/	/ʃæl/
she	/ʃɪ/ ([ʃi])	/ʃiː/
should	/ʃəd, ʃd/	/ʃʊd/
Sir	/sə/ + consonant	/sɜː/
	/sər/ + vowel	/sɜːr/
some (unspecified quantity)	/səm, sm/	/sʌm/
than	/ðən, ðn/	/ðæn/ (rare)
that (conj. and rel. pron.)[2]	/ðət/	/ðæt/ (rare)
the	/ðɪ/ ([ði]) + vowel	/ðiː/
	/ðə/ + consonant	,,
them	/ðəm, əm, m/	/ðəm/
there (indef. adv.)[1]	/ðə/ + consonant	/ðɛə/ (rare)
	/ðər/ + vowel	/ðɛər/ (rare)
to	/tə/ + consonant	/tuː/
	/tʊ/ + vowel	,,
us	/əs, s/	/ʌs/
was	/wəz/	/wɒz/
we	/wɪ/ ([wi])	/wiː/
were	/wə/ + consonant	/wɜː/
	/wər/ + vowel	/wɜːr/
who	/hʊ, uː, ʊ/ ([hu])	/huː/
will	/l/	/wɪl/
would	/wəd, əd, d/	/wʊd/
you	/jʊ/ ([ju])	/juː/

Quelle: Gimson (1980: 261–3).

Empfohlene einführende Lektüre zu diesem Kapitel

Gimson (1980); Brown (1977), Vorworte von Jones (1977) und Wells (1990).

Aufgaben

F21 Durch welche phonologisch relevanten Merkmale lassen sich folgende Konsonantenphoneme des Englischen beschreiben: /f/, /ð/, /ŋ/ und /t/?

F22 Beschreiben Sie die Lage des RP-Vokals /ɑ:/ in bezug auf die Kardinalvokale.

F23 Inwiefern ist die Vokallänge ein sinnvolles Merkmal zur Unterscheidung von Vokalphonemen im Englischen?

F24 Welche RP-Vokale sind durch die folgenden Merkmale beschrieben:
langer geschlossener Vorderzungenvokal
kurzer fast offener Vorderzungenvokal
kurzer halb-offener Hinterzungenvokal

F25 Mit welchen Termini werden die folgenden Erscheinungen beschrieben?
/ˈlɔːrəndˈɔːdə/
/greɪpˈbrɪtən/
/præps/

F26 Geben Sie die Allophonverteilungsregeln für die Allophone des RP-Phonems /l/ an.

F27 Mit welchem *tone* werden die folgenden Sätze in RP artikuliert?
(a) They went to Connemara.
(b) Did they really?
(c) How did they like it?
(d) What was the weather like?

F28 Die Artikulation welcher Konsonanten ist in den folgenden Graphiken dargestellt?

(a)
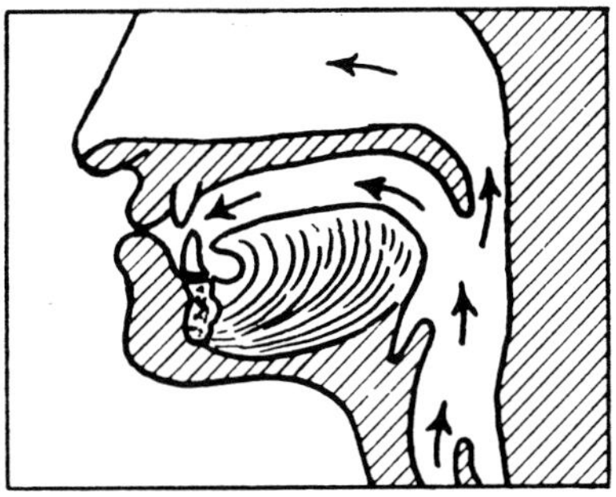

(b)
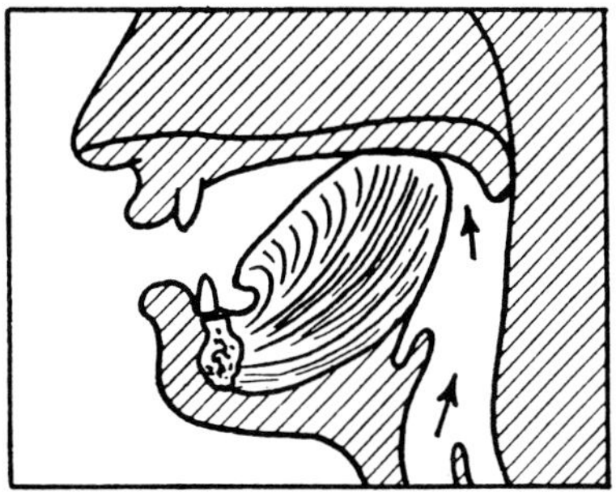

Quelle: Gimson (1980: 195; 166).

F29 Zeichnen Sie die englischen Vokale /ʊ/, /u:/ sowie /e/ und /æ/ in das Vokalviereck ein. Was bedeutet die Markierung im Vokalviereck?

3 Morphologie und Wortbildung

301 Affix (Affix)

Gebundes Morphem <307>, das als Wortbildungselement oder Flexionsendung dienen kann.

Affixe werden – je nach der Stellung, in der sie an eine Wurzel <319> oder einen Stamm <315> antreten – unterteilt in:

PRÄFIX (PREFIX): Affix, das vor Wurzel oder Stamm tritt.

unkind, disinterested, miscarriage

SUFFIX (SUFFIX): Affix, das an Wurzel oder Stamm angehängt wird.

kindness, selfish, friendly, dogs, loves

INFIX (INFIX): Affix, das in eine Wurzel oder einen Stamm eingefügt wird.

Im Neuenglischen treten Infixe nicht auf. Historisch ist z. B. das *n* in *stand* als Infix zu erklären: vgl. die Form *stood*.

Affixe, die als Flexionsendungen fungieren, sind grammatische Morpheme <307>: Affixe, die als Wortbildungsmittel dienen, werden auch als Derivationsmorpheme <307> bezeichnet.

(Manche Linguisten verwenden den Terminus Affix nur für Derivationsmorpheme und fassen grammatische Morpheme nicht als Affixe auf.)

302 Derivation/Ableitung (Derivation)

Wortbildung mit Hilfe eines Derivationsmorphems <307>.

Der Terminus Ableitung bezeichnet sowohl den zugrundeliegenden Wortbildungsprozeß als auch das „neue" Wort, das durch diesen Prozeß entstanden ist.

Bei Ableitungen kann sich die Wortklasse ändern (*kind - kindness*), sie kann aber auch gleichbleiben (*kind – unkind*).

Ableitungen, bei denen aus Verben oder Adjektiven Substantive gebildet werden (*killer*, *cleverness*), werden als Nominalisierungen <310> bezeichnet.

In der generativen Transformationsgrammatik <907> werden diese Termini auch für Prozesse außerhalb der Wortbildung verwendet.

Determinans/Bestimmungswort – Determinatum/ Grundwort (Determinant – Determinatum) 303

Determinans

Der Bestandteil einer Wortbildung <318>, der den anderen Bestandteil genauer bestimmt.

Determinatum

Der Bestandteil einer Wortbildung, der vom anderen Bestandteil genauer bestimmt wird.

In einem Kompositum <318> wie *video film* bildet *film* folglich das Determinatum, *video* hingegen das Determinans, denn durch *video* wird die Kategorie *film* näher bestimmt. Bei einer Suffigierung <318> wie *teacher* ist entsprechend *teach* Determinans und das Suffix *-er* Determinatum. Die Wortklasse der Wortbildung stimmt mit der des Determinatums überein.

Im Englischen steht in der Regel das Determinans vor dem Determinatum (Ausnahmen bilden etwa Komposita wie *father-in-law* oder *heir apparent*).

Flexion (Inflection) 304

Markierung grammatischer Kategorien (Numerus, Kasus, Genus, Tempus, Modus, Aspekt, Person) <419> durch formale Oppositionen, die
- durch Affixe in der Funktion von Flexionsendungen <307> oder
- durch formale Veränderung oder Wechsel des Wortstammes

realisiert werden.

In der traditionellen lateinischen Terminologie wird die Flexion von Substantiven, Adjektiven, Pronomina und Artikeln als **DEKLINATION (DECLENSION)**, die Flexion von Verben als **KONJUGATION (CONJUGATION)** bezeichnet. So gibt es etwa im Altenglischen verschiedene Deklinationsklassen der Substantive sowie starke und schwache Konjugation mit verschiedenen Konjugationsklassen der Verben <452>.

Die Gesamtheit aller Formen, die als Flexionsmuster einer bestimmten Wortart bzw. einer ihrer Unterklassen gelten, wird als **PARADIGMA (PARADIGM)** bezeichnet. So sind etwa das Deklinationsschema eines Substantivs oder das Konjugationsschema eines Verbs Flexionsparadigmata.

305 Lexem (Lexeme/Lexical Item)

Lexikalische Einheit, die aus einem oder mehreren Wörtern besteht und in verschiedenen Formen auftreten kann.

Der Terminus Lexem unterscheidet sich vom Terminus Wort <453> in verschiedener Hinsicht:

- Zum einen können Formen wie *sing, sings, singing* zwar als verschiedene Wörter bezeichnet werden; sie sind aber demselben Lexem zuzurechnen. Entsprechend findet sich im Wörterbuch auch nur ein Eintrag *sing*.
- Zum anderen kann ein Lexem aus mehreren Wörtern bestehen, wie etwa im Falle von *phrasal verbs* <438> wie *give up* im Englischen.

Hansen/Hansen/Neubert/Schentke (1985: 12-15) teilen Lexeme ein in einerseits **WORTLEXEME**, die in **EINFACHE WÖRTER/SIMPLIZIA** (wie *penny*) und **KOMPLEXE WÖRTER** (wie *penniless)* untergliedert werden können, und andererseits **WORTGRUPPENLEXEME/PHRASEOLOGISMEN** (wie *spend a penny*) <Idiom 508>.

Die Unterscheidung zwischen Wort und Lexem wird nicht immer konsequent durchgeführt (cf. CGEL 2.35).

Literatur: Matthews (1974: 20-36).

306 Morph (Morph)

Lautliche Realisation eines Morphems <307>.

So kann z. B. /hɪt/ als Realisation des Morphems {hit} als Morph bezeichnet werden.

Manche Linguisten setzen das Morph als die kleinste bedeutungstragende Einheit an und beschreiben das Verhältnis von Morphem und Morph in Analogie zu dem von Phonem <225> und Phon (etwa Bolinger 1975: 84). Der Terminus Morph spielt jedoch häufig eine sehr untergeordnete Rolle und wird teilweise synonym mit Morphem verwendet; teilweise wird auch nur zwischen Morphem und Allomorph <307> unterschieden.

Morphem – Allomorph (Morpheme – Allomorphe) 307

Morphem

Kleinste bedeutungstragende Einheit einer Sprache.

Allomorph

Eine von mehreren lautlichen Realisationen eines Morphems.

Morpheme ergeben sich durch Segmentierung und Klassifikation <116>. Ein Satz wie *The guests had liked the tasty blackberries with cream* läßt sich in zwei Schritten analysieren:

1. Es werden die kleinsten formalen bedeutungstragenden Einheiten ermittelt, also: /ðə/, /gest/, /s/, /həd /, /laɪk/, /t/, /ðə/, /teɪst/, /ɪ/, /blæk/, /ˈberɪ/, /z/, /wɪð/ und /kriːm/. Keine dieser Einheiten läßt sich sinnvoll in kleinere bedeutungstragende Einheiten zergliedern.

2. Aufgrund der Einbeziehung der Bedeutung ergeben sich die Morpheme: So drücken z. B. die Morphe /s/ in *guests* und /z/ in *blackberries* dieselbe Bedeutung aus; aus diesem Grund werden sie demselben Morphem zugeordnet. /s/, /z/ und /ɪz/ (wie in *horses*) bilden die Allomorphe <307> des Pluralmorphems {S}. Diese Allomorphe sind komplementär distribuiert <104>, wobei folgende Allomorphverteilungsregeln gelten:

/z/ nach Vokalen und stimmhaften Konsonanten außer /z, ʒ, dʒ/: /ˈblækbərɪz, ˈtʃerɪz, ˈlemənz, ˈæplz/
/s/ nach stimmlosen Konsonanten außer /s, ʃ, tʃ/: /ˈkʌrənts, ˈgreɪpfruːts/
/ɪz/ nach /z, s, ʒ, ʃ, dʒ, tʃ/: /ˈɒrɪndʒɪz, ˈpiːtʃɪz/.

Das Auftreten bestimmter Allomorphe kann durch verschiedene Faktoren bestimmt sein: Da die Distribution von /s/, /z/ und /ɪz/ vom vorhergehenden Phonem abhängt, spricht man in diesem Fall von **PHONOLOGISCHER KONDITIONIERUNG (PHONOLOGICAL CONDITIONING)**. Im Gegensatz dazu ist etwa das Auftreten von /ən/ bei *ox* als **MORPHOLOGISCHE KONDITIONIERUNG (MORPHOLOGICAL CONDITIONING)** zu sehen, weil das Auftreten von *-en* vom Morphem *ox* abhängt. Palmer (1971: 114) weist darauf hin, daß bei /s/, /z/ und /ɪz/ einerseits morphologische Konditionierung vorliegt (dahingehend, daß bei Wörtern wie *book, friend* oder *glass* eines dieser drei Allomorphe und nicht etwa das Nullmorphem oder *-en* auftritt), aber andererseits auch phonologische

Konditionierung (dahingehend, welches dieser drei Allomorphe in der jeweiligen Lautumgebung realisiert wird).

Es besteht keine Einigkeit darüber, ob unregelmäßige Pluralformen wie *oxen* oder *geese* demselben Pluralmorphem {S} zuzurechnen oder als eigene Morpheme anzusehen sind. (Zu solchen Problemen der Morphemanalyse s. u. a. Palmer, 1971: 110-20 oder Matthews, 1974: 11–16.)

Streng genommen bezeichnet Allomorph eine von verschiedenen lautlichen Realisationen eines Morphems. Soweit ein Morphem nur durch eine Form lautlich realisiert wird, ist es unüblich, von Allomorph zu sprechen. Hierfür wird gelegentlich der Terminus Morph <306> verwendet. Häufig bezeichnet Morph in Analogie zum Terminus Phon <225> in der Phonologie auch allgemein eine noch nicht klassifizierte formale bedeutungstragende Einheit.

Morpheme sind also abstrakte Einheiten, die auf der lautlichen Ebene konkret durch Allomorphe realisiert werden; Morpheme können folglich auch als Klassen von Morphen gesehen werden. Morpheme werden in geschweiften Klammern geschrieben, z. B. {guest}, Allomorphe in phonemischer Umschrift, also in Schrägstrichen, angegeben, z. B. /gest/.

Unter formalen Gesichtspunkten lassen sich folgende Typen von Morphemen unterscheiden:

FREIES MORPHEM (FREE MORPHEME): Morphem, das alleine als Wort <317> auftreten kann.

{the}, {guest}, {like}, {taste}, {black}, {berry}, {with}, {cream}

GEBUNDENES MORPHEM (BOUND MORPHEME): Morphem, das immer nur zusammen mit anderen (freien oder gebundenen) Morphemen in Wörtern auftritt.

{S} (Plural), {S} (3. Person Singular), {y} etc.

DISKONTINUIERLICHES MORPHEM (DISCONTINUOUS MORPHEME): Morphem, das nicht durch eine einzige, aufeinanderfolgende Lautkette realisiert wird.

{had + ed} (*past perfect*)

Unter inhaltlichen Gesichtspunkten lassen sich folgende Typen von Morphemen unterscheiden:

> **GRAMMATISCHES/FUNKTIONALES MORPHEM (GRAMMATICAL MORPHEME)**: Morphem, das die grammatischen Beziehungen eines Wortes im Satz (oder einem weiteren Kontext) zum Ausdruck bringt, das aber nicht lexikalisch autonom ist.

{the}, {S}, {with}

> **LEXIKALISCHES MORPHEM (LEXICAL MORPHEME)**: Morphem, das auch isoliert – also außerhalb eines Kontextes – über eine erkennbare Bedeutung verfügt, das also lexikalisch autonom ist und nicht dazu dient, grammatische Beziehungen zum Ausdruck zu bringen.

{guest}, {like}, {taste}, {black}, {berry}, {cream}

> **DERIVATIONSMORPHEM (DERIVATIONAL MORPHEME)**: Gebundenes lexikalisches Morphem, das als Wortbildungsmittel fungiert, indem sein Antreten an einen Stamm <315> zu einem neuen Wort führt (wobei häufig Wortklassenwechsel stattfindet).

{y}, {un}, {pre}, {ness}

> **FLEXIONSMORPHEM (INFLECTIONAL MORPHEME)**: Gebundenes grammatisches Morphem.

{S} (Plural), {S} (3. Person Sg.), {D} (*past tense*), {ing}

Der Terminus **WURZELMORPHEM (ROOT MORPHEME)** wird gelegentlich für solche freie oder gebundene Morpheme verwendet, die die Wurzel <319> eines Wortes (also den Teil, an den die Flexions- oder Derivationsmorpheme antreten) bilden. Im Altenglischen wäre etwa *drinc* als Wurzelmorphem des Verbums *drincan* zu beschreiben, wobei das Flexionsmorphem {an} den Infinitiv markiert. In der synchronen Analyse des Neuenglischen spielt der Terminus Wurzelmorphem eine untergeordnete Rolle, weil die Wurzelmorpheme zumeist freie Morpheme sind. Problematisch erscheint in diesem Zusammenhang aber z. B. die synchrone Analyse von Wörtern wie *deceive* oder *receive*, die u. U. in die Derivationsmorpheme {de} bzw. {re} und ein Wurzelmorphem {ceive} zu zerlegen wären. Da andererseits aber bezweifelt werden kann, daß *ceive* in *deceive, conceive, receive* etc. eine heute noch isolierbare Grundbedeutung besitzt, die für alle diese Verben postuliert werden könnte, sind sie u. U. auch als einmorphemisch *deceive* bzw. *receive* zu sehen.

Ein gebundenes Morphem, das nur in einer einzigen Wortbildung belegt ist, wird als **UNIKALES MORPHEM (CRANBERRY MORPHEME)** bezeichnet. Zum Beispiel kommt *cran* im Englischen nur in *cranberry* vor: Da *berry* hier offensichtlich 'Beere' bedeutet und *cranberry* in einer Reihe mit *blackberry*, *strawberry* etc. steht, erscheint es sinnvoll, *cranberry* nicht als einmorphemisch zu analysieren; folglich ist {cran} als unikales Morphem zu sehen.

308 Morphologie (Morphology)

Teilgebiet der Sprachwissenschaft, das die Analyse von Wörtern in die kleinsten bedeutungstragenden Einheiten, die Morpheme <307>, zum Gegenstand hat.

309 Morphophonem (Morphophoneme)

Abstrakte Einheit, die zwei oder mehrere Phone <225> umfaßt, die in verschiedenen Formen eines Morphems<307> in derselben Position vorkommen, also in diesem Morphem miteinander alternieren.

So kann man z. B. ein Morphophonem /F/ ansetzen, um die Alternation von /f/ und /v/ in Fällen wie /naɪf – naɪvz/, /waɪf – waɪvz/, /li:f – li:vz/ oder /ʃelf – ʃelvz/ zu erklären: {naɪF}, {waɪF}, {li:F} und {ʃelF}. Im Gegensatz zum Archiphonem <223> liegt beim Morphophonem keine durch die Lautumgebung oder Position bedingte phonologische Neutralisation vor (vgl. /haɪv – haɪvz/ und /tʃi:f – tʃi:fs/).

310 Nominalisierung (Nominalisation)

Wortbildungsprozeß, der darin besteht, daß eine nichtsubstantivische lexikalische Einheit in die Wortklasse der Substantive überführt wird.

Der Terminus bezeichnet auch das Ergebnis dieses Wortbildungsprozesses, d. h. das dabei entstehende neue Substantiv. Beispiele für Nominalisierungen im Englischen sind:

clever	adj. + -ness	→	cleverness	n.
drive	v. + -er	→	driver	n.
daily	adj. + ∅	→	daily	n.
walk	v. + ∅	→	walk	n.
poor	adj. + ∅	→	(the) poor	n.

Cleverness und *driver* sind durch Suffigierung <318> entstanden. Die Nominalisierung der Adjektive *daily* und *poor* kann dadurch erklärt werden, daß es in einer etablierten Kombination von Adjektiv + Substantiv (*daily newspaper, (the) poor people*) zu einer Ellipse des substantivischen Bestandteils kam, oder man setzt, wie im Fall von *walk*, eine Nullableitung <318> bzw. Konversion <318> an. Nominalisierungen können die charakteristischen Merkmale der Wortklasse Substantiv vollständig oder nur teilweise übernehmen. *Daily* z. B. ist vollständig in das System der Substantive integriert (vgl. *a daily, the daily, the dailies*), *poor* hingegen nur teilweise (vgl. **a poor*, **the poor, the poor* = Plural). Nominalisierungen von Adjektiven und Verben sind im Englischen besonders häufig, doch kann sich dieser Wortbildungsprozeß auch auf andere lexikalische Einheiten auswirken:

This book is a must for everyone who wants to go to Scotland.

Nullmorphem (Zero-Morpheme) 311

> Morph <306> bzw. Morphem <307>, das zwar eine Bedeutung trägt, formal aber nicht realisiert wird.

Das Nullmorphem ist ein Konstrukt, das in der Analyse angesetzt wird, um die Einheitlichkeit eines Paradigmas <304> in der morphologischen Analyse zu erhalten. Beispielsweise läßt sich in Analogie zu Pluralformen wie *boys, girls, films*, die jeweils als *boy/girl/film* + Morphem {S} zu analysieren sind, in Fällen wie *sheep* und *fish* die Einheitlichkeit des Paradigmas bewahren, indem man ein Nullmorphem ∅ postuliert, das an die Singularformen *sheep* und *fish* angehängt wird. Also

boy *sg* + {S} → boys *pl*
fish *sg* + ∅ → fish *pl*

Wichtig ist, daß das Nullmorphem sinnvoll nur dann angesetzt werden kann, wenn Analogie innerhalb eines Paradigmas es nahelegt.

Portmanteau-Morphem (Portmanteau Morpheme) 312

> Morphem, in dem zwei oder mehrere Morpheme <307> verschmolzen sind; Form, die nicht weiter in bedeutungstragende Elemente zerteilt werden kann, also die Bedeutungen von zwei Morphemen realisiert.

Beispielsweise läßt sich die Form /tʊk/ als Portmanteau-Morphem auffassen, das sich aus den Morphemen {take} und {D} ergibt; ähnlich französisch *aux* aus *à* + *les*.

313 Produktivität (Productivity)

> Fähigkeit von Wortbildungselementen, in einem bestimmten Sprachzustand neue Wörter zu bilden.

Dabei können Wortbildungselemente im Laufe der sprachgeschichtlichen Entwicklung **UNPRODUKTIV (UN-/NONPRODUCTIVE)** werden:

So weisen z. B. das Suffix {ness} und die Zeroderivation <318> im heutigen Englisch einen hohen Grad an Produktivität auf. Das Suffix {th} hingegen, das im Altenglischen ein sprachliches Wortbildungselement war (*length*, *width*) ist heute nicht mehr produktiv, d.h. es werden keine neuen Substantive aus Adjektiven durch Anhängen von *th* gebildet.

Gelegentlich wird der Terminus Produktivität auch auf Flexionsmuster angewandt. In diesem Sinne sind z. B. im modernen Englisch die Pluralbildungen des Typs *child – children* und *mouse – mice* unproduktiv. Produktiv hingegen ist die Pluralform auf {S}, d.h. neue Substantive bilden ihren Plural automatisch mit dieser Form.

314 Reduplikation (Reduplication)

> Morphologischer Prozeß, bei dem an einen Stamm <315> ein Affix <301> antritt, das mit dem Stamm gewisse phonologische Ähnlichkeiten aufweist.

Im Lateinischen spielt die Reduplikation bei der Tempusbildung mancher Verben eine Rolle (*poscere – poposci*), ähnlich etwa im Gotischen. Die sog. reduplizierenden Verben <825> im Altenglischen zeigen nur noch Reste solcher Reduplikationen.

315 Stamm (Stem)

> Der Teil eines Wortes, an den ein grammatisches Morphem <307> antreten kann.

EINFACHE STÄMME (SIMPLE STEMS) bestehen aus einem einzigen Wurzelmorphem <307> (z. B. *girl, idiot, tree*). **KOMPLEXE STÄMME (COMPLEX STEMS)** bestehen entweder aus zwei Wurzelmorphemen (*greenhouse, blackbird*) oder aus einem Wurzelmorphem und einem Derivationsmorphem <307> (wie bei *unkind, disclose, friendly*).

Querverweis: <Wurzel 319>

Suppletion (Suppletion) 316

Einführung einer morphologisch nicht entsprechenden Form, d.h. eines formal nicht verwandten Stammes in ein Paradigma.

good – *better* – *best*
go – *went* – gone
be – *is* – *was* etc.

Better, best, went und *is, was* etc. werden als **SUPPLETIVFORMEN (SUPPLETIVES)** bezeichnet.

Wort (Word) 317

Sprachliche Einheit, die in der geschriebenen Sprache durch Leerstellen begrenzt ist.

Im Lautkontinuum der gesprochenen Sprache erweist sich eine Definition des Begriffs Wort als äußerst schwierig.

Die wichtigsten Definitionsversuche sind:

- Der semantische Ansatz, der ein Wort mit einer Bedeutungseinheit gleichsetzt. Probleme ergeben sich etwa bei Fügungen wie *criminal lawyer* oder Einheiten wie *to put up with*, deren Gesamtbedeutung nicht der Summe der Bedeutungen der einzelnen Wörter entspricht. Andererseits kann man Wörtern wie *lamb*, *ewe* und *ram* offensichtlich zwei Bedeutungen zuordnen, nämlich einmal die allen drei Wörtern gemeinsame Bedeutung 'sheep', zum anderen die differenzierenden Bedeutungen 'baby', 'mother' und 'father'. Ähnlich bestehen auch flektierte Formen eines Wortes aus mehreren Einzelbedeutungen, z. B. *sing-er*, *sing-ing*, *sang* usw. im Vergleich zu *sing*.

- Der phonologische Ansatz, der ein Wort mit einer lautlichen Einheit gleichsetzt, die beim Sprechen durch potentielle Pausen (etwa beim Diktieren) isoliert werden kann. *I saw John* kann beim Sprechen z. B. in die Einheiten *I, saw* und *John* unterteilt werden. Ein solches Vorgehen ist sehr subjektiv, da hier immer das angelernte Wissen über die geschriebene Sprache mit eine Rolle spielt, zumal etwa bei mehrsilbigen Wörtern wie *postman*, *discuss* etc. potentielle Pausen ebenso an Silbengrenzen möglich sind (z. B. *post–man*).

- Der einflußreichste Definitionsversuch stammt von L. Bloomfield, dem Hauptvertreter des amerikanischen Strukturalismus <901>, der ein Wort als "a minimum free form" definiert, d.h. als die kleinste sprachliche Einheit, die in einem bestimmten Kontext isoliert eine vollständige sinnvolle Äußerung darstellen kann. So ist *mine* eine sinnvolle Antwort auf die Frage: *Is it yours or mine?* oder *mother* auf die Frage: *Who knew the answer?* Probleme ergeben sich allerdings auch hier bei reinen Formwörtern wie *a*, *the*, *of*, *since* usw., also bei Artikeln, Präpositionen, Konjunktionen etc.

– Daneben werden häufig andere Kriterien zur Wortdefinition herangezogen, so etwa daß Wörter nur *einen* Hauptakzent tragen können und ununterbrechbare Einheiten darstellen, daß also keine anderen Elemente eingeschoben werden können (**a washing good machine*).

Quelle: Palmer (1971: pp. 41–51), Carter (1987).

318 Wortbildung / Wortbildungslehre (Word Formation)

1 Teilgebiet der Linguistik, das untersucht, nach welchen Regeln aus Morphemen <307> Wörter gebildet werden. Im engeren Sinne beschäftigt sich die Wortbildungslehre nur mit den lexikalischen Morphemen und den Derivationsmorphemen, nicht aber mit grammatischen Morphemen.

2 Wort, das sowohl unter formalen wie unter semantischen Gesichtspunkten aus (mindestens zwei) isolierbaren Teilen besteht.

Die Wortbildung *driver* läßt sich in das freie Morphem {drive} und das gebundene Morphem {-er} analysieren; *driver* ist also morphologisch motiviert <117>, weil die formalen und semantischen Zusammenhänge zwischen *drive*, *-er* und *driver* deutlich sind.

Im Englischen treten folgende Wortbildungstypen auf:

PRÄFIGIERUNG (PREFIXATION): Wortbildung aus Präfix <301> und Wortstamm <315>.

unkind, non-smoker, amoral, counterproductive

SUFFIGIERUNG (SUFFIXATION): Wortbildung aus Suffix <301> und Wortstamm.

starlet, friendship, useless, kindness, baker, boyish

NULLABLEITUNG/ZERO-DERIVATION (ZERO-DERIVATION): Wortbildung aus einem Wortstamm und einem Nullmorphem <311>, das in Analogie zu anderen Suffigierungen angesetzt wird.

So wird etwa das Substantiv *release* als eine Ableitung aus dem Verb *release* gesehen, wobei als Ableitungssuffix das Nullmorphem angesetzt wird, so daß sich eine Analogie zu anderen Substantivableitungen aus Verben (etwa *acquittal, dismissal*) ergibt:

acquit	*v* + {-al}	acquittal	*n*
release	*v* + ∅	release	*n*

Verb → Substantiv: *desire, love, cover, turn...*
Substantiv → Verb: *brake, bottle, telegraph...* etc.

Von manchen Linguisten wird der Terminus Nullableitung (oder Zero-Derivation) synonym mit **KONVERSION (CONVERSION)** verwendet; andere bezeichnen mit Konversion Fälle, in denen ein Wort in einer seiner Wortart eigentlich nicht entsprechenden syntaktischen Funktion verwendet wird, bei denen es sich aber nicht um Wortbildungen handelt. *The wealthy* wäre demnach ein Beispiel für Konversion, weil einerseits das Adjektiv *wealthy* in der Position eines Substantivs verwendet wird, andererseits aber kein Substantiv vorliegt (z. B. wegen des Fehlens einer Form **the wealthies*); vgl. im Gegensatz dazu *a black, the black, the blacks* als Nullableitung eines Substantivs *black* vom Adjektiv.

RÜCKABLEITUNG/RÜCKBILDUNG (BACK-FORMATION): Wortbildung, bei der ein Wort, das aus einem Wortstamm und einem echten oder vermeintlichen Suffix besteht, um das Suffix gekürzt ist.

edit (aus editor), televise (aus television), baby-sit (aus baby-sitter), burgle (aus burglar

ZUSAMMENSETZUNG/KOMPOSITION (COMPOUNDING): Wortbildung aus zwei Wortstämmen.

bedroom, call girl, blackbird, car park

Bei den **KOMPOSITA (COMPOUNDS)** kann man unterscheiden zwischen

- **KOPULATIVKOMPOSITA** wie *actor-manager, study-bedroom*
- **DETERMINATIVKOMPOSITA** wie *flower girl, haircut, rainfall, washing machine, chewing gum*

- **BAHUVRIHIKOMPOSITA (BAHUVRIHI COMPOUNDS)**, Komposita, die eine Sache bezeichnen, indem sie ein Charakteristikum dieser Sache herausgreifen: *paperback* ('book with a paper back'), *paleface, highbrow, featherweight.*

VERDOPPELUNGEN (REDUPLICATIVES):

goody-goody, walkie-talkie, tick-tock, wishy-washy.

WORTMISCHUNGEN (BLENDS):

smog (smoke + fog), heliport (helicopter airport), motel (motor + hotel), bit (binary digit), transistor (transfer + resistor).

KÜRZUNGEN/KURZFORMEN (CLIPPINGS):

(tele)phone, photo(graph), taxi(cab), (in)flu(enza).

AKRONYME/INITIALWÖRTER (ACRONYMS): Wortbildung aus den Anfangsbuchstaben von Komposita.

Bei den Akronymen werden zwei Typen unterschieden:

- solche, bei denen die Buchstaben einzeln gesprochen werden: *FBI* (*Federal Bureau of Investigation*), *COD* (*Concise Oxford Dictionary*), *TV* (*television*), *TUC* (*Trades Union Congress*), *IRA* (*Irish Republican Army*)
- solche, bei denen die Buchstaben verbunden gesprochen werden: *NATO* (*North Atlantic Treaty Organization*), *laser* (*lightwave amplification by stimulated emission of radiation*), *radar* (*radio detecting and ranging*), *hi-fi* (*high fidelity*).

Literatur: CGEL (App. I); Hansen/Hansen/Neubert/Schentke (1985: 27–152)

319 Wurzel (Root)

Der Teil eines Wortes, an den Affixe <301> antreten können.

illogical, washing, unpredictable, etc.

Von der Wurzel zu unterscheiden ist die **BASIS (BASE)**, die denjenigen Bestandteil einer Wortbildung darstellt, an den das Wortbildungselement antritt. Die Basis kann mit der Wurzel identisch sein (wie bei *kindness* oder *untrue*), kann aber auch selbst bereits eine Wortbildung sein (wie bei *unkindness*), wofür auch die Bezeichnung komplexer Stamm <315> gebraucht wird.

Ein Wort wie *disclosures* kann in dieser Terminologie folgendermaßen analysiert werden:

disclosure (Stamm) + {S} (Flexionsendung)
{dis-} (Präfix als Derivationsmorphem) + closure (Basis)
{clos-} (Wurzel) + {-ure} (Suffix als Derivationsmorphem)

Literatur: CGEL (I.2).

Empfohlene einführende Lektüre zu diesem Kapitel

Matthews (1974); Lyons (1968); Hansen/Hansen/Neubert/Schentke (1985); CGEL (1985).

Aufgaben

F31 Geben Sie die Allomorphverteilungsregeln des *past-tense*-Morphems {D} im Englischen an.

F32 Welchem Wortbildungstyp sind die folgenden Wortbildungen zuzuordnen?

(a) business
(b) driver
(c) CGEL
(d) radar
(e) bedsitter
(f) a cold
(g) edit
(h) railway
(i) minibus

F33 Zerlegen Sie den folgenden Satz in Morpheme. Geben Sie an, ob es sich um freie (fr.) oder gebundene (geb.) bzw. lexikalische (lex.) oder grammatische (gr.) Morpheme handelt.

The Queen likes to stay at Balmoral Castle and insists on going to Scotland once a year.

F34 Wie kann man die folgenden *past-tense*-Formen morphologisch beschreiben?

(a) went (b) took, shot, drove (c) put, cut

F35 Geben Sie für die folgenden Wortbildungen Determinans und Determinatum an:

(a) greenhouse
(b) school tie
(c) teacher
(d) cook
(e) bus driver
(f) unfair

4 Syntax

401 Adjektiv (Adjective)

Wortklasse, die u.a. durch folgende formale Kriterien definiert ist:

(i) Vorkommen in attributiver Stellung <407>:
a good meal
a clever girl

(ii) Vorkommen in prädikativer Stellung <407>:
The meal was good.
The girl is clever.

(iii) Modifizierbarkeit durch *very*:
a very good meal
She is very pretty.

(iv) Steigerbarkeit:
The haggis was better than the pasties.
This was the best meal I have ever had.
She is prettier than her sister.
She is the prettiest girl I have ever met.

Nicht alle Adjektive erfüllen sämtliche dieser Kriterien. CGEL (7.3) unterscheidet entsprechend zwischen **CENTRAL** und **PERIPHERAL ADJECTIVES**. Zwischen Adjektiven und anderen Wortklassen – insbesondere Substantiven, Adverbien und Verben (Partizipien) ergeben sich Überschneidungen (cf. CGEL 7.5–19).

Semantisch bezeichnen Adjektive häufig Eigenschaften, Urteile oder andere Charakteristika (*a clever girl* oder *a sudden attack* usw.).

Aufgrund des formalen Kriteriums der Steigerbarkeit unterscheidet man zwischen **GRADIERBAREN ADJEKTIVEN (GRADABLE ADJECTIVES)**, die steigerbar und durch *very* modifizierbar sind, und **NICHT-GRADIERBAREN ADJEKTIVEN (NON-GRADABLE ADJECTIVES)**, bei denen dies nicht der Fall ist.

Beispiele für gradierbare Adjektive: *very/more clever, careful, intelligent, boring*

Beispiele für nicht-gradierbare Adjektive: **more/very previous, dead*

Adverb (Adverb) 402

Wortklasse, die durch eines der folgenden Kriterien bestimmt ist:

(i) Vorkommen als Adverbiale <444> (bzw. als head <439> einer Adverbphrase):

I really hate him.
She quite openly contradicted him.

(ii) Modifikation eines Adjektivs oder Adverbs:

She is a very charming woman.
She quite openly contradicted him.

Semantisch geben Adverbien häufig Information über Zeit, Ort, Art einer Handlung oder eines Geschehens (*He arrived yesterday. He treats her very carefully.*)

CGEL (7.46) weist auf die Schwierigkeit der Bestimmung der Wortklasse Adverb hin und grenzt sie u.a. dadurch von anderen Wortklassen ab, daß sie keine der Merkmale dieser Klassen erfüllt. CGEL unterscheidet zwischen **SIMPLE ADVERBS** (*just, only, back*), **COMPOUND ADVERBS** (*somewhere, hereby*) und **DERIVATIONAL ADVERBS** (*oddly, interestingly, clockwise, sideways*). Typische Adverbsuffixe wie *-ly*, aber auch *-wise, -ward* oder *-ways* können ebenfalls zur Bestimmung der Wortklasse Adverb herangezogen werden.

Terminologisch wichtig ist der Unterschied zwischen Adverb (einer Wortklasse) und Adverbiale (einer funktionalen Kategorie).

Anakoluth (Anacoluthon) 403

Konstruktionsbruch; Abbrechen einer in einem Satz begonnenen Struktur und Fortführung des Satzes mit einer anderen Struktur.

Anakoluthe sind eine typische Erscheinung der gesprochenen Sprache <605>. Im folgenden Beispiel liegen mehrere Anakoluthe vor (aus D. Crystal/D. Davy, 1975: 19 mit veränderter Transkription):

Well, what's the failure with the football, I mean this, this I don't really see, I mean it, cos the money, how much does it cost to get in, down the road now.

404 Apposition (Apposition)

Relation zwischen zwei oder mehreren Elementen im Satz,
- die demselben Satzglied <444> angehören,
- die auf derselben grammatischen Analysestufe stehen und
- zwischen denen Referenzidentität <520> besteht;

bzw. zwei oder mehrere Elemente, zwischen denen diese Relation herrscht.

Im Falle von

(1) Whisky, the national drink of the Scots, should not be spoilt by pouring soda water into it.

stehen also *whisky* und *the national drink of the Scots* in Apposition zueinander bzw. *the national drink of the Scots* bildet eine Apposition zu *whisky*: Beide sind Bestandteile des Subjekts, stehen auf derselben grammatischen Analysestufe (etwa im Gegensatz zu *whisky that is produced in Scotland tastes excellent*, wo der Relativsatz dem Subjekt *whisky* untergeordnet ist) und zwischen beiden herrscht Referenzidentität. Ähnlich:

(2) Professor Quirk is a famous linguist.
(3) Her explanation, that she had wanted to go to a soccer match in Athens, was not very convincing.
(4) You can study many interesting things: literature, Old and Middle English, linguistics.

Gelegentlich werden Appositionen durch Wörter bzw. Phrasen wie *as follows*, *namely*, *that is to say*, *or rather* eingeleitet, also etwa:

(5) I have got an aunt in England, or Wales rather.

405 Artikel (Article)

Wortklasse, deren Elemente die Funktion von Determiners <411> erfüllen, d.h. den Referenzbereich <519> einer Nominalphrase <439> bestimmen.

Im Englischen gibt es zwei Artikel:

- **BESTIMMTER ARTIKEL (DEFINITE ARTICLE)**: *the*
- **UNBESTIMMTER ARTIKEL (INDEFINITE ARTICLE)**: *a/an*

Die traditionellen Bezeichnungen bestimmter und unbestimmter Artikel lassen anklingen, daß durch *the* definite Referenz (*the book*) und durch *a/an* indefinite

Referenz *(a book)* ausgedrückt wird. Die Bezeichnungen sind insofern irreführend, als der bestimmte Artikel z. B. auch generische Referenz (*The lion is a dangerous animal*) ausdrücken kann.

Da die Artikel zwar äußerst wichtige Mittel zur Bestimmung des Referenzbereichs einer Nominalphrase sind, aber mit Elementen anderer Wortklassen (etwa *these, those, all* etc.) ausgetauscht werden können und im wesentlichen dieselbe Funktion erfüllen, faßt die moderne Sprachwissenschaft die Artikel als Untergruppe der Determiners auf. Nachdem bestimmter und unbestimmter Artikel (und andere Determiners) in manchen Kontexten in Kontrast zu Fällen stehen, in denen eine Nominalphrase formal (scheinbar) nicht determiniert ist, semantisch der Referenzbereich der Nominalphrase aber spezifiziert wird, setzt die moderne Sprachwissenschaft (cf. CGEL 5.39-52) dafür einen sog. **NULL-ARTIKEL (ZERO-ARTICLE)** an:

Do you drink coffee? (*zero-article*)
Would you like a coffee? (*indefinite article*)
Would you like the coffee? (*definite article*)

Aspekt – Tempus (Aspect – Tense) 406

Die grammatischen Kategorien <419> des Tempus und des Aspekts werden im Englischen in finiten <415> Verbalphrasen <439> ausgedrückt. Dabei beziehen sich sowohl Aspekt als auch Tempus auf die zeitliche Dimension der beschriebenen Handlung, jedoch in unterschiedlicher Weise. Aus diesem Grund können sie bei der Analyse kaum voneinander getrennt werden. Wesentlich ist dabei, von den sprachlichen Kategorien Aspekt und Tempus die außersprachliche Kategorie der Zeit zu unterscheiden.

Zeit (Time)

Dimension der außersprachlichen Welt, in der ein Geschehen als gegenwärtig, vergangen oder zukünftig erscheint.

Zwar besteht ein enger Zusammenhang zwischen Zeit und Tempus, dennoch sind die beiden Kategorien nicht gleichzusetzen. So bezieht sich ein Tempus wie Präsens zwar häufig auf ein gegenwärtiges Geschehen (*You are reading this text*); es kann aber auch Vergangenes (z. B. in einer Überschrift wie *Cabinet announces further tax cuts*) oder Zukünftiges (*The graduation ceremony takes place on 1st July*) beschreiben. Von daher läßt sich kein Tempus nur einer einzigen Zeit zuordnen.

Auf der anderen Seite können zur Bezeichnung ein und derselben Zeitstufe auch verschiedene sprachliche Mittel herangezogen werden. Für die Zeit 'Zukunft' gibt es im Englischen u. a. folgende sprachliche Realisationen:

- will/shall + Infinitiv (*The parcel will arrive tomorrow*)
- be going to + Infinitiv (*They are going to get married*)
- present progressive (*I'm taking Martin out for dinner*)
- simple present (*The lecture begins at 12*)
- will/shall + progressive infinitive (*The next train to Exeter will be arriving at platform 4*)

Auch wenn diese Formen keineswegs synonym sind, beziehen sie sich doch alle auf die Zeitstufe 'Zukunft'. Zeitliche Verhältnisse werden dabei nicht nur durch Verbformen, sondern z. B. auch durch Adverbiale (*The ferry leaves this time tomorrow*) ausgedrückt.

Tempus (Tense)

Grammatische Kategorie des Verbs, die im Englischen durch folgende Formen realisiert wird:

- **PRÄSENS (PRESENT TENSE)**: *walk*, *walks – go*, *goes* (in der 3. Person Singular markiert durch die Endung {S}, ansonsten ohne Endung)
- **PRÄTERITUM (PAST TENSE)**: *walked – went* (markiert durch die Endung {D} bzw. entsprechende Formen bei unregelmäßigen Verben).

Das Präsens kann sich im Englischen nicht nur auf gegenwärtiges Geschehen (*You are reading this text*), sondern auch auf zukünftiges (*We are leaving tomorrow*) oder vergangenes (*Gardener kills landlady*) sowie zeitloses Geschehen (*The sun rises in the east*) beziehen. Das *past tense* wird ebenfalls nicht nur in bezug auf die Vergangenheit (*The Glorious Revolution took place in 1689*) verwendet, sondern z. B. auch um die Modalität <430> in Konditionalsätzen auszudrücken (*If I had the money, I'd buy the CGEL*).

Andere Sprachen verfügen über eine größere Anzahl von Tempora. Das Lateinische besitzt z. B. Präsens (*laudo*), Präteritum (*laudabam*), Perfekt (*laudavi*), Plusquamperfekt (*laudaveram*), Futur (*laudabo*) und Futur II (*laudavero*). Dieses lateinische Tempussystem wurde von der traditionellen Grammatik auch für die Beschreibung anderer Sprachen übernommen, obwohl es für das Englische nicht angemessen ist. So ist es z. B. strenggenommen nicht möglich, im Englischen von einem Tempus Futur zu sprechen: Im Falle der Konstruktion *will/shall* + Infinitiv (*She will get the job*) handelt es sich nicht um eine morphologische Form des Verbs, sondern um eine periphrastische Konstruktion <437> (cf. CGEL 4.3). Dabei kommt es auch von der Bedeutung her zu Überschneidungen mit der Kategorie der Modalität. Deshalb erscheint es wenig angebracht, von einem „*will/shall*-Futur“ zu sprechen, wie dies gelegentlich geschieht.

Aspekt (Aspect)

Grammatische Kategorie des Verbs, die im Englischen in zweierlei Hinsicht realisiert wird:

- durch die Opposition von
  - **SIMPLE** *walk, walks, walked, has walked* etc.
  - **PROGRESSIVE** *is walking, was walking, has been walking* etc.
    (mit einer Form des Hilfsverbs *be* + *ing*-Partizip des Vollverbs).
- durch die Opposition von
  - **NON-PERFECTIVE** *walk, walks, walked, was walking* etc.
  - **PERFECTIVE** *has walked, had walked, has been walking* etc.
    (mit einer Form des Hilfsverbs *have* + *ed*-Partizip).

Anstelle des Terminus *progressive form* werden gelegentlich auch die Termini **CONTINUOUS FORM** oder **EXPANDED FORM** bzw. im Deutschen der Terminus **VERLAUFSFORM** verwendet.

Die Tempus- und Aspektformen können in der Verbalphrase in unterschiedlicher Weise kombiniert werden. Damit ergeben sich – abgesehen von Konstruktionen mit Modalverben <452> – folgende Verbformen im Englischen:

TEMPUS		ASPEKT			
present	past	progressive	perfective		
+				walks	SIMPLE PRESENT
	+			walked	SIMPLE PAST
+		+		am/are/is walking	PRESENT PROGRESSIVE
	+	+		was/were walking	PAST PROGRESSIVE
+			+	has walked	PRESENT PERFECT
	+		+	had walked	PAST PERFECT
+		+	+	has been walking	PRESENT PERFECT PROGRESSIVE
	+	+	+	had been walking	PAST PERFECT PROGRESSIVE

Diese Erscheinungen werden überlagert von Kategorien wie Modus <430> mit dem Gebrauch von Modalverben oder Genus verbi <417>, die ebenfalls in der

Verbalphrase ihren Niederschlag finden: *These houses could have been built by Robert Adam.* In dieser streng morphologischen Sicht des Begriffs Tempus – wie er etwa in der CGEL zugrundegelegt ist – wird das *present perfect* nicht wie in der traditionellen Grammatik als reines Tempus, sondern auch als Aspekt gesehen. Ähnlich wie sich ein Tempus nicht nur auf eine Zeitstufe (Vergangenheit, Gegenwart, Zukunft) beziehen kann, haben auch die verschiedenen Aspektformen mehr als eine Bedeutung: In einem Satz wie *It is raining* bezeichnet das *present progressive* z. B. den Verlauf einer gegenwärtigen Handlung bzw. eines gegenwärtigen Vorgangs; *The train is arriving at platform 4* bezeichnet einen unmittelbar bevorstehenden Vorgang; *She's coming tomorrow* eine zukünftige Handlung. Die Bedeutung, die der jeweiligen Form zukommt, ist abhängig von der Verbbedeutung.
Manche Grammatiken verwenden Tempus in einem wesentlich weiteren Sinn. So gebraucht die Cobuild-Grammatik etwa Termini wie *present perfect tense, future tense* (*will see*) oder *future continous tense* (*will be seeing*).

Literatur: Leech (1971: 14-30); CGEL (4.25–37) *Cobuild English Grammar* (5.7–6.8).

407 Attributive Stellung– Prädikative Stellung (Attributive Position – Predicative Position)

Attributive Stellung

Stellung eines Adjektivs oder *s*-Genitivs vor dem Substantiv als Prämodifikator <410>.

a clever dog, an interesting subject, Jeff's book.

Prädikative Stellung

Stellung eines Adjektivs nach einem Verb als *subject complement* <444> oder *object complement* <444>.

The dog is clever.
The whisky tastes nice.
He found the idea interesting.

Die meisten englischen Adjektive kommen sowohl in attributiver wie in prädikativer Stellung vor; es bestehen jedoch einige Restriktionen: **an asleep student, *a fond girl, *the bomb was atomic, *the friend was former.*

Der Terminus prädikativ kann sich auch auf Nominalphrasen, die als *subject complement* fungieren, beziehen (*She is a nice girl*).

Clause 408

> Syntaktische Einheit, die in der Hierarchie der Analyse zwischen Satz <443> und Phrase <439> steht und deren Konstituenten die Funktionen von Satzgliedern erfüllen.

Ein Satz kann aus einer oder mehreren *clauses* bestehen, eine *clause* aus einer oder mehreren Phrasen. So ist z. B. *She is preparing her exams* ein Satz, der aus einer *clause* besteht, während der Satz *While she is preparing her exams, he is working on the dictionary* aus zwei *clauses* besteht.

Es gibt im Deutschen keinen etablierten Terminus, der dem englischen *clause* entspricht. Mögliche Termini wie **TEILSATZ** und **GLIEDSATZ** werden nicht immer konsequent gleichbedeutend verwendet.

Clauses können unter verschiedenen Gesichtspunkten klassifiziert werden. Formal ergibt sich eine Unterscheidung in:

> **FINITE CLAUSE**: *Clause*, die eine finite Verbform <415> enthält.

Finite clauses sind entweder einfache Sätze <443> (*He is looking forward to his holidays in Scotland*) oder Nebensätze, zu denen u. a. folgende Typen zählen:

- **THAT-CLAUSE**: *Finite clause*, die durch die Konjunktion *that* eingeleitet wird (oder durch die Konjunktion *that* ergänzt werden könnte).

  They didn't know (that) Irish people have the right to vote in British general elections if they live in Britain.

- **WH-CLAUSE**: *Finite clause*, die durch ein *wh-word* (*who, when, where, how, why, whether* etc.) eingeleitet wird.

  They didn't know what to buy/where to stay.

CGEL 2.16 unterscheidet sieben Grundtypen von *finite clauses* im Englischen. Grundlage der Klassifizierung ist dabei, welche Satzglieder im jeweiligen **CLAUSE TYPE** obligatorisch sind:

(1)	SV	The man laughed.	(5)	SVOA	The teacher sends his students to London.
(2)	SVA	The girl lives in that house.			
(3)	SVC	That sounds a good idea.	(6)	SVOO	They passed him the salt.
(4)	SVO	Everyone passed the test.	(7)	SVOC	We found the police very cooperative.

Von diesen Grundmustern des einfachen englischen Aussagesatzes können alle anderen Satztypen sekundär abgeleitet werden.

NON-FINITE CLAUSE: *Clause,* die eine infinite <415>, aber keine finite Verbform enthält und deshalb nicht als unabhängiger Satz verwendet werden kann.

Zu den *non-finite clauses* zählen folgende Typen:

- **PARTICIPLE CLAUSE/-ING bzw. -ED CLAUSE (PARTIZIPIALSATZ)**:
  Being fond of the West Country, he was looking forward to his visit in Cornwall.
  The weather being bad, they decided against the tour.
  All work done, they went on holiday.

- **INFINITIVE CLAUSE (INFINITIVSATZ)**:
  It is better not to smoke.
  To be honest, I don't like this idea.

VERBLESS CLAUSE: *Clause*, die einer *finite* oder *non-finite clause* entspricht
- kein Satzglied *verb* <444> enthält
- kein Subjekt enthalten muß
- und häufig in eine andere *clause* mit (Subjekt und) *be* umgeformt werden kann.

In *Keen to please her boy friend, she prepared him a nice meal*, fungiert die *verbless clause* als Adverbiale und könnte zu *She was keen to please her boy friend* erweitert werden.

Eine *clause* kann ein einfacher selbständiger Satz <443> oder Bestandteil eines komplexen Satzes <443> sein. Unabhängige *subordinate clauses* <443>, also Nebensätze, werden dabei im Hinblick auf bestimmte syntaktische Funktionen, die sie in einem übergeordneten Satz (als Satzglieder) oder innerhalb eines seiner Elemente (als postmodifizierendes Element von Subjekt, Objekt oder *complement* oder als valenzmäßige Ergänzung <451>) übernehmen können, in folgende Nebensatztypen eingeteilt:

NOMINAL CLAUSE: *Clause*, die wie eine Nominalphrase <439>
- als Subjekt, Objekt, *subject complement* oder *object complement*,
- als Apposition <404> oder Ergänzung fungieren und
- in einer Präpositionalphrase <439> nach der Präposition stehen kann.

Als *nominal clauses* können sowohl *finite* als auch *non-finite* und *verbless clauses* verwendet werden:

That she has to work so hard (S) is a pity.
He regrets that they do not have more time. (O_d)
Her explanation, that she wanted to see the film (Ap), did not satisfy him.
He told me what happened. (O_d)
I'm not sure which he prefers. (adjective complement)
Whoever is interested in Jane Austen (S) should visit Bath.
What they must do is apologize. (S)
He enjoys playing chess. (O_d)
I'm responsible for preparing the party. (complement of preposition)

ADVERBIAL CLAUSE (ADVERBIALSATZ): *Clause*, die die Funktion eines Adverbiale <444> erfüllt.

Adverbialsätze werden häufig durch Konjunktionen eingeleitet. Sie spezifizieren die zeitlichen, räumlichen oder logischen Umstände des im Hauptsatz vermittelten Geschehens. Entsprechend ihrer semantischen Funktion unterteilt CGEL (15.24–56) Adverbialsätze u. a. in folgende Typen:

- **CLAUSES OF TIME (TEMPORALSÄTZE)**:
  When I last saw him, he lived in London.
- **CLAUSES OF PLACE (LOKALE NEBENSÄTZE)**:
  He always goes where he is not allowed to.
- **CLAUSES OF CONDITION (KONDITIONALSÄTZE)**:
  If it rains today, we won't come.
  Unless you come early, you won't get a seat.
- **CLAUSES OF CONCESSION (KONZESSIVSÄTZE)**:
  Although I had enjoyed myself, I was glad to come home.
- **CLAUSES OF REASON OR CAUSE (KAUSALSÄTZE)**:
  I lent him the money because he needed it.

COMPARATIVE CLAUSE: *Clause,* die in Sätzen, die einen Vergleich beinhalten, den Gegenstand oder Sachverhalt enthält, mit dem etwas vorher erwähntes verglichen wird.

Bezugspunkt des Vergleichs ist ein **COMP (-ARATIVE) ELEMENT**, wie z. B. *as beautiful, less beautiful* oder *more beautiful* in:

Scotland is as beautiful as Ireland.

The Midlands are less beautiful than the Scottish Highlands.
The Hebrides are more beautiful than the Orkneys.

Die Analyse von *as Ireland* etc. als *comparative clause* setzt eine Analyse als Ellipse von *as Ireland is* etc. voraus (GCEL, 15.66).

409 Cleft Sentence – Pseudo-Cleft Sentence

Zur Hervorhebung einzelner Elemente in einem Satz stehen im Englischen u. a. folgende Konstruktionen zur Verfügung:

Cleft Sentence

Syntaktische Konstruktion vom Typ *it* + *be* + *x* + Relativsatz, bei der durch die Spaltung einer *clause* in zwei *clauses* ein Element x besonders hervorgehoben wird.

So können aus einem Satz wie *Elaine bought a dress in Belfast last year* je nachdem, wo der Fokus <604> liegt, folgende *cleft sentences* abgeleitet werden:

It was Elaine who/that bought a dress in Belfast last year.
(Subjekt hervorgehoben)
It was a dress (that) Elaine bought in Belfast last year.
(Objekt hervorgehoben)
It was last year (that) Elaine bought a dress in Belfast.
(Adverbiale hervorgehoben)
It was in Belfast that Elaine bought a dress last year.
(Adverbiale hervorgehoben)

Außer dem Prädikat <444> können auf diese Weise alle Elemente eines Satzes hervorgehoben werden.

Pseudo-Cleft Sentence

Syntaktische Konstruktion zur Hervorhebung eines Satzelementes, wobei eine *clause* in zwei durch (eine Form von) *be* verbundene *clauses* aufgespalten wird. Eine der beiden *clauses* besteht aus einem in der Regel mit *what* (selten *who*, *where* oder *when*) eingeleiteten nominalen Relativsatz <442> und kann die Funktion des Subjekts oder *subject complement* <444> erfüllen.

What you need most is a reliable car.
Here is where Mary Stuart was executed.

Mit Hilfe des *pseudo-cleft sentence* kann im Gegensatz zu *cleft sentences* der Informationsfokus <604> auch auf das Prädikat gelegt werden, wobei das Verb durch eine Pro-Form <609> *do* ersetzt wird:

What he's done is (to) spoil the whole party.
What they are doing is writing a test.

Literatur: CGEL (18.25–30).

Determination – Modifikation (Determination – Modification) 410

Innerhalb eines Satzes können die *heads* <439> einzelner Phrasen durch andere Elemente in ihrer Referenz bzw. Bedeutung näher bestimmt werden. Je nachdem ob diese Ergänzungen obligatorisch oder fakultativ sind, unterscheidet man zwischen Determination und Modifikation.

Determination

Nähere Bestimmung der Referenz <519> einer Nominalphrase <439> mit Hilfe eines Determiners <411> oder *s*-Genitivs.

CGEL 2.30 unterscheidet z. B. zwischen
- *definite reference:* the
- *indefinite reference:* a/an
- *partitive reference:* some
- *universal reference:* any

Manche Substantive und Pronomen sind hinsichtlich ihres Referenzbereiches festgelegt (*Scotland, everybody* etc.), bei anderen findet die Determination durch andere sprachliche Zeichen statt, die sog. Determiners <411>.

Modifikation

Nähere referentielle oder bedeutungsmäßige Bestimmung des *head* einer Phrase durch ein syntaktisch fakultatives Element der Phrase.

Je nach Stellung des modifizierenden Elements, des **MODIFIKATORS (MODIFIER)**, unterscheidet man zwischen **PRÄMODIFIKATION (PREMODIFICATION)**, bei der der Modifikator vor dem *head* steht, und **POSTMODIFIKATION (POSTMODIFICATION)**, bei der er nach dem *head* steht.

Da Determiners obligatorisch sind, zählen sie im engeren Sinn nicht zu den Prämodifikatoren.

the	most beautiful	loch	in Scotland
Artikel als Determiner	Adjektivphrase als Prämodifikator	Substantiv als *head*	Präpositionalphrase als Postmodifikator

Prämodifikation tritt bei Nominal-, Adjektiv- und Adverbphrasen <439> auf, Postmodifikation ist nur bei Nominal- und Adjektivphrasen möglich. Postmodifikatoren sind in der Regel Phrasen (z. B. *the man in the garden*, *anxious about his health*) oder *clauses* (z. B. *the man who came here yesterday*, *anxious to please everybody*).

Von der Postmodifikation zu unterscheiden ist der Bereich der *complementation* (CGEL 2.32), also Objekte oder *complements* von Verben, aber auch valenzmäßige Ergänzungen <451> von Substantiven und Adjektiven.

Die Cobuild-Grammatik (1.8–10) bezeichnet prämodifizierende Elemente als **MODIFIERS** (*a big city, the oil industry*) und postmodifizierende Elemente als **QUALIFIERS** (*a girl in a dark grey dress, the desire to kill*).

411 Determiner (Determiner)

> Wortklasse, deren Elemente in einer Nominalphrase <439> vor einem Substantiv oder Pronomen bzw. dessen Prämodifikatoren <410> stehen und den Referenzbereich dieses Substantivs näher bestimmen, indem sie Definitheit, Indefinitheit oder Quantität ausdrücken.

Hinsichtlich ihrer semantischen Funktion werden Determiners unterteilt in:

- **IDENTIFIERS**, denen die traditionelle Wortart des bestimmten und unbestimmten Artikels <405> *a/an* und *the* sowie (in spezifischer Funktion) die Possessivpronomina <441> *my, your, his, her, its, our, their* und Demonstrativpronomina <441> *this, that, these, those* zugeordnet werden.
- **QUANTIFIERS**, die eine unbestimmte Menge zum Ausdruck bringen, wie z. B. *a lot of, many, few, several, little*; auch hier liegt eine Überschneidung mit der Wortklasse Pronomen <441> vor, da viele *quantifiers* Indefinitpronomen sind: *many girls, few ideas* usw.

Die Grammatiken der Quirk-Schule unterscheiden zwischen drei Typen von Determiners. Das Kriterium für diese Klassifikation ist die Stellung eines Determiners in einer Phrase, in der mehrere Determiners vorkommen: **PREDETERMI-**

NERS – CENTRAL DETERMINERS – POSTDETERMINERS (CGEL 5.10–25):

- **PREDETERMINERS**:
  - all, both, half
  - double, twice, three times
  - Brüche: one-third etc.
  - such, what

- **CENTRAL DETERMINERS**:
  - Artikel: a, an, the
  - Demonstrativa: this, these, that, those
  - Possessiva: my etc.
  - *quantifiers*: some, any, no, every, each, either, neither, enough, much
  - *wh-words*: what(ever), which(ever), who(ever), whose

Die Position eines *central determiner* kann auch von einem Genitiv (*Scotland's railways*) erfüllt werden, der als *determinative* fungiert.

- **POSTDETERMINERS**:
  - Kardinalzahlen: one, two etc.
  - Ordinalzahlen: first, second etc.
  - next, last etc.
  - *quantifiers*: many, few, little etc.

Durch diese Klassifikation wird ausgesagt, daß Sätze wie:

(1) All the other girls admired his blue eyes.
(2) All girls admired his blue eyes.
(3) All the girls admired his blue eyes.
(4) The other girls admired his blue eyes.
(5) The girls admired his blue eyes.
(6) All other girls admired his blue eyes.

möglich sind, eine andere Reihenfolge der Determiners aber ausgeschlossen ist:

(7) *The other all girls admired his blue eyes.
(8) *The all girls admired his blue eyes.

Die Klasse der Determiners subsumiert also einerseits die traditionelle Wortklasse der Artikel, andererseits aber auch Wörter, die auch anderen Wortklassen, insbesondere den Pronomina, angehören aufgrund der Ähnlichkeit der Funktion innerhalb der Nominalphrase.

412 Direkte Rede – Indirekte Rede (Direct Speech – Indirect Speech)

Direkte Rede

Wiedergabe der Äußerung eines Sprechers in der Form eines wörtlichen Zitats, das formal unabhängig im Text steht und in der geschriebenen Sprache in Anführungszeichen gesetzt wird.

Indirekte Rede

Wiedergabe der Äußerung eines Sprechers in Form eines abhängigen Nebensatzes, der die zitierte Äußerung enthält.

Sowohl der direkten als auch der indirekten Rede ist in der Regel ein Einleitungssatz (**REPORTING CLAUSE**) vorangestellt, in dem der Sprecher genannt wird und in dem ein Äußerungsverb steht. Die eigentliche Äußerung wird in einer **REPORTED CLAUSE** wiedergegeben, die bei der direkten Rede formal unabhängig, bei der indirekten Rede jedoch der *reporting clause*, die den Hauptsatz bildet, untergeordnet ist. Direkte und indirekte Rede können damit als Objekt des Verbs des Einleitungssatzes gesehen werden.

Bei der direkten Rede kann die *reporting clause* auch nachgestellt sein oder – vor allem bei längerer direkter Rede – diese trennen:

“As a matter of fact”, said John, “I am very angry”.

In der indirekten Rede wird die wiedergegebene Äußerung in der Regel bei Aussagesätzen in eine *that-clause*, bei Fragesätzen, die kein *wh*-Wort enthalten, in eine *if-clause* umgewandelt:

He said that he was very angry.
He asked if she would help him.

Literatur: CGEL (14.28–32), *Cobuild English Grammar* (7.1–94).

413 Dynamic Verb – Stative Verb (Handlungs- oder Vorgangsverb – Zustandsverb)

Dynamic und *stative verbs* sind syntaktisch definierte Klassen von Verben, die durch den unterschiedlichen Gebrauch des progressiven Aspekts <406> bestimmt sind.

DYNAMIC VERBS können sowohl in der *simple form* wie auch in der *progressive form* vorkommen.

STATIVE VERBS kommen nur in der *simple form*, nicht aber in der *progressive form* vor.

Beispiele für *dynamic verbs: learn, read, write, enjoy*

Beispiele für *stative verbs*: *know* (**She is knowing the answer*), *resemble* (**He is resembling his brother*), *belong* (**This book is belonging to the university library*)

Viele Verben können je nach Kontext und Bedeutung *stative* oder *dynamic* sein:

dynamic: He is tasting the wine.
I'm smelling the perfume.
stative: The wine tastes nice. (*It is tasting nice.)
I (can) smell the perfume.

Aus diesem Grunde wäre es genauer, nur von *dynamic* und *stative uses* zu sprechen (GCE 3.41; vgl. Leech 1971:4). Im Gegensatz zur GCE führt die CGEL 4.27 die Unterscheidung zwischen *stative* und *dynamic* allein auf der Grundlage semantischer Kriterien im Rahmen der Darstellung verschiedener **SITUATION TYPES** durch.

GCE führt noch eine Reihe weiterer formaler Unterscheidungskriterien für *dynamic* und *stative verbs* an, so daß *stative verbs*
- keinen Imperativ besitzen (**know the answer*),
- nicht in *pseudo-cleft sentences* mit *do* vorkommen (**What she did was to resemble her brother*)
- nicht in *for ... sake*-Konstruktionen auftreten (**She knew the answer for her teacher's sake*).

Dabei besteht jedoch insofern ein Übergangscharakter zwischen beiden Gruppen, als manche Verben (etwa *rain*) zum Teil die Kriterien für *dynamic verbs* (*It is raining*), zum Teil die Kriterien für *stative verbs* (**Rain, *It was raining for her sake*) erfüllen.

Eine ähnliche Unterscheidung *stative – dynamic* läßt sich auch für Adjektive treffen:

dynamic: *I am being careful – Be careful etc.*
stative: **I am being tall – *Be tall etc.*

Es sollte nicht übersehen werden, daß es sich bei *dynamic* und *stative* im hier definierten Sinne um eine syntaktische und nicht um eine semantische Unterscheidung handelt: Zum Beispiel kann *She is sleeping* semantisch durchaus als 'Zustand' interpretiert werden, auch wenn *sleep* hier eindeutig als *dynamic verb* verwendet wird.

414 Extraposition (Extraposition)

Konstruktion, bei der eine *clause* mit der Funktion eines Subjekts oder Objekts nachgestellt und in seiner regulären Position durch *it* ersetzt wird.

It is obvious that this is an example of extraposition.
It would be awful for the North Sea to become Europe's rubbish dump.
They must find it boring going to Cornwall every year.

Die extraponierte *clause* wird als **NACHGESTELLTES (POSTPONED) SUBJEKT/OBJEKT**, *it* als **ANTIZIPATORISCHES (ANTICIPATORY)** oder **GRAMMATIKALISCHES (GRAMMATICAL) SUBJEKT/OBJEKT** oder auch nur als **ANTIZIPATORISCHES IT** bezeichnet.

415 Finit – Infinit (Finite – Non-Finite)

Finite Verbform (Finite Verb)

Flektierte Verbform, die
- hinsichtlich der grammatischen Kategorien <419> Tempus und Modus, Person und Numerus gekennzeichnet ist und
- allein, d. h. ohne weitere Verbformen, die Verbalphrase <439> eines Satzes bilden kann.

They always try hard.
She went to London.
He had not seen a single play by Shakespeare before she took him to a performance of *Macbeth* at the National Theatre.

Infinite Verbform (Non-Finite Verb)

Nicht-flektierte Verbform, die
- keine Markierung hinsichtlich Tempus, Modus, Person oder Numerus enthält und
- die in abhängigen, nie in unabhängigen Sätzen als alleinige Verbform vorkommen kann.

Infinite Verbformen sind im Englischen Infinitiv <420>, Partizip Präsens und Partizip Perfekt <433>.

They had always wanted to go there.
It may be raining soon.
Living in a suburb, she had to take a bus to get to work.

Genus/Grammatisches Geschlecht (Gender) 416

Grammatische Kategorie <419>, die in der Flexion <304> der Substantive, Adjektive, Artikel und Pronomina zum Ausdruck kommt und folgende drei Typen umfaßt:
MASKULIN (MASCULINE): *monacus, der Tisch, le café*
FEMININ (FEMININE): *luna, die Frau, la table*
NEUTRUM (NEUTER): *castrum, das Kind*

Im Englischen ist das grammatische Geschlecht morphologisch nicht markiert. Im Deutschen sind, wie im Lateinischen, alle drei Genera, im Französischen nur Maskulin und Feminin morphologisch durch Flexion markiert.

Dabei besteht keine 1:1-Beziehung zwischen Genus und der außersprachlichen Kategorie des **GESCHLECHTS (SEX)** (vgl. nhd. *das Mädchen, die Glühbirne*). Im Englischen stimmen sie jedoch im Normalfall überein; es herrscht fast immer **NATÜRLICHES GESCHLECHT (NATURAL GENDER)**. So sind die Pronominalformen für männliche und weibliche (höhere) Lebewesen *he* und *she*, für Sachen *it*. Zu den wenigen Ausnahmen zählen *the moon* (*she*), *the sun* (*he*) und Schiffs-, Auto- und Ländernamen (*England*), die oft mit *she* pronominalisiert werden.

Genus Verbi (Voice) 417

Grammatische Kategorie des Verbs, die im Englischen durch den Kontrast folgender Formen ausgedrückt wird:

AKTIV (ACTIVE VOICE): *kisses*

PASSIV (PASSIVE VOICE): *is kissed*

(Formen von *be* oder *get* + *-ed* Partizip des Vollverbs).

Zwischen Aktiv- und Passivsätzen besteht ein enger Zusammenhang:
- Das Objekt des Aktivsatzes bildet das Subjekt des entsprechenden Passivsatzes.
- Das Subjekt des Aktivsatzes kann im Passivsatz durch eine *by*-Phrase wiedergegeben werden.

Aktiv:	Passiv:
Peter asked the teacher.	The teacher was asked (by Peter).
The butler murdered the detective.	The detective was murdered (by the butler).
She laughed.	—
He read out his paper.	His paper was read out (by him).

Passivbildung ist bei mono-, di- und komplex-transitiven Verben <450> möglich, wobei bei manchen ditransitiven Verben jedes der beiden Objekte des Aktivsatzes im Passivsatz als Subjekt auftauchen kann:

She gave him the prize.	He was given the prize. The prize was given to him.

Restriktionen hinsichtlich der Passivbildung bestehen:
- bei manchen transitiven Verben: **A cottage in Cornwall was had by them. *Courage was lacked by her.*
- bei infiniten oder Nebensatzobjekten: **To marry her was wanted by him.*
  Aber: *That they should go on holiday together was considered quite normal by their friends.*

In manchen Fällen bestehen Restriktionen im Aktiv: *He was born in Glasgow. She is reputed to be a good teacher.*

Bei Sätzen mit quantifizierenden Pronomina besteht ein erheblicher Bedeutungsunterschied zwischen Aktiv- und Passivsatz, so bei *Few students read many books* im Gegensatz zu *Many books are read by few students.*

Passivformen mit *get* (*He got caught by the police*) sind der informellen Sprache zuzurechnen und weit seltener als Formen mit *be.*

418 Grammatik (Grammar)

Der Terminus Grammatik stammt aus der traditionellen Sprachwissenschaft und hat in der modernen Linguistik folgende Hauptbedeutungen (vgl. CGEL 1.14–18):

1 Teilgebiet der Sprachwissenschaft, das die Kombination von Wörtern zu Sätzen <443> und die Flexion der Wörter analysiert, also die Syntax <448> und Teile der Morphologie <308> beinhaltet.

2 Die durch syntaktische Regeln und spezifische Flexionsmuster <Paradigmen 303> konstituierte Struktur einer Sprache bzw. ihre Beschreibung.

Grammatik in der Bedeutung 2 ist der Untersuchungsgegenstand von Grammatik, Bedeutung 1.

Grundsätzlich unterscheidet man, ausgehend von der Beschreibungshaltung, zwischen **DESKRIPTIVEN GRAMMATIKEN (DESCRIPTIVE GRAMMARS)**, die eine Sprache möglichst objektiv und auf dem tatsächlichen Sprachgebrauch aufbauend beschreiben, und **PRÄSKRIPTIVEN GRAMMATIKEN (PRESCRIPTIVE GRAMMARS)**, die subjektiv wertende Empfehlungen darüber geben, welche Formen und Regeln des Gebrauchs richtig oder falsch/schlecht sind. Beispiele für deskriptive Grammatiken sind etwa die Grammatiken der Quirk-Schule <921>. Präskriptiv sind u.a. die Schulgrammatiken des 18. und 19. Jahrhunderts, die auf den traditionellen Lateingrammatiken aufbauen und weit ins 20. Jahrhundert fortgewirkt haben.

Vor allem die **HISTORISCHEN GRAMMATIKEN** des 19. (und 20.) Jahrhunderts, die zum Teil rekonstruierte frühere Sprachzustände beschreiben (vgl. Buchtitel wie *Old English Grammar*, *Mittelenglische Grammatik*, *Historische Englische Grammatik* usw.), berücksichtigen nicht nur Flexion und syntaktische Struktur, sondern umfassen auch phonologische und orthographische, lexikalische und semantische Aspekte; charakteristisch ist die Einteilung in „Lautlehre“ und „Formenlehre“.

3 Theorie der Gesamtheit aller Regeln, die (einer) Sprache zugrunde liegen.

Diese Bedeutung verweist auf Versuche, das Funktionieren einer Sprache bzw. von Sprache allgemein primär theoretisch zu beschreiben. Unter verschiedenen zeitgeschichtlichen und wissenschaftstheoretischen Bedingungen können sich dabei zwangsläufig recht unterschiedliche Beschreibungsmodelle ergeben. Diese „Grammatiken“ oder genauer „Grammatikmodelle“ berücksichtigen neben Syntax und Morphologie auch Phonologie <227>, Lexikologie <914>, Semantik <522> sowie vor allem in jüngerer Zeit zunehmend pragmatische Gesichtspunkte <516>.

Beispiele für solche Grammatikmodelle sind die generative Transformationsgrammatik <907> von Chomsky, die Dependenzgrammatik <904> oder die besonders in der angelsächsischen Linguistik einflußreiche, stark pragmatisch und behavioristisch geprägte funktionale Grammatik.

419 Grammatische Kategorien

Begrenzte Klasse formaler Oppositionen, durch die grammatische Bedeutungen ausgedrückt werden.

Allgemein akzeptiert sind die grammatischen Kategorien Wortart <453>, Genus <416>, Numerus, Kasus <424>, Modus <430>, Tempus <406>, Person, Aspekt <406>, die auf Aristoteles zurückgehen und weitgehend von der traditionellen Grammatik <922> übernommen wurden.

Person und Numerus sind die einzigen grammatischen Kategorien, die im heutigen Englisch sowohl beim Verb als auch beim Pronomen (und im Falle des Numerus auch beim Substantiv) realisiert werden:

Bei der grammatischen Kategorie der **PERSON (PERSON)** besteht der Kontrast zwischen **1. PERSON (1ST PERSON)** *(I, we)*, **2. PERSON (2ND PERSON)** (*you, you*) und **3. PERSON (3RD PERSON)**(*he – she – it, they*); bezüglich des **NUMERUS (NUMBER)** besteht der Kontrast zwischen **SINGULAR (SINGULAR)** (*I, her, boat*) und **PLURAL (PLURAL)** *(we, their, boats)*.

Bei Verben wird im Präsens die 3. Person Singular durch {S} markiert; im Falle von *be* finden sich z. T. verschiedene Formen für die Personen (*am – are – is*) und Singular und Plural (*she was – they were*).

Im Altenglischen war die morphologische Markierung von Person und Numerus – wie auch die anderer grammatischer Kategorien – wesentlich differenzierter; vereinzelt finden sich auch Formen eines **DUAL (DUAL)** zur Bezeichnung von ‘zwei’.

420 Infinitiv (Infinitive)

Infinite Grundform des Verbs.

Im Englischen weist der Infinitiv keine Markierung bezüglich Modus, Person oder Numerus auf. Im Deutschen ist der Infinitiv morphologisch durch die Endung *-en* gekennzeichnet.

Der Infinitiv ist die Form, in der ein Verb in einem Wörterbuch aufgeführt wird.

Im Englischen treten folgende Typen des Infinitivs auf:

- **INFINITIV OHNE TO (BARE INFINITIVE)**: She helped him do his homework.
- **INFINITIV MIT TO (TO-INFINITIVE)**: They wanted to go there.

CGEL (3.2) verwendet den Terminus **BASE FORM** für die Form eines Vollverbs ohne Endungen. Diese *base form* kommt z. B. außer im Infinitiv auch im Imperativ <430> (*Stop it!*) und im *simple present* (außer in der 3. Person Singular) vor (*smoke*).

-ing Form (-ing form) 421

Form des Verbs im Englischen, die mit dem Affix *-ing* gebildet wird.

Der Terminus *-ing* Form wird häufig gebraucht, um den Klassifizierungsproblemen auszuweichen, die sich aus dem graduellen Übergang von Formen aus rein verbalen Konstruktionen (*She is singing*) zu rein substantivischen Konstruktionen (*Gainsborough's painting of William Henry*) ergeben (cf. CGEL 17.54). An den gegenüberliegenden Enden dieser Skala liegen das Partizip Präsens <433> und von Verben abgeleitete Substantive (*deverbal nouns*); im Zwischenbereich kann unterschieden werden zwischen Gerund und Verbalsubstantiv.

Der Übergangscharakter der verschiedenen *-ing* Formen zwischen Substantiv und Verb kann anhand der Zuordnung einiger zentraler Wortklassenmerkmale folgendermaßen dargestellt werden:

		deverbal noun	Verbal-substantiv	Gerund	Partizip
substantivische Eigenschaften	Plural	the buildings of London			
	Postmodifikation mit of	the buildings of London	the building of the tower	–	–
	Prämodifikation				
	– durch Artikel	the building	the building of the tower	–	–
	– durch Adjektiv	the beautiful building	their quick building	–	–
	– Possessivpronomen	his building in London	his building of the tower	his building the tower	–
verbale Eigenschaften	direktes Objekt	–	–	his building the tower	building the tower
	Modifikation durch Adverb	–	–	his quickly building the tower	quickly building the tower

> **GERUND (GERUND)**: Verbform, die sowohl verbale Charakteristika (wie direkten Anschluß eines Objekts oder Modifikation durch ein Adverb) als auch substantivische Charakteristika (wie Prämodifikation durch ein Possessivpronomen oder Auftreten als *head* <439> einer Präpositionalphrase) aufweist.

She resented his constantly criticizing her work.
The art of writing poetry...

> **VERBALSUBSTANTIV (VERBAL NOUN)**: Verbform, die substantivisch gebraucht wird, aber nicht alle Charakteristika von Substantiven aufweist (z. B. keinen Plural bilden kann).

Her clever arguing of the point...

Der Terminus Gerund entstammt der lateinischen Grammatik, wo er – im Gegensatz zum Englischen – eine morphologisch markierte Form (z. B. *amanda*) bezeichnet. Solche *-ing* Formen im Englischen entsprechen zum Teil dem lateinischen Gerund, zum Teil dem lateinischen Gerundivum. Aus diesem Grund verwenden die Quirk-Grammatiken den Terminus nicht (cf. CGEL 17.54), sondern fassen diesen Bereich als Partizip. Die Cobuild-Grammatik verwendet hier die Bezeichnung *-ing nouns*.

422 Interjektion (Interjection)

> Wortklasse, deren Elemente durch folgende Kriterien bestimmt sind:
> (i) sie werden nicht flektiert,
> (ii) sie bilden keinen Bestandteil der Satzstruktur,
> (iii) sie dienen dem Ausdruck von Emotionen,
> (iv) sie können Laute enthalten, die dem Lautsystem der Sprache fremd sind.

So dient z. B. *wow* zum Ausdruck großer Überraschung, *tut-tut* drückt Mißbilligung oder leichtes Bedauern aus, *sh* ist eine Bitte um Ruhe usw.

Inversion (Inversion) 423

> Umstellung der normalen Reihenfolge von Elementen im Satz, insbesondere die Voranstellung des Verbs vor das Subjekt.

Im Englischen kann man zwischen zwei Typen der Inversion unterscheiden:

- **SUBJECT-OPERATOR INVERSION**: Inversion von Subjekt und Operatorverb <433>
  - nach *so, neither* oder *nor* in Sätzen wie *She wanted to go to Scotland and so did he* oder *She did not want to go to France; neither did he*.
  - bei Voranstellung eines Adverbiale mit negativer Bedeutung: *At no time in history did the Irish make an attempt to conquer England.*
  - in Fragesätzen wie *Will she come to the party?*
  - in Konditionalsätzen wie *Had she realized how important linguistics is, she might have made a greater effort.*
  - bei bestimmten Komparativen: *Twentieth century poems would be easier to interpret than would poems by a seventeenth century author.*
- **SUBJECT-VERB INVERSION**: Inversion von Subjekt und Hauptverb.

  Subject-verb inversion tritt vor allem in informeller Sprache (*Here is the postman*) oder bei thematischer Voranstellung <615> von Adverbiale oder *complement* auf (*Of particular interest was what he had to say about defence*).

Kasus (Case) 424

> Grammatische Kategorie, die im Englischen bei Substantiven durch den Kontrast der Flexionsformen
> – **COMMON CASE**: *baby, babies*
> – **GENITIV (GENITIVE)**: *baby's, babies'*
> und bei Pronomina durch den Kontrast der Formen
> – **SUBJEKTSKASUS (SUBJECTIVE CASE)**: *they*
> – **OBJEKTSKASUS (OBJECTIVE CASE)**: *them*
> – **GENITIV (GENITIVE)**: *their*
> ausgedrückt werden.

Die Bezeichnungen Subjektskasus und Objektskasus beziehen sich auf die Formen, die beim Vorkommen eines Pronomens als Subjekt (*They went to Cornwall*) und Objekt (*She phoned him*) gebraucht werden, wobei der Objektskasus aber auch die Form ist, die in Präpositionalphrasen <439> (*She brought some flowers for him*) steht oder als *subject complement* <445> (That is her) vorkommen kann, wo jedoch auf einer formalen Stilebene auch der Subjektskasus (*It is I*) möglich ist. Zusammenfall der Formen verschiedener Kasus, sog. **KASUSSYNKRETISMUS (SYNCRETISM OF CASE FORMS)** herrscht z. B. im Falle von *her* (Genitiv und Objektskasus) (cf. CGEL 6.2–5).

Bei den englischen Substantiven, die den Plural mit dem Morphem {S} bilden, wird die Opposition zwischen *common case* und Genitiv nur in der geschriebenen Sprache deutlich (*babies – babies'*).

CGEL (5.115) verwendet den Terminus Genitiv ausschließlich für die flektierten Formen (*the pub's name*), aber nicht für die entsprechenden *of*-Präpositionalphrasen (*the name of the pub*). Gelegentlich werden diese Konstruktionen jedoch als **S-GENITIV** und **OF-GENITIV** bezeichnet.

Andere Sprachen verfügen über ausgeprägtere Kasussysteme als das heutige Englisch. Im Deutschen, wo neben Substantiven und Pronomina auch Artikel und Adjektive unterschiedliche Kasusformen haben, kann man zwischen **NOMINATIV (NOMINATIVE)** (*der – die – das*), **GENITIV (GENITIVE)** (*des – der – des*), **DATIV (DATIVE)** (*dem – der – dem*) und **AKKUSATIV (ACCUSATIVE)** (*den – die – das*) unterscheiden. Das Lateinische verfügt darüber hinaus über **VOKATIV (VOCATIVE)** und **ABLATIV (ABLATIVE)**.

Im Altenglischen gab es neben Nominativ, Genitiv, Dativ und Akkusativ noch Reste eines **INSTRUMENTALIS (INSTRUMENTAL)**, der allerdings nur in der Adjektiv- und Pronominalflexion Formen aufweist, die sich von den Dativformen unterscheiden. Durch die Abschwächung der Flexionsendungen in mittelenglischer Zeit, den sog. Endungsverfall, ging das altenglische Kasussystem weitgehend verloren. Da es im Neuenglischen keine Formen gibt, in denen der Unterschied zwischen Dativ und Akkusativ noch besteht, ist es vollkommen verfehlt (obwohl es in manchen Grammatiken gelegentlich geschieht), diese Termini zur Beschreibung des heutigen Englisch zu verwenden.

In einem grundsätzlich anderen Sinn wird der Terminus Kasus im Rahmen der sog. Kasusgrammatik <910> verwendet. Dort bezieht er sich nicht auf die formale Ebene, sondern auf die inhaltliche Charakterisierung der Rollen bestimmter Elemente im Satz. Einige der traditionellen Bezeichnungen für Kasus – etwa Dativ, Akkusativ oder Instrumentalis – werden in der Kasusgrammatik ebenfalls verwendet, sind aber entsprechend semantisch zu verstehen.

Kongruenz (Concord) 425

Formale Übereinstimmung zweier Elemente in einem Satz hinsichtlich der grammatischen Kategorien <419> Numerus, Person, Kasus und Genus.

Im Englischen herrscht z. B. Kongruenz zwischen Subjekt und Verb: Sie müssen im Präsens in Person und Numerus übereinstimmen, also *She sleeps, They sleep*, aber nicht **She sleep* oder **They sleeps*. Im Deutschen herrscht z. B. auch Kongruenz zwischen attributivem Adjektiv <407> und Substantiv.

Konjunktion (Conjunction) 426

Wortklasse, deren Elemente durch folgende Kriterien bestimmt sind:
(i) sie werden nicht flektiert,
(ii) sie verbinden *clauses* miteinander,
(iii) sie können innerhalb eines Teilsatzes Phrasen miteinander verbinden, wenn es möglich ist, diese Phrasen zu finiten Teilsätzen zu erweitern.

She went to Scotland, and so did he.
Although it was raining quite a lot, they enjoyed cycling in Ireland.

John and Jill fetched a pail of water. ('John fetched a pail of water and Jill fetched a pail of water')
They went to Scotland and to Cornwall. ('They went to Scotland and they went to Cornwall')

Kriterium (iii) ist vor allem im Hinblick auf die Abgrenzung von Konjunktion und Präposition wesentlich. So läßt sich damit etwa der unterschiedliche Status von *but* in den Sätzen

Everyone had a good time but (Präposition) John.
Everyone had a good time, but not (Konjunktion) John.

erklären (vgl. CGEL 9.58, wo dieses Kriterium allerdings nicht genannt ist). Demnach wären *but* und *except* in Sätzen wie *He does everything in the house but/except putting the children to bed*, die CGEL als Beispiele für "indeterminacy between the preposition and conjunction status of *except* and *but*" aufführt, eindeutig Präpositionen (vgl. auch CGEL 9.3).

Zu unterscheiden sind folgende Typen von Konjunktionen:

KOORDINIERENDE/NEBENORDNENDE KONJUNKTION (COORDINATING CONJUNCTION/COORDINATOR): Konjunktion, die zwei *main clauses* <443> bzw. zu *main clauses* erweiterbare Elemente miteinander verbindet: *and, or, but.*

He found word classes boring, and so did she.
Jack and Jill fetched a pail of water, but this was a long time ago.

SUBORDINIERENDE/UNTERORDNENDE KONJUNKTION (SUBORDINATING CONJUNCTION/SUBORDINATOR): Konjunktion, die einen Nebensatz einleitet: *after, although, because, if, since, that, unless, while, except (that), given (that), as if, as far as etc.*

Since they knew what a preposition was, they could tell that in this sentence since is a conjunction.

Konjunktionen sind weder eigenständige Satzglieder noch Bestandteile von Satzgliedern (vgl. CGEL 14.2).

427 Konstituente (Constituent)

Komponente einer größeren sprachlichen Konstruktion.

Grundvoraussetzung für die Analyse von Konstituenten ist die Annahme, daß sprachliche Konstruktionen wie Sätze, Phrasen, Wörter hierarchisch strukturiert sind, also einige Elemente enger zusammengehören als andere.

Die Teile, in die eine Einheit unmittelbar unterteilt werden kann, nennt man **UNMITTELBARE KONSTITUENTEN (IMMEDIATE CONSTITUENTS)**, das Verfahren ihrer Ermittlung IC-Analyse <909>. Die Teile, die nicht weiter unterteilt werden können, heißen **ULTIMATE CONSTITUENTS**.

Die Beziehung zwischen unmittelbaren Konstituenten (den einzelnen Teilen einer nächsthöheren Einheit) nennt man **KONSTITUENZ (CONSTITUENCY)**.

Grammatiken, die bei der Analyse von sprachlichen Konstruktionen allein auf das formale, streng binäre Verfahren der IC-Analyse zurückgreifen, werden als Konstituentenstrukturgrammatiken <911> bezeichnet.

Literatur: CGEL (2.3–8).

Koordination – Subordination (Coordination – Subordination) 428

Bei der Bildung komplexer Phrasen und Sätze unterscheidet man zwei grundsätzliche Möglichkeiten der Verbindung:

> **Koordination**
>
> Verbindung zweier oder mehrerer gleichartiger oder syntaktisch gleichrangiger Einheiten, wie Wörter, Phrasen oder *clauses* zu einer Einheit.

Die verbundenen Elemente sind unmittelbare Konstituenten <909> derselben Ebene in der Satzhierarchie.

Koordination kann durch Einfügen einer koordinierenden Konjunktion <426> (*and, or, but*) als Verbindungswort **(SYNDETISCHE KOORDINATION/SYNDETIC COORDINATION)** oder durch einfaches Aneinanderfügen der betreffenden Elemente erfolgen **(ASYNDETISCHE KOORDINATION/ASYNDETIC COORDINATION)**.

- Koordination von Wörtern:
  Most German tourists go to London, Stratford and Oxford.
- Koordination von (Präpositional-)Phrasen:
  You can pay by cheque or cash.
- Koordination von *independent clauses* <443>:
  The bus arrived and the train left.

> **Subordination**
>
> Verbindung zweier oder mehrerer syntaktischer Einheiten mit unterschiedlichem Rang, wobei die untergeordneten Elemente ihrerseits eine Konstituente der übergeordneten Einheit darstellen.

Die Subordination ist vor allem bei der Bildung komplexer Sätze <443> aus *clauses* von Bedeutung. Sie wird in der Regel durch eines oder mehrere der folgenden formalen Merkmale der untergeordneten *clauses* signalisiert:

- durch eine einleitende subordinierende Konjunktion <426> wie *since, because, while, after, that* usw.:

  If it rains today, we won't come.

- durch ein *wh*-Wort <441>:

  This is the man whom we saw yesterday.
  Do you know who will be there?
  Whoever did that should admit it.

- durch Subjekt-Operator-Inversion <423>:

  Were she here, she would support us.

- durch das Fehlen einer finiten Verbform <415> oder das vollständige Fehlen eines Verbs, da infinite und *verbless clauses* <408> nur als subordinierte Sätze verwendet werden können:

  Speaking no English, she was unable to ask for help.

Literatur: CGEL (14.10–20).

Koordination und Subordination werden oft als gleichbedeutend mit den traditionellen Begriffen **PARATAXE (PARATAXIS)** und **HYPOTAXE (HYPOTAXIS)** betrachtet, wobei Parataxe jede Art von Bei- bzw. Nebenordnung, Hypotaxe Unterordnung bezeichnet. CGEL (13.2) unterscheidet jedoch die beiden Begriffspaare insofern, als es Koordination und Subordination als Sonderfälle von Parataxe und Hypotaxe betrachtet. Parataxe umfaßt dabei auch andere Verbindungen syntaktisch gleichrangiger Elemente, z. B. *tag-questions* <449> *(He is right, isn't he*?).

429 Kookkurrenz (Co-occurrence)

Miteinandervorkommen sprachlicher Zeichen in Sätzen.

Aufgrund einer phonetischen Regel des Englischen kann z. B. der Artikel *a* zusammen mit *boy* verwendet werden, jedoch nicht mit *ice-cream*. Ein Adverb tritt aufgrund grammatischer Regeln nie allein, sondern z. B. zusammen mit einem Verb auf, jedoch nicht zwangsläufig umgekehrt: *the boy slept well* und *the boy slept*, aber nicht **the boy well.*

Auch semantische Merkmale <524> können die Kookkurrenz sprachlicher Zeichen beeinflussen. So ist die Kombination *the boy swims* möglich, während bei einem Satz wie **the boat swims* eine Selektionsrestriktion <521> vorliegt, da das Verb *swim* ein belebtes Subjekt verlangt.

Von der Kollokation <511>, die ein *usage*-bedingtes, häufiges Miteinandervorkommen einzelner Wörter bezeichnet, unterscheidet sich Kookkurenz dadurch, daß keine Aussage über die Wahrscheinlichkeit, sondern nur über die (grammatikalische) Möglichkeit des Miteinandervorkommens zweier Elemente gemacht wird. Dabei bezieht sich Kookkurrenz nicht nur auf die Kombinierbarkeit bestimmter Einzelwörter, sondern gleichzeitig auf die der jeweiligen Wortklassen (etwa Verb + Adverb).

Modalität – Modus (Modality – Mood/Mode) 430

In ähnlicher Weise wie zwischen Zeit und Tempus <406> ist eine Unterscheidung zwischen Modalität und Modus angebracht. Während Modalität eine semantisch-logische Kategorie (CGEL 4.49) bezeichnet, bezieht sich Modus auf die grammatikalisch-formale Seite der Modalität. Vor allem im angelsächsischen Bereich werden *modality* und *mood/mode* gelegentlich synonym gebraucht.

> **Modalität**
>
> Einschätzung der Möglichkeit, Wahrscheinlichkeit oder Notwendigkeit, mit der das Geschehen stattfindet oder der Sachverhalt zutrifft, die in einem Satz beschrieben werden, durch den Sprecher.

Modalität kann u.a. durch folgende sprachliche Mittel ausgedrückt werden:

– durch den Modus:

God save the Queen.
This is a bill that the fouling of the streets by dogs be prosecuted.

– durch modale Hilfsverben <452>:

They may go to Scotland. ('Möglichkeit' oder 'Erlaubnis')

– in Konditionalsätzen <408> durch *past tense* <406>:

If he had known the facts, he wouldn't have made that mistake.

Einige traditionell orientierte Grammatiken (Ungerer et al. 1984: 148–9, 217; auch Lamprecht 1972: 211, 578) bezeichnen die Verwendung der Modalverben *should/would* in Konstruktionen mit einem Konditionalsatz (*If I had the money, I'd buy the CGEL. If I had known how good it is, I'd have bought it.*) als **KONDITIONAL I (CONDITIONAL)** und **KONDITIONAL II (PERFECT CONDITIONAL)**. Da es sich dabei im Englischen jedoch um periphrastische Konstruktionen <437> – und nicht wie im Lateinischen um eine morphologisch markierte Verbform – handelt, sind gegenüber diesen Termini in bezug auf das heutige Englisch dieselben Vorbehalte angebracht wie gegenüber der Verwendung eines Terminus Futur oder *will/shall*-Futur <406>.

Modus

Grammatische Kategorie des Verbs, die im Englischen durch folgende Formen realisiert wird:

- **INDIKATIV (INDICATIVE)**: *walk, walks, walked, is walking* (in der 3. Person Singular Präsens mit der Endung {S}, ansonsten unmarkiert)

  She plays the flute.
  The secretary has opened the letters.
  Whoever opened the letters?

- **KONJUNKTIV (SUBJUNCTIVE)**: *walk* (unmarkiert)

  God save the Queen.

- **IMPERATIV (IMPERATIVE)**: *walk*
  (unmarkiert, in Aufforderungssätzen <445>)

  Open the letter!
  Be happy!

Der *subjunctive* wird im britischen Englisch nur sehr selten und in formalen Kontexten verwendet. Formal unterscheidet er sich vom Indikativ nur durch die ∅-Endung der 3. Person Präsens; alle anderen Formen sind im Indikativ und *subjunctive* identisch: *I insist that we reconsider the council's decisions* könnte von der Form her sowohl Indikativ als *subjunctive* sein, im Gegensatz zu *I insist that the council reconsider its decision* (CGEL 3.58–62). Eine Ausnahme bildet das Verb *be* mit der *subjunctive*-Form *be* für alle Singular- und Plural-Präsens-Formen und *were* für alle Singular- und Plural *past-tense*-Formen.

Im Präsens sind die *subjunctive*-Formen optional, während der **PAST SUBJUNCTIVE** des Verbs *be* als **WERE-SUBJUNCTIVE** noch üblich ist: *If he/she were here, you would have heard about it.*

Ob *past tense*-Formen wie *had* in einem Satz wie *If I had the money, I'd buy the large Quirk Grammar* als *subjunctive* zu interpretieren sind, läßt sich insofern nicht entscheiden, als im *past tense* ein formaler Unterschied zwischen *subjunctive* und Indikativ nur bei *was/were* besteht. CGEL (3.62) verwendet für diesen Fall den Terminus *were-subjunctive* und beschreibt die Verbformen in Konditionalsätzen als *past* bzw. *past perfective* (CGEL 15.35).

Der neuenglische *subjunctive* geht auf den sog. **OPTATIV (SUBJUNCTIVE)** im Altenglischen zurück, wobei die formale Unterscheidung vom Indikativ durch die Flexion wesentlich deutlicher war als heute.

Der Imperativ ist formal im Englischen mit dem *subjunctive* identisch, hat also stets ∅-Endung bzw. die Verbform *be*.

Der Imperativ wird – entsprechend seiner semantischen Funktion – in der Regel mit der 2. Person (Singular oder Plural) verwendet und kann in Imperativsätzen sowohl ohne als auch mit Subjekt auftreten (*Children, you be quiet!*).

Ein Imperativ ist daneben auch in der 1. und 3. Person (Singular oder Plural) möglich, jedoch nur in Imperativsätzen mit einem Subjekt und durch feststehende Formen wie *let somebody . . ., let's . . ., let them . . .*:

If anyone objects, let them speak now.
Let me have a look.
Let's go!

Literatur: (UGE 7.58–62; CGEL 11.24–30)

Negation/Verneinung (Negation) 431

> Semantisch-grammatische Kategorie, die die Gültigkeit einer Aussage oder einen Teil davon widerruft bzw. verneint.

Negierte oder negative Äußerungen enthalten ein negatives Bedeutungselement und stehen im Gegensatz zu affirmativen <431>, d. h. positiven Äußerungen. Die Negation wird im Englischen durch die **NEGATIONSPARTIKEL (NEGATIVE PARTICLE)** *not* oder ihre kontrahierte Form *n't* ausgedrückt, die in Verbindung mit einem Operator <433> in den Satz (bzw. die Äußerung) eingefügt wird:

I'm not going to York.
Holmes did not search the room.
He hadn't promised them a holiday in Yorkshire.

Außer Aussagesätzen können auch Fragesätze und Aufforderungssätze negiert werden <445>:

(Why) can't you leave me alone?
Don't open the window!

Negation kann auch durch negative Determiners <411> wie *no (problem)*, Indefinitpronomina <441> wie *nobody, no one, none, nothing* oder negative Adverbien wie *never, nowhere* etc. erfolgen.

Sätze, die ein Negationselement enthalten, bezeichnet man als **NEGIERT (NEGATED)**, Sätze ohne ein Negationselement als **AFFIRMATIV (AFFIRMATIVE)**.

DOPPELTE/MEHRFACHE VERNEINUNG (DOUBLE/MULTIPLE NEGATION): Erscheinung, daß in einem Satz Negation nicht durch ein, sondern durch mehrere sprachliche Mittel markiert ist.

I do<u>n't</u> know <u>nothing</u>.

Während im Alt- oder Mittelenglischen die doppelte Verneinung üblich war, ist sie im heutigen Englisch auf Dialekte <705> beschränkt.

432 Numerale/Zahlwort (Numeral)

Wortklasse, die die Zahlen umfaßt.

Die Numeralia werden unterteilt in:

KARDINALZAHL (CARDINAL NUMBER): Numerale, mit dem Quantität ausgedrückt wird: *one, two, three* etc.

Kardinalzahlen dienen z. B. zum Ausdruck von Zeit (*It is 3 o'clock*), Alter (*She is in her mid-twenties*), Größe (*This shirt is size 38*), Temperatur, Spielstand etc.

ORDINALZAHL (ORDINAL NUMBER): Numerale, das zum Ausdruck einer Reihenfolge dient: *first, second, third* etc.

Das *Longman Dictionary of Contemporary English* (1987: 131) führt Numeralia nicht als eigene Wortklasse auf, sondern ordnet sie je nach Verwendung anderen Wortklassen zu, z. B.:

Determiner: I spent <u>five</u> weeks in Scotland.
Pronomen: We invited a lot of people, but only <u>twelve</u> came.
Substantiv: <u>Six</u> can be devided by <u>two</u> and <u>three</u>.

Zahlwörter nehmen eine Zwischenstellung zwischen einer offenen und einer geschlossenen Wortklasse <453> ein: Prinzipiell ist ihre Anzahl unbegrenzt; begrenzt sind aber in jeder Sprache die morphologischen Mittel, mit denen die Zahlwörter gebildet werden.

433 Operator (Operator)

Einziges oder erstes Hilfsverb in einer komplexen Verbalphrase <439>.

Der Operator markiert Tempus (und Person).

He was questioned by the police.
He should have been questioned by the police.

Wenn die Verbalphrase kein Hilfsverb enthält, übernimmt *do* die Rolle des Operators: *Did they question him?*

Wenn *be* (und im BrE *have* mit der Bedeutung 'possess') als Vollverben verwendet werden, können sie die Funktion des Operators übernehmen (z. B. *He isn't right* bzw. *I haven't any books*: AmE *I don't have any books*.)

Fragesätze und *tag-questions* <449> können im Englischen durch Subjekt-Operator-Inversion <423> gebildet werden:

Will he be questioned by the police?
He was questioned by the police, wasn't he?

Literatur: CGEL (2.48–9)

Paraphrase (Paraphrase) 434

> Umschreibung der Bedeutung eines Wortes, eines Satzes oder einer Äußerung mit anderen Wörtern.

It was her intention to win the general election kann als Paraphrase von *She wanted to win the general election* angesehen werden oder *take and hold possession of* als Paraphrase von *occupy*.

Von besonderer Bedeutung sind Paraphrasen in der generativen Transformationsgrammatik <907>, wo sie verwendet werden, um die für Sätze postulierten Tiefenstrukturen <121> zu verdeutlichen.

Partizip (Participle) 435

> Infinite Verbform, die im Englischen in zwei Ausprägungen vorliegt:
> - **-ING PARTIZIP (-ING PARTICIPLE/PRESENT PARTICIPLE)**: *laughing, writing* etc.
> - **-ED PARTIZIP (-ED PARTICIPLE/PAST PARTICIPLE)**: *laughed, asked, written* etc.

Unregelmäßige Verben haben abweichende *past-participle*-Formen: *written, put, done, been, bent* usw.; trotzdem spricht man von *ed*-Partizipien.

-ing Partizipien werden verwendet
- bei der Bildung des progressiven Aspekts <406>: *You are reading.*
- in Nebensätzen (*-ing participle clauses* <408>): *Living in Scotland, they were able to go to the Highland Games.*

-ed Partizipien treten auf
- bei der Bildung des perfektiven Aspekts <406>: *Have you heard from her recently*?
- bei der Passivbildung <417>: *The plane was cancelled.*
- in Nebensätzen (*-ed participle clauses* <408>): *Asked to address the meeting, he felt he had to say a few words.*

Partizipien können unter bestimmten Umständen wie Adjektive auch attributiv gebraucht werden (z. B. *the blowing wind*). Solche Fälle sind aber zu trennen von Adjektiven wie *interesting*, die von Partizipien abgeleitet bzw. formal mit ihnen identisch sind und auch andere Kritierien der Wortklasse Adjektiv erfüllen:

*The wind is very blowing.
This book is very boring.
*The wind in Scotland is more blowing than in Cornwall.
A book on linguistics is more interesting than any other book.

436 Pattern

Regelhafte, systematische Anordnung sprachlicher Elemente.

Der Terminus Pattern wird sowohl in der Phonologie <227> als auch in der Syntax <448> gebraucht. Vor allem im Rahmen der strukturalistischen Sprachanalyse <920> wurden sog. *sentence patterns* aufgestellt, die – in abgewandelter Form – die Grundlage für die Lehrmethode des **PATTERN DRILL** darstellen. Dabei wird der Wert des Lernens durch Imitation im Gegensatz zum Lernen durch kognitive Regeln betont.

In der germanistischen Syntax werden für Pattern auch Termini wie **SATZMUSTER** oder **SATZBAUPLAN** verwendet.

Periphrastische Konstruktion (Periphrastic Construction) 437

Konstruktion, in der eine grammatische Bedeutung in mehr als einem Wort zum Ausdruck kommt.

Von besonderer Bedeutung für das Englische sind z. B.:

- Die periphrastische Verbalkonstruktion, d. h. die Bildung der zusammengesetzten Verbalformen mit Hilfe der Verben *be* und *have* in Verbindung mit dem *-ing* bzw. *-ed* Partizip <433>. Sie ist relevant bei der Realisation des progressiven und perfektiven Aspekts <406>, also für die Formen des *present progressive* (*I am singing*), *past progressive* (*I was singing*), *present perfect progressive* (*I have been singing*), des *present perfect simple* (*I have missed the bus*), des *past perfect simple* (*I had missed the bus*) und *past perfect progressive* (*I had been missing the bus*). Im Gegensatz dazu steht die Verbalkonstruktion mit Hilfe von Flexionsmorphemen <307>, wie etwa beim *simple present* und *simple past* (*He hates/hated dogs*).
- Die periphrastische Steigerung des Adjektivs und Adverbs, d. h. die Bildung des Komparativs <446> mit Hilfe von *more* bzw. des Superlativs mit Hilfe von *most*, also *intelligent – more intelligent – most intelligent* im Gegensatz zu den flektierten Formen *big – bigger – biggest*.

Phrasal Verb (auch: Partikelverb) 438

Lexem, das aus einem Verb und einer Partikel (d.h. einem Adverb oder einer Präposition) besteht, wobei die Partikel
- den Hauptakzent trägt und
- nach einem direkten Objekt stehen kann.

The plane took off.
They looked the word up.
Did you ring him up?

Phrasal verbs wie *look up, finish up* oder *give up* sind von der Bedeutung her häufig idiomatisch <508>, wobei unterschiedliche Grade der Idiomatisierung vorliegen: Bei *pull up* ‘hochziehen’ z. B. ist die eigenständige Wortbedeutung von Verb und Partikel erhalten, bei *finish up, eat up* ‘aufessen’ ist *up* bis zu einem gewissen Grad idiomatisiert, bei *give up* ‘aufgeben’ ist die Gesamtbedeutung nicht aus den Bedeutungen von *give* und *up* erschließbar.

Syntaktisch können *phrasal verbs* durch folgende Kriterien von Konstruktionen aus Verb + Adverbiale unterschieden werden:

(1) She rang up (*phrasal verb*) her boy friend.
(2) She lives (Verb) up the road (Adverbiale).

1. Bei *phrasal verbs* ist eine Passivtransformation möglich:

(1a) Her boy friend was rung up.
(2a) *The road is lived up.

2. Das Objekt von *phrasal verbs* ist durch *who* oder *what* erfragbar; adverbielle Frageformen sind nur bei Konstruktionen aus Verb + Adverbiale möglich:

(1b) Who did she ring up? – Her boy friend.
(2b) *What did she live up? – The road.

(1c) Where/when/how did she ring up? – *Her boy friend.
(2c) Where does she live? – Up the road.

Weiterhin sind *phrasal verbs* zu unterscheiden von Konstruktionen aus Verb + Präpositionalobjekt wie:

(3) She applied (Verb) for the scholarship (Präpositionalobjekt).

Dazu können u.a. folgende Kriterien herangezogen werden:

	phrasal verb	Verb + Präpositionalobjekt (*prepositional verb*)
Betonung der Partikel am Satzende	ja Who did she ring up?	nein (außer bei Kontrast) What did she apply for?
Stellung des Objekts	vor oder nach der Partikel: She rang up her boy friend. She rang her boy friend up.	nach der Präposition: She applied for a scholarship. *She applied a scholarship for.
Stellung eines Pronominalobjekts	vor der Partikel: She rang him up. *She rang up him.	nach der Partikel: *She applied it for. She applied for it.
Adverbeinfügung	*She rang impatiently up her friend.	She applied impatiently for the scholarship.
Stellung der Partikel vor einem Fragepronomen	*Up who did she ring?	For what did she apply?

Konstruktionen wie *She applied for the scholarship* können alternativ auch so analysiert werden, daß kein Präpositionalobjekt angesetzt wird, sondern die Präposition dem Verb zugerechnet wird. Eine solche Analyse liegt den Quirk-Grammatiken zugrunde, die Verbindungen wie *apply for, decide on* etc. entsprechend als **PREPOSITIONAL VERBS** bezeichnen.

Daneben unterscheiden diese Grammatiken noch eine Gruppe der **PHRASAL-PREPOSITIONAL VERBS/TWO PARTICLE VERBS**, die Verbindungen wie *do away with, look forward to* und *put up with* umfaßt. Diese terminologische Unterscheidung hat sich jedoch nicht allgemein durchgesetzt; häufig wird der Terminus *phrasal verb* sehr allgemein verwendet, so daß er die in den Quirk-Grammatiken als *phrasal verbs, prepositional verbs* und *phrasal-prepositional verbs* differenzierten Gruppen umfaßt. So bezeichnet die Cobuild-Grammatik (3.84) sowohl Kombinationen aus (i) Verb und Adverb, (ii) Verb und Präposition als auch (iii) Verb und Adverb und Präposition als *phrasal verbs*.

Phrasal verbs sind besonders im gesprochenen Englisch sehr häufig. Da sie für den Lernenden eine erhebliche Schwierigkeit darstellen, sind sie in einigen Spezialwörterbüchern ausführlich beschrieben worden. Herausragend ist dabei das *Oxford Dictionary of Current Idiomatic English* von A.P. Cowie und R. Mackin (1975).

Phrase (Phrase) 439

Syntaktische Einheit, die
- in der syntaktischen Analyse zwischen Wort <317> und *clause* <408> steht,
- aus einem oder mehreren Wörtern besteht und
- keine Subjekt-Objekt-Struktur aufweist.

Für die Bedeutung der Struktur der meisten Phrasen ist es sinnvoll, als zentrales Element ein *head* anzusetzen:

HEAD: Obligatorisches Element einer Phrase, das von der Funktion im Satz her die Gesamtphrase ersetzen kann.

In einem Satz wie *She was very keen on Scotland* bildet *very keen on Scotland* eine Adjektivphrase mit der Funktion des *subject complement* <445>. Diese Funktion kann auch allein durch das *head* der Phrase erfüllt werden: *She was keen*. In diesem strukturellen Sinn kann das *head* <u>keen</u> als alleiniger obligatorischer Bestandteil gesehen werden.

Man unterscheidet fünf Typen von Phrasen, abhängig von der Wortklasse des charakteristischen Bestandteils der jeweiligen Phrase:

NOMINALPHRASE (NOUN PHRASE): Phrase, deren *head* ein Substantiv oder Pronomen ist, zu dem weitere modifizierende Elemente treten können.

Das *head* einer Nominalphrase kann determiniert <410>, prä- und postmodifiziert <410> werden. Determination erfolgt u. a. durch Artikel, Demonstrativ- oder Possessivpronomina (*a/this/my house*), Numeralia <432> (*fifty days*) und *quantifiers* <411> (*several people*) sowie Genitive (*the old lady's hat*). Prämodifizierende Elemente können sein (cf. CGEL 17.94):

- Adjektive <401>: *the big red fox* (aber nicht: **the red big fox*)
- Partizipien <433>: *a loving father*
- Substantive <447>: *country garden*
- Phrasen <439>: *five o'clock tea*
- Sätze <443>: ... *the "We-promise-we-won't-change-our-name-this-week" party (Washington Post/Guardian Weekly* 30 July 1989 über die SLD)

Treten mehrere Prämodifikatoren auf, werden sie in der hier aufgeführten Reihenfolge kombiniert, wie z. B. in: *these five charming country cottages.*

Als Postmodifikatoren werden hauptsächlich verwendet:

- Relativsätze <442>: *the man who came here yesterday*
- Infinitivsätze <408>: *the man to answer this question*
- Partizipialsätze <408>: *the man coming down the road*
- Präpositionalphrasen <439>: *the man on the road*

Daneben treten auch Adjektive (*something strange, blood royal*) oder Adverbien (*the time before, the morning after*) unter bestimmten Bedingungen als Postmodifikatoren auf.

Die *Cobuild English Grammar* verwendet hier den Terminus **NOUN GROUP**.

VERBALPHRASE (VERB PHRASE): Phrase, die aus einem Vollverb als *head* besteht, zu dem (bis zu vier) Hilfsverben <452> sowie die Negationspartikel *not* <431> treten können.

drank, drinks, is drinking, will be drinking

Die Hilfsverben realisieren die grammatischen Kategorien des (progressiven und perfektiven) Aspekts <406>, des Tempus <406>, des Modus <430> und des Genus Verbi <417>. Dabei ist eine festgelegte Reihenfolge zu beachten:

modal aux. –	have (perfective) –	be (progressive) –	be (passive) –	full verb
She	has	been		reading
You could	have		been	killed

Das erste Hilfsverb der Verbalphrase übernimmt dabei die Funktion des Operators <433>. Wenn das Vollverb ein *phrasal verb* <438> ist, gehört auch die Partikel zur Verbalphrase: *He must have looked up the word in the dictionary.*

Die Cobuild-Grammatik spricht in diesem Zusammenhang von **VERB GROUP**.

ADJEKTIVPHRASE (ADJECTIVE PHRASE): Phrase, die aus einem Adjektiv als *head* besteht, zu dem weitere prä- und postmodifizierende Elemente treten können.

Zur Prämodifikation kann nur ein Adverb verwendet werden: *incredibly rich* etc.

Als Postmodifikatoren kommen u. a. vor:
- Präpositionalphrasen: *very anxious about his health; more intelligent than him*
- Infinitivsätze: *very anxious to please everybody*
- *that*-clauses: *very anxious that no one should leave the room.*

Die postmodifizierenden Elemente von Adjektiven und Substantiven sind dabei z. T. dem Bereich der Valenz <451> bzw. *complementation* zuzurechnen, wie etwa bei: *They were interested in linguistic terminology* bzw. *their interest in linguistic terminology*. Dabei kann die Postmodifikation obligatorisch sein:

They suffered from lack of money.
*They suffered from lack.
They were aware of that.
*They were aware.

Im Gegensatz dazu werden die postmodifizierenden Elemente von Verben nicht der Verbalphrase zugeordnet.

ADVERBPHRASE (ADVERB PHRASE): Phrase, die ein Adverb als *head* enthält, zu dem prä- und postmodifizierende Elemente treten können.

Adverbphrasen treten meist in ihrer minimalen Form auf, können jedoch durch ein anderes Adverb prämodifiziert sein, z. B. in *extremely slowly, very quickly, amazingly well* etc.

Beispiel für Postmodifikation: *as stupidly as you can imagine*

PRÄPOSITIONALPHRASE (PREPOSITIONAL PHRASE): Phrase, die aus einer Präposition und einer Nominalphrase <439> besteht.

to them, on linguistics, in Exeter

Die ergänzende Nominalphrase wird in den Quirk-Grammatiken auch als *prepositional complement* bezeichnet (vgl. CGEL 2.28).

Im Gegensatz zu allen anderen Phrasentypen hat die Präpositionalphrase kein *head* und kann deshalb auch nie aus einem einzelnen Wort bestehen. Auf diesem Unterschied beruht die Unterteilung in exozentrische und endozentrische Phrasen:

ENDOZENTRISCHE KONSTRUKTION (ENDOCENTRIC CONSTRUCTION): Konstruktion, bei der ein Bestandteil (das *head* <439>) als zentral anzusehen ist, weil er grammatisch auch allein die Gesamtkonstruktion ersetzen kann.

Eine Adjektivphrase wie *very attractive* ist endozentrisch, weil das *head attractive* in Sätzen wie *He considered her very attractive – He considered her attractive* dieselbe Funktion (eines *object complement*) hat.

EXOZENTRISCHE KONSTRUKTION (EXOCENTRIC CONSTRUCTION): Konstruktion, bei der keiner der Bestandteile funktional der Gesamtkonstruktion äquivalent ist.

Bei exozentrischen Konstruktionen kann also kein Bestandteil die Gesamtkonstruktion ersetzen.

Exozentrisch sind z. B. Konstruktionen aus Subjekt und Prädikat, weil weder das Subjekt noch das Prädikat die Funktion der Gesamtkonstruktion ausüben können: *She slept in the garden* kann weder durch **She in the garden* noch durch *slept in the garden* ersetzt werden. Ebenso sind Präpositionalphrasen wie *in the garden* exozentrisch.

CGEL (2.26–27) verwendet die Termini **HEADED** für endozentrisch und **NON-HEADED** für exozentrisch. Obwohl Nominal- und Verbalphrasen traditionell zu den endozentrischen Konstruktionen gerechnet werden, führt CGEL aus, daß die Unterscheidung in diesen Fällen insofern nicht zutrifft, als eine Nominalphrase zwar ein *head* besitzt, daß dieses *head* aber nicht immer allein stehen kann, sondern in manchen Fällen einen Determiner <411> haben muß, um dieselbe Funktion wie die Nominalphrase insgesamt auszuführen. *She has read many interesting books – She has read books*, aber: *She has read an interesting book – *she has read book.*

Die einzelnen Phrasen können innerhalb einer *clause* oder eines Satzes ganz bestimmte syntaktische Funktionen übernehmen, also verschiedene Satzglieder <444> realisieren. Folgender Überblick aus CGEL 2.25 faßt alle möglichen Satzgliedfunktionen der einzelnen Phrasentypen zusammen:

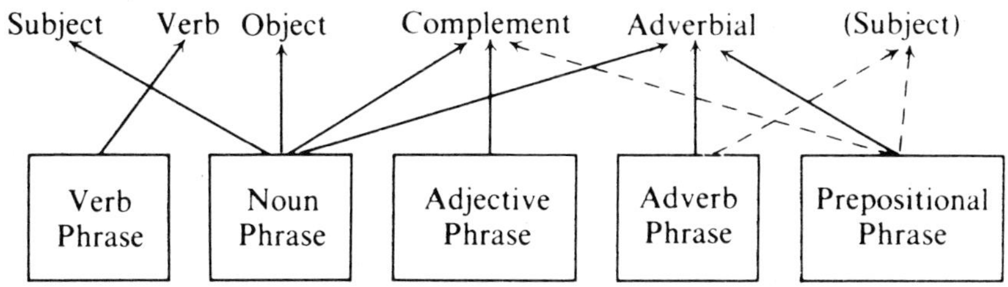

Verbalphrasen können nur als Prädikat verwendet werden.

Nominalphrasen können sowohl das Subjekt als auch das Objekt eines Satzes bilden und als *complement* oder Adverbiale verwendet werden.

Adjektivphrasen können nur als *complement* verwendet werden.

Adverbphrasen dienen in der Regel als Adverbiale, können jedoch in Ausnahmefällen auch als Subjekt verwendet werden (z. B. *Slowly is exactly how he speaks*; vgl. CGEL 10.15).

Präpositionalphrasen dienen in der Regel als Adverbiale (*They studied in Oxford*), können jedoch auch die Funktionen eines *complement* (z. B. *She is in good health; She regarded him as attractive*; vgl. CGEL 10.11), eines Subjekts (z. B. *On Tuesday will be fine*; vgl. CGEL 9.1. note a) oder eines Objekts (z. B. *He wrote a letter to him*) übernehmen.

In den Quirk-Grammatiken werden indirekte Objekte wie *to him* als Adverbiale analysiert, andere präpositionale Objekte wie *They objected to his analysis* als Präpositionalobjekte gesehen (CGEL 16.5). Während jedoch die CGEL die Nominalphrase, die der Präposition folgt, als Präpositionalobjekt bezeichnet, ist es in der Linguistik ansonsten üblich, unter einem Präpositionalobjekt die gesamte Präpositionalphrase zu verstehen:

S V Präpositionalobjekt
They objected to this analysis.
CGEL: S ↑ ↑
prep. verb prep. object

Zur Einteilung der Phrasentypen vgl. CGEL 2.26–2.28.

440 Präposition (Preposition)

Wortklasse, deren Elemente durch folgende Kriterien bestimmt sind:

(i) sie treten vor Nominalphrasen <439> auf (die auch aus einzelnen Substantiven und Pronomina bestehen können) und bilden mit diesen zusammen Präpositionalphrasen:
in Exeter, at the university, with him

(ii) sie treten vor *non-finite clauses* <408> auf:
They decided on going to Scotland.

(iii) sie treten nicht auf:
- vor *finite clauses* <408>:
  *They decided on they would go to Scotland.
- vor *that-clauses*:
  *They decided on that they would go to Scotland.
- vor *to*-Infinitiven:
  *They decided on to go to Devon.
- vor dem Subjektskasus <424> von Personalpronomina:
  *They decided on he.

Präpositionen können zeitliche, örtliche oder logische Beziehungen zum Ausdruck bringen. Dabei ist die Eigenbedeutung der Präposition unterschiedlich stark ausgeprägt. In *He was speaking for, not against the accused* ist eine Bedeutung von *for* klarer erkennbar als etwa in *He was waiting for the bus*.

Die Wahl der entsprechenden Präposition kann von der Valenz <451> eines Verbs, Adjektivs oder Substantivs abhängen (vgl. *eager for, keen on* usw.).

CGEL (9.7–13) unterscheidet zwischen **SIMPLE PREPOSITIONS** (*at, beyond, except, in, of, off, to*) und **COMPLEX PREPOSITIONS** (*as for, ahead of, according to, thanks to, with regard to, with the exception of*). Fälle wie *concerning, considering, given, including* werden dabei als **MARGINAL PREPOSITIONS** eingestuft.

Zur Unterscheidung von Konjunktion <426> und Präposition s. auch CGEL 9.3.

"A preposition is a word you should never end a sentence with" ist eine häufig vorgebrachte normative <102> stilistische Regel des Englischen. Als eines der Manuskripte Churchills in dieser Hinsicht korrigiert worden war, schrieb er an den Rand: *This is the kind of pedantry up with which I will not put!*

Pronomen (Pronoun) 441

> Wortklasse, deren Elemente die Funktion einer Nominalphrase <439> erfüllen oder in einer Nominalphrase an der Stelle des Substantivs stehen können.

She is a clever student.
This was a difficult one.

Morphologisch unterscheiden sich Pronomina von Substantiven dadurch, daß sie z. T.
- verschiedene Kasusformen besitzen (z. B. Subjektskasus *he/she* – Objektskasus *her/him*),
- formal hinsichtlich der Kategorien Person (*I/you* etc.) und Genus (*he/she/it*) unterscheiden und
- morphologisch nicht verwandte Pluralformen aufweisen (*I/we* etc.).

Pronomina können einerseits eine sehr allgemeine, nicht-spezifizierte Referenz <519> besitzen (*Somebody called this afternoon*), andererseits deiktische Funktion <602> haben, d. h. auf etwas verweisen, das in einem bestimmten sprachlichen oder außersprachlichen Kontext als bekannt angesehen werden kann (*Have you read his book on Scotland?*). Dabei kann das Pronomen eine Nominalphrase substituieren: *Have you read his book on Scotland? It is excellent.*

Für das Englische lassen sich folgende Klassen von Pronomina unterscheiden:

- **PERSONALPRONOMEN (PERSONAL PRONOUN)**: I, you, he, she, it, we, you, they, me, us, him, her, them
- **POSSESSIVPRONOMEN (POSSESSIVE PRONOUN)**: my, your, his, her, its, our, your, their, mine, yours, etc.
- **REFLEXIVPRONOMEN (REFLEXIVE PRONOUN)**: myself, yourself, himself, herself, itself, ourselves, yourselves, themselves
- **REZIPROKES PRONOMEN (RECIPROCAL PRONOUN)**: each other, one another
- **RELATIVPRONOMEN (RELATIVE PRONOUN)**: which, who, whose, whom, what, that
- **INTERROGATIVPRONOMEN/FRAGEPRONOMEN (INTERROGATIVE PRONOUN)**: who, whose, whom, what, which

In vielen Darstellungen der englischen Grammatik ist von **WH-WORDS** die Rede: Sie umfassen die Interrogativpronomina, aber auch Adverbien wie *when, where* oder *how*. (CGEL 2.45)

- **DEMONSTRATIVPRONOMEN (DEMONSTRATIVE PRONOUN)**: this, that, these, those
- **INDEFINITPRONOMEN (INDEFINITE PRONOUN)**: everyone, everybody, someone, somebody, something, anyone, anybody, anything, no one, nobody, nothing, all, each, both, many, much, more, most, one, any, either, a few, few etc.

Einige Demonstrativpronomina und Indefinitpronomina gehören auch der Wortklasse der Determiners <411> an. So ist z. B. *some* in *Some of the guests wanted to watch the royal wedding on television* oder in *Some wanted to watch the wedding* Pronomen, in *Some guests wanted to watch the wedding* oder in *Would you like some more tea?* dagegen Determiner.

442 Relativsatz (Relative Clause)

> *Clause* <408>, die durch ein Relativpronomen oder ein Relativadverb eingeleitet wird.

Zu den Relativpronomina zählen im Englischen *who, whom, what, which, that* usw., die jedoch häufig nicht realisiert, also durch ein ∅-Pronomen ersetzt werden.

The woman (whom) he admired was a professor.

Das Relativpronomen steht hinsichtlich des Genus (*who – which*) in Kongruenz <425> zum Bezugswort im Hauptsatz.

Relativadverbien wie *where* oder *when* können in der Regel durch eine Folge von Präposition und Relativpronomen ersetzt werden:

Fowey is the place in which/where I'd like to live.

Es lassen sich drei Typen von Relativsätzen unterscheiden:

- **NOMINALE RELATIVSÄTZE (NOMINAL RELATIVE CLAUSES)**
  Whatever you say about clause types is confusing.
- Relativsätze, die sich auf eine *clause* beziehen (**SENTENTIAL RELATIVE CLAUSES**):
  They are going to Scotland, which I would not have thought.
- Relativsätze, die sich auf ein Nomen beziehen (**ADNOMINAL RELATIVE CLAUSES**):
  Land's End, which is the westernmost point of England, attracts many tourists.

Adnominale Relativsätze werden hinsichtlich der Art der Modifikation des Nomens weiter unterteilt in:

RESTRIKTIVER/NOTWENDIGER RELATIVSATZ (RESTRICTIVE/ DEFINING RELATIVE CLAUSE): Relativsatz, der die Referenz <519> des modifizierten Substantivs einschränkt bzw. konkretisiert.
NICHT-RESTRIKTIVER/NICHT-NOTWENDIGER RELATIVSATZ (NON-RESTRICTIVE/NON-DEFINING RELATIVE CLAUSE): Relativsatz, der die Referenz des modifizierten Substantivs nicht einschränkt oder näher bestimmt, sondern lediglich zusätzliche, nicht notwendige Aussagen dazu macht.

So ist z. B. *where Robert Burns was born* in dem Satz *The town where Robert Burns was born is a charming little place* ein restriktiver Relativsatz, weil ohne diesen Relativsatz nicht klar wäre, um welche Stadt es sich handelt. In *Ayr, where Robert Burns was born, is a charming little place* handelt es sich jedoch um einen nicht-restriktiven Relativsatz, da durch den Namen *Ayr* der bezeichnete Ort in eindeutiger Weise bestimmt ist.

Relativsätze sind ein Typ von *clauses* <408>, der durch formale Kriterien bestimmt werden kann. Sie können im Satz unterschiedliche Funktionen erfüllen, z. B. als *nominal clause* oder Apposition <404>.

Satz (Sentence) 443

Strukturierte grammatische Einheit, die sich in Konstituenten <427> analysieren läßt, die die Funktion von Satzgliedern <445> erfüllen und Phrasen <439> oder *clauses* <408> sind.

Ein Satz besteht entweder aus einer einzigen *clause* oder mehreren *clauses.* Dementsprechend unterscheidet man zwischen einfachen und komplexen Sätzen.

EINFACHER SATZ (SIMPLE SENTENCE): Satz, der aus einer *finite clause* besteht. This is a simple sentence.
KOMPLEXER SATZ (COMPLEX/MULTIPLE SENTENCE): Satz, der aus mindestens zwei *clauses* besteht, die entweder koordiniert oder subordiniert <428> sind.

CGEL verwendet für komplexe Sätze in diesem Sinne den Terminus **MULTIPLE SENTENCE**. Je nachdem, ob Koordination oder Subordination vorliegt, unterscheidet CGEL (2.4) weiter zwischen *compound* und *complex sentences*:

- **COMPOUND SENTENCE**: Komplexer Satz, der aus zwei oder mehreren *clauses* besteht, die durch eine koordinierende Konjunktion <426> (*and, but, or*) oder asyndetisch <428> verbunden sind.

  The sentence above is a simple sentence, this one is a compound sentence, and the next sentence is a complex sentence.

- **COMPLEX SENTENCE**: Komplexer Satz, der aus einer *clause* besteht, bei der mindestens ein Satzglied <445> durch eine andere *clause* realisiert wird.

  Since this subordinate clause is part of the whole sentence, the sentence is a complex sentence.

Um die hierarchischen Beziehungen der einzelnen *clauses* innerhalb eines komplexen Satzes zu beschreiben, verwendet man folgende Begriffe:

- **MAIN CLAUSE**: *Finite clause*, die entweder ein *simple* oder ein *complex sentence* ist oder eine der *clauses* eines *compound sentence* bildet.

  (1) This is a main clause.
  (2) This being a complex sentence, the whole sentence is identical with the main clause.
  (3) This sentence consists of two main clauses, and it is thus a compound sentence.

- **SUBORDINATE CLAUSE**: *Clause,* die in einem *complex sentence* ein Satzglied der *main clause* realisiert.

  The underlined clause being subordinate makes it a subordinate clause.

- **MATRIX CLAUSE**: Der Teil eines *complex sentence* ohne die *subordinate clause(s)*.

  The underlined clause not being subordinate and not being a main clause makes it a matrix clause.

Die deutsche Terminologie weicht entscheidend von der englischen ab. Der Terminus **NEBENSATZ** entspricht dem Begriff *subordinate clause*. **HAUPTSATZ** hingegen ist nicht mit *main clause* gleichzusetzen: Zwar bezeichnet der Terminus Hauptsatz eine *main clause* in einem *compound sentence*; in einem *complex sentence* ist der Hauptsatz aber der Teil des Gesamtsatzes ohne die Nebensätze, entspricht also der *matrix clause*.

simple sentence:

Edinburgh is a beautiful city.

(main clause)

compound sentence:

The Yorkshire Moors are lovely but the Scottish Highlands are spectacular.

(main clause/Hauptsatz) (main clause/Hauptsatz)

complex sentence:

Although the Yorkshire Moors are not very well-known in Germany, they are worth a visit.

(subordinate clause/Nebensatz) (matrix clause/Hauptsatz)

(main clause/Satz)

CGEL grenzt **SUBORDINATE CLAUSE (UNTERGEORDNETER SATZ)** auch gegenüber **SUPERORDINATE CLAUSE (ÜBERGEORDNETER SATZ)** ab, wobei eine *superordinate clause* eine *clause* ist, bei der ein Satzglied durch eine andere *clause* realisiert wird. *Superordinate clauses* sind jedoch insofern nicht immer identisch mit *main clauses*, als eine *superordinate clause* gleichzeitig übergeordneter und untergeordneter Satz sein kann. Im Fall von *We hoped that they would be able to eat some haggis while they were in Scotland* bildet der gesamte Satz die *main clause* (der auch übergeordneter Satz ist) und enthält den (ihm untergeordneten) Nebensatz *that they would be able to eat some haggis while they were in Scotland*, der aber wiederum dem Nebensatz *while they were in Scotland* übergeordnet ist.

Eine weitere Unterscheidung der CGEL (14.2) ist die zwischen **INDEPENDENT CLAUSE** und *main clause. Main clauses* sind fast immer *independent clauses* außer in *compound sentences* wie *The plot was exciting and the characterization was plausible*, wo *the characterization was plausible* zwar als *main clause*, aber nicht als *independent clause* analysiert wird.

Der Terminus **MATRIXSATZ** bezeichnet in der generativen Transformationsgrammatik <907> einen Satz, in den ein anderer Satz eingebettet ist.

444 Satzglied/Funktionale Kategorie (Clause Element)

Konstituente eines Satzes oder einer *clause* <408>, die innerhalb der *clause* durch eine bestimmte grammatische Funktion charakterisiert ist und nicht Bestandteil einer anderen Konstituente dieser Art in derselben *clause* ist.

Die Quirk-Grammatiken unterscheiden zwischen folgenden Satzgliedern:

SUBJECT:	They met.
VERB:	They met.
OBJECT:	She kissed him.
COMPLEMENT:	He was handsome.
ADVERBIAL:	They kissed in the evening.
VOCATIVE:	Speed, bonnie boat, like a bird on a wing.

Interjektionen (*oh*) <422> und Konjunktionen (*although, and*) <426> sind keine Satzglieder in diesem Sinn.

Vokativ (CGEL 10.52–3) ist dabei als Satzglied nicht allgemein etabliert.

SUBJEKT (SUBJECT): Satzglied, das im Englischen – außer in Imperativsätzen und infiniten Sätzen – obligatorisch ist und in normalen Aussagesätzen vor dem Prädikat steht.

Formal kann das Subjekt realisiert werden durch

- eine Nominalphrase <439>: *Lions are dangerous. She is wrong. The angry young man coming down the road was Kingsley Amis.*

  Pronomina stehen dabei im Subjektskasus (*I, he, she* etc.).

- eine *infinite clause*, also einen Infinitivsatz (*To know her is to love her*) oder einen Partizipialsatz (*Learning about grammar can be fun*).
- eine *that*-clause (*That Jim should be wrong amazed Jill*).
- eine *wh-clause* (*Whatever you suggest is fine with me*).

Das Subjekt ist häufig das Thema <615> des Satzes.

PRÄDIKAT (PREDICATE/VERB): Obligatorisches Satzglied, das durch eine Verbalphrase <439> realisiert wird und das im Aussagesatz nach dem Subjekt steht.

Diligent students enjoy studying grammar.
Learning about grammar may be considered great fun.

Zwischen Prädikat und Subjekt besteht Kongruenz <425>; sie stimmen also in Numerus und Person überein.

In der traditionellen Grammatik <922> umfaßt das Prädikat auch *subject complements* <444> und zum Teil auch Objekte. Um diese Unklarheiten des traditionellen Prädikatbegriffs zu vermeiden, verwendet CGEL den Terminus Verb, der aber von der Wortklasse Verb zu trennen ist.

OBJEKT (OBJECT): Satzglied, das im Englischen im normalen Aussagesatz nach dem Prädikat steht und in einem entsprechenden Passivsatz die Funktion des Subjekts übernimmt.

Soweit das Objekt im Passivsatz nicht zum Subjekt werden kann, weil es z. B. durch einen Nebensatz realisiert wird (*He asked whether they wanted to come*), kann der Objektcharakter über einen Test mit Pronomina nachgewiesen werden: *He asked whether they wanted to come and she asked that too: That was asked by her too*; vgl. CGEL (10.7).

Zwischen Subjekt und Objekt besteht – außer wenn das Objekt reflexiv <441> ist – keine Referenzidentität <520>, sie verweisen also auf verschiedene Personen, Gegenstände, Sachverhalte etc.

Kommen in einem Satz zwei Objekte vor, unterscheidet man zwischen **DIREKTEM OBJEKT (DIRECT OBJECT)** und **INDIREKTEM OBJEKT (INDIRECT OBJECT)**; kommt nur ein Objekt vor, so handelt es sich immer um ein direktes Objekt:

DIREKTES OBJEKT (DIRECT OBJECT): Einziges Objekt einer *clause* oder in einer *clause* mit zwei Objekten das zweite Objekt.

Das direkte Objekt kann formal realisiert werden durch

- eine Nominalphrase: *She likes grammar. He hates it. He knows the angry young man coming down the road.*

  Pronomina stehen dabei im Objektskasus (*me, her, him* etc.).

- einen infiniten Satz, also einen Infinitivsatz (*He tried to find the answer*) oder einen Partizipialsatz (*They enjoyed watching television*).

- eine *that-clause (He thinks that these things are important)*.

- eine *wh-clause:* (*I'll do whatever you suggest*).

INDIREKTES OBJEKT (INDIRECT OBJECT): Objekt, das vor einem direkten Objekt steht.

Indirekte Objekte werden nur durch Nomialphrasen realisiert: *She gave him some advice.*

Indirekte Objekte können häufig durch eine Präpositionalphrase mit *to* oder *for* ersetzt werden:

She gave him the book. – She gave the book to him.
He made his wife a cup of coffee. – He made a cup of coffee for his wife.

Diese Präpositionalphrasen werden häufig – etwa in der *Cobuild English Grammar* (3.77–78) – ebenfalls als indirekte Objekte bezeichnet. Von den Quirk-Grammatiken werden solche Präpositionalphrasen hingegen als Adverbiale analysiert.

Als **PRÄPOSITIONALOBJEKT (PREPOSITIONAL OBJECT)** wird in den Quirk-Grammatiken das direkte Objekt eines *prepositional verb* <438> bezeichnet; in anderen Darstellungen wird in solchen Fällen die Präpositionalphrase insgesamt als Präpositionalobjekt bezeichnet (z. B. in *He objected to the analysis. She insisted on the point*).

COMPLEMENT: Satzglied, das in Aussagesätzen nach dem Prädikat steht und im Gegensatz zum Objekt nicht als Subjekt eines Passivsatzes fungieren kann.

Ein Complement bezieht sich entweder auf das Subjekt oder das Objekt eines Satzes; entsprechend unterscheidet man zwischen **SUBJECT COMPLEMENT** und **OBJECT COMPLEMENT**.

SUBJECT COMPLEMENT: *Complement*, bei dem Referenzidentität <520> mit dem Subjekt einer *clause* besteht.

Ein *subject complement* kann realisiert werden durch

- eine Nominalphrase: *She is a qualified teacher.*
- eine Adjektivphrase: *She looks very intelligent.*
- einen infiniten Satz, also
  - einen Infinitivsatz: *To do this is to make serious mistake.*
  - einen Partizipialsatz: *Seeing is believing.*
- eine *that-clause: The point is that these things are important.*
- eine *wh-clause: The question is what we do now.*

OBJECT COMPLEMENT: *Complement*, bei dem Referenzidentität mit dem direkten Objekt einer *clause* besteht.

Ein *object complement* kann realisiert werden durch

- eine Nominalphrase: *She made him a good husband*.
- eine Adjektivphrase: *He considers them intelligent*.
- ein Infinitivsatz: *He considers them to be intelligent*.

Zwischen Subjekt bzw. Objekt und ihren *complements* besteht außerdem Kongruenz <424> bezüglich des Numerus.

Strukturen mit indirektem Objekt und direktem Objekt und Objekt und *object complement* können formal identisch sein:

She (S) made (V) him (O_i) a cup of tea (O_d).
She (S) made (V) him (O_d) Foreign Secretary (C_o).

Die Verwendung von *complement* in diesem Sinne ist zu trennen vom Gebrauch dieses Begriffs in der Valenztheorie <451> (wo z. B. auch Subjekte und Objekte als Ergänzungen, engl. *complements*, bezeichnet werden) oder von *adjective complements* oder *prepositional complements* wie in CGEL 2.26.

ADVERBIALE (ADVERBIAL): Satzglied, das aus einem Adverb oder einem komplexeren Element besteht, das durch ein Adverb ersetzt werden kann.

Adverbiale sind im Satz häufig fakultativ und dann in ihrer Stellung relativ frei (z. B. *Last year they went to Scotland* oder *They went to Scotland last year*). In Verbindung mit bestimmten Verben können Adverbiale jedoch obligatorisch sein:

She lives in Edinburgh.
He puts the children to bed every night.

Adverbiale beziehen sich insofern auf das Prädikat/Verb, als sie zusätzliche Informationen über die Umstände (Ort, Zeit, Dauer, Art und Weise) einer durch das Verb beschriebenen Situation oder Handlung geben oder das Prädikat/Verb mit anderen Satzteilen verbinden.

Eine Adverbiale kann realisiert werden durch

- ein Adverb bzw. eine Adverbphrase: *He came in very quickly*.
- eine Präpositionalphrase: *After lunch they walked to the farm*.
- eine einfache Nominalphrase: *Mary walked ten miles this afternoon*.
- Nominalphrasen, auf die *ago, long* etc. folgt: *I was in Scotland two years ago*.

- einen adverbialen Nebensatz <443>, der durch eine subordinierende Konjunktion <426> mit dem Hauptsatz verbunden ist:
  He always sings when he is in the bath.
  If it rains today, we won't play football.
- *non-finite clauses*: *Being late, he couldn't get a seat.*
- *verbless clauses* <408>: *Keen to please her friend, she prepared him an ice-cream.*

Wegen der vielen Untertypen der Kategorie Adverbiale erscheint eine Charakterisierung problematisch. Prinzipiell lassen sich Adverbiale negativ dadurch beschreiben, daß sie die Kriterien für die anderen Satzglieder nicht erfüllen.

CGEL (8.24) unterteilt Adverbiale in **ADJUNCTS, SUBJUNCTS, DISJUNCTS** und **CONJUNCTS**. *Adjuncts* besitzen dabei innerhalb der *clause* eine relativ zentrale Funktion und sind eng in ihre syntaktische Struktur integriert, was sich z. B. darin äußert, daß sie in *cleft sentences* <409> hervorgehoben werden können:

They went to Yorkshire because of the rain in Scotland.
It was because of the rain in Scotland that they went to Yorkshire. (Adjunct)

Architecturally, Edinburgh is a beautiful city.
*It is architecturally that Edinburgh is a beautiful city. (Subjunct)

Subjuncts wird eine untergeordnete Funktion zugeschrieben; häufig können sie einem anderen Element der *clause* zugeordnet werden:

We proudly announce the birth of our daughter Margaret Hilda.

Disjuncts sind periphäre Adverbiale, die Form oder Inhalt einer Äußerung kommentieren:

Sadly, the rain spoilt our holiday in the Lake District.

Conjuncts besitzen im wesentlichen eine satzverknüpfende Funktion:

It rained all the time in Scotland. Nevertheless they want to go there again next year.
It rained all the time in Scotland. That is why they want to go to Ireland next year.

Zu dieser Einteilung der funktionalen Kategorien vgl. CGEL (10.59), GCE (7.8–12) sowie GCE (7.13–22); CGE (468–70, 529, 670–1, 822).

Der Gebrauch des Terminus **ADJUNCT** in der CGEL unterscheidet sich von dem in manchen valenztheoretischen Ansätzen <451> oder dem der Cobuild-Grammatik. Die *Cobuild English Grammar* (6.1) verwendet **ADJUNCT** anstelle von Adverbiale: "An adjunct is a word or group of words which you add to a clause when you want to say something about the circumstances of an event or a situation, for example when it occurs, how it occurs, how much it occurs, or where it occurs."

Satztyp (Sentence Type) 445

Aufgrund formaler Kriterien bestimmte Klasse von Sätzen.

Im Englischen lassen sich im wesentlichen vier Satztypen unterscheiden (cf. CGEL 11.1–4):

DECLARATIVE: Satz, der über ein Subjekt verfügt, das dem Prädikat vorausgeht.

They went to Edinburgh.

INTERROGATIVE: Satz, der entweder Subjekt-Operator-Inversion <423> aufweist oder bei dem ein *wh*-Frageelement <441> an erster Stelle steht.

Did they go to Edinburgh?
Where did they go?

Interrogativsätze, die mit *who, whose, whom, what, which, where, when, why* und *how* (!) eingeleitet werden, heißen **WH-QUESTIONS**.

IMPERATIVE: Satz ohne obligatorisches Subjekt mit einem Verb in der Grundform.

Go to the Yorkshire Moors!

EXCLAMATIVE: Satz, der mit einer *what-* oder *how*-Phrase eingeleitet wird.

What a view you get from Edinburgh castle!

CGEL (11.1/2) unterscheidet terminologisch zwischen **SENTENCE TYPES**, die durch formale Kriterien bestimmt sind, und **DISCOURSE FUNCTIONS**, die durch semantisch-pragmatische Kriterien charakterisiert sind. *Discourse functions* in diesem Sinne sind:

STATEMENT (AUSSAGESATZ): Satz, der eine Information vermittelt.

John will speak to the boss today.
The train arrived late.
Tigers are dangerous.

QUESTION (FRAGESATZ): Äußerung, mit der der Sprecher den Hörer nach einer neuen Information fragt.

Abhängig von der Art der erwarteten Antwort unterscheidet man drei Hauptarten von Fragen:

- **YES-NO QUESTION**: Frage, die eine positive oder negative Antwort verlangt.

  Does he like Mary?
  Was he late?
  Don't you believe me?

- **WH-QUESTION**: Frage, die mögliche Antworten nicht enthält.

  When was Shakespeare born?
  What do you think of *Ulysses*?

- **ALTERNATIVE QUESTION**: Frage, die als Antwort eine von mehreren in der Frage enthaltenen Möglichkeiten verlangt.

  Shall we go by bus or train?

DIRECTIVE (AUFFORDERUNGSSATZ): Äußerung, die eine Handlungsanweisung enthält.

Come here! Be quiet!
Could you open the window please!

Je nach dem sehr unterschiedlichen Grad der Höflichkeit bzw. des Nachdrucks der aus sprechakttheoretischer <525> Sicht für Aufforderungssätze charakteristischen *illocutionary force* <509> der Aufforderung unterscheidet man Untertypen wie **BEFEHL (COMMAND)**, **VERBOT (PROHIBITION)**, **AUFFORDERUNG (REQUEST)**, **BITTE (PLEA)** u. a. (vgl. CGEL, 11.29).

EXCLAMATION (AUSRUFESATZ): Äußerung, mit der der Sprecher ausdrückt, daß er von einem Sachverhalt überrascht oder beeindruckt ist.

What a lovely garden they have!

Ausrufesätze sind häufig elliptisch (*What a mess! How terrible!*).

Zwar besteht eine weitgehende Parallelität zwischen den formalen Satztypen und den semantisch-pragmatischen *discourse functions* (z. B. haben die meisten *statements* die Form von *declarative sentences*), sie müssen jedoch nicht übereinstimmen. Ein interrogativer Satz wie *Isn't it nice to be here* muß keine Frage, sondern kann durchaus eine Aussage sein; ein deklarativer Satz wie *It would be good if someone could open the window* ist pragmatisch als Aufforderung zu interpretieren.

Steigerung/Komparation (Comparison) 446

Bildung von Formen von Adjektiven und Adverbien, die zum Ausdruck bringen, in welchem Grad die Adjektiv- oder Verbbedeutung auf die bezeichneten Gegenstände oder Sachverhalte zutrifft.

Folgende Steigerungsformen oder -stufen werden unterschieden:

POSITIV (POSITIVE/ABSOLUTE FORM): *nice, intelligent*
KOMPARATIV (COMPARATIVE FORM): *nicer, more intelligent*
SUPERLATIV (SUPERLATIVE FORM): *nicest, most intelligent*

Im Englischen unterscheidet man zwei Formen der Steigerung:

- Steigerung mit Hilfe der Flexionsmorpheme <307> {-er} für den Komparativ und {-est} für den Superlativ: *big – bigger – biggest, hard – harder – hardest, polite – politer – politest.*
- periphrastische Steigerung <437> mit Hilfe der Wörter *more* für den Komparativ und *most* für den Superlativ: *polite – more polite – most polite, beautiful – more beautiful – most beautiful, quickly – more quickly – most quickly.*

Einsilbige Adjektive bzw. Adverbien werden in der Regel flektiert; viele zweisilbige (v. a. Adjektive auf *-y*: *easy*, *-ow*: *narrow*, *-le*: *able*, *-er*: *clever*, *-ure*: *mature*) können sowohl flektierte als auch periphrastische Steigerungsformen bilden; drei- und mehrsilbige Adjektive und als Adjektive gebrauchte Partizipien (*worn*) haben nur periphrastische Formen.

Einige Adjektive werden durch Suppletivformen <318> gesteigert (z. B. *good – better – best*; *ill – worse – worst*).

Steigerung ist nur bei sog. gradierbaren Adjektiven <401> möglich; nicht-gradierbare Adjektive können nicht gesteigert werden:

*This power station is more nuclear than the new one.
*He is deader.

447 Substantiv/Nomen (Noun)

Wortklasse, die u. a. durch folgende Kriterien bestimmt werden kann:
(i) Pluralbildung: *boat – boats; postman – postmen*
(ii) Genitivbildung: *a boat's keel – the postman's bike*
(iii) Vorkommen nach Artikeln: *a boat – the postman*

Nicht jedes Substantiv erfüllt alle diese Kriterien.

Ein semantischer Definitionsansatz etwa vom Typ 'Wortklasse, die Gegenstände bezeichnet' ist angesichts von Substantiven mit abstrakter Bedeutung (*beauty, kindness*) nicht befriedigend.

Aufgrund formaler Kriterien ergibt sich eine Subklassifizierung der Substantive in Eigennamen und *common nouns*:

EIGENNAME (PROPER NOUN): Substantiv, das nicht in vollem Umfang Kontrast zwischen verschiedenen Typen des Artikels oder zwischen Singular und Plural zuläßt.

Exeter, *an Exeter, *the Exeter, *some Exeter, *Exeters;
the Alps, *Alps, *an Alp;
Smith, *a Smith, the Smiths

Eigennamen können auch dadurch charakterisiert werden, daß sie nur über einen Referenten <519>, im Gegensatz zu *common nouns* aber nicht über eine Bedeutung verfügen.

■ **COMMON NOUNS** umfassen zwei Gruppen:

ZÄHLBARES SUBSTANTIV (COUNT NOUN): Substantiv, das
- mit dem unbestimmten und dem bestimmten Artikel sowie im Plural vorkommt,
- nicht ohne Determiner oder mit schwach betontem *some* als Determiner vorkommt.

a train, the train, trains, *train, *some train

NICHT-ZÄHLBARES SUBSTANTIV (UNCOUNT(ABLE) NOUN/ NON-COUNT NOUN/MASS NOUN): Substantiv, das
- ohne Determiner <411>, mit bestimmtem Artikel oder mit schwach betontem *some* als Determiner vorkommt,
- nicht mit unbestimmtem Artikel oder im Plural vorkommt.

equipment, the equipment, some equipment, *an equipment, *equipments

In gewisser Weise werden durch *count nouns* Gegenstände als einzeln und zählbar und durch *non-count nouns* als unzählbares Kontinuum bzw. als Masse gesehen. Dennoch handelt es sich bei der Unterscheidung von *count* und *non-count* um eine grammatische Differenzierung; denn daß etwa *information* im Englischen *noncount*, *Information* im Deutschen dagegen *count* ist, ergibt sich aus den unterschiedlichen formalen Eigenschaften (**informations* – *Informationen* etc.).

Eine Reihe von Substantiven kann sowohl als *count nouns* wie als *non-count nouns* verwendet werden:

Could I have a/some whisky, please?
They have not had much experience – They have had several odd experiences.

Im Deutschen wird der Terminus **NOMEN** manchmal synonym mit Substantiv, manchmal aber auch in einem weiteren Sinne für alle deklinierbaren Wortklassen, v. a. für Substantive und Adjektive, aber auch für Pronomina, Numeralia und Artikel verwendet.

Syntax (Syntax) 448

> Teilgebiet der Sprachwissenschaft, das den Aufbau von Sätzen aus Wörtern analysiert und deren Form und Funktion <105> sowie ihre Beziehungen untereinander beschreibt.

Für die Satzanalyse wurden von den verschiedenen sprachwissenschaftlichen Schulen verschiedene Satzmodelle und Darstellungsmethoden entwickelt. Aus der traditionellen Grammatik <922> stammen etwa die Satzglied- und Wortklassenbezeichnungen sowie die grammatischen Kategorien (Kasus, Genus, Modus etc.) <419>. Der amerikanische Strukturalismus Bloomfields <901> entwickelte das nach rein formalen Gesichtspunkten ausgerichtete, die Bedeutung ausklammernde Analyseverfahren der Konstituentenanalyse <909>. Chomsky (1957) definierte in seinem Modell der Transformationsgrammatik <907> Syntax als "the study of the principles and processes by which sentences are constructed in particular languages", d. h. als Komplex von Satzerzeugungs- und Transformationsregeln.

Die Grammatiken der Quirk-Schule (GCE, UGE, CGEL) berücksichtigen Begriffe und Methoden aus allen diesen Ansätzen, betonen jedoch darüberhinaus noch den situativen Kontext <608> bzw. die kommunikative Funktion sprachlicher Äußerungen, eine Vorgehensweise, wie sie für den britischen Kontextualismus <902> charakteristisch ist.

449 Tag-Question

> Konstruktion aus Operator <433> (+ *not*) + Pronomen, die an einen Aussagesatz <444> angehängt wird.

Je nachdem, ob Aussagesatz und *tag* affirmativ oder negiert sind, und ob die Intonation des *tag* steigend oder fallend ist, kann die Konstruktion verschiedene Bedeutungen haben (vgl. CGEL 11.4–11.23).

AUSSAGESATZ	TAG	INTONATION	BEDEUTUNG
positiv	negativ	steigend	Frage nach Bestätigung
negativ	positiv		
He likes his job, doesn't he? Nobody was watching me, were they?			
positiv	negativ	fallend	Bestätigung wird erwartet, keine echte Frage
negativ	positiv		
It is beautiful weather, isn't it? He can't really help it, can he?			
positiv	positiv	steigend	Schlußfolgerung des Sprechers
negativ	negativ		
You have had an accident, have you? So you call that hard work, do you?			(sarkastisch)
imperative	positive	steigend	
Come over here, will you? Hold this for me, would you?			Abschwächung des Imperativs

Transitiv – Intransitiv (Transitive – Intransitive) 450

Je nachdem, ob ein Verb mit einem direkten Objekt gebraucht wird oder nicht, wird in der traditionellen Grammatik zwischen transitiven und intransitiven Verben unterschieden.

Transitives Verb

Verb, das ein direktes Objekt erfordert.

Intransitives Verb

Verb, das kein direktes Objekt erfordert.

Danach sind folgende Verben transitiv:

She loves her boyfriend.
Good students enjoy linguistics.
He made her a cup of tea.
She put the book on the table.

Intransitiv sind die Verben in folgenden Sätzen:

Della sleeps.
She lives in London.
She works nine hours a day.
He is a fool.
He seems stupid.

Kopulaverben wie *be* werden auch traditionell häufig nicht zu den intransitiven Verben gerechnet.

Diese traditionelle Einteilung wird in modernen Grammatiken, insbesondere in den Grammatiken der Quirk-Schule weiter spezifiziert; es werden dabei im wesentlichen fünf Typen von Verben unterschieden:

INTRANSITIVES VERB (INTRANSITIVE VERB): Verb, das nur mit dem Subjekt und keinem weiteren obligatorischen Element vorkommt.

SV They laughed.
They arrived (on time).
She slept (during my class).

Transitive Verben werden in der CGEL weiter unterteilt in:

> **MONOTRANSITIVES VERB (MONOTRANSITIVE VERB)**: Verb, das ein direktes Objekt erfordert.

SVO He loves her.
He likes talking about dictionaries.
They like students to prepare classes.
He objected to the analysis.
He admitted that the haggis was nice.
They remembered what he had said.

> **DITRANSITIVES VERB (DITRANSITIVE VERB)**: Verb, das mit direktem Objekt und indirektem Objekt vorkommt.

SVOO He made her a cup of tea.
She told him that she loved him.
She reminded him of his former girl-friend.

> **KOMPLEX-TRANSITIVES VERB (COMPLEX TRANSITIVE VERB)**: Verb, das mit direktem Objekt und *object complement* <445> oder Adverbiale auftritt.

SVOC He considered her an excellent student.
She regarded him as a very boring teacher.

SVOA She left the papers in her office.
They watched him do it.

In den Grammatiken der Quirk-Schule werden Fälle wie *He objected to the analysis* als sog. monotransitive *prepositional verbs* <488>analysiert.

Von intransitiven und transitiven Verben werden geschieden:

> **KOPULAVERB (COPULAR VERB)**: Verb, das in Konstruktionen mit einem *subject complement* oder einer obligatorischen Adverbiale, aber nicht mit Objekt vorkommt.

SVC You are a student.
He became rather old.

Für Kopulaverben werden gelegentlich auch die Termini **LINKING VERB** (etwa in der *Communicative Grammar* oder in LDOCE), **LINK VERB** (in der Cobuild Grammatik) oder **INTENSIVE VERB** (GCE und UGE) verwendet. Von den *intensive verbs* werden die **EXTENSIVE VERBS** abgegrenzt, die die transitiven sowie die intransitiven Verben umfassen.

Die traditionelle Unterscheidung von transitiven und intransitiven Verben ist oft kritisiert worden, weil sie nur eine sehr grobe Klassifikation darstellt und keine genaue Beschreibung der Verbvalenz <451> ermöglicht. Die Einteilungen in CGEL, GCE, UGE oder LDOCE differenzieren zwar wesentlich feiner, erscheinen aber auch nicht in jeder Hinsicht glücklich. Auch die dort verwendete Terminologie kann nicht als allgemein akzeptiert bezeichnet werden.

Die Kopula *be* (deutsch *sein*) wird traditionell, vor allem bei diachroner Betrachtungsweise auch als **VERBUM SUBSTANTIVUM** bezeichnet.

Viele Verben können sowohl transitiv als auch intransitiv verwendet werden (vgl. etwa *Cobuild English Grammar* 3.47–68). Wenn dabei bei der intransitiven Verwendung das Subjekt dem Objekt der transitiven Verwendung entspricht, wird (etwa in der *Cobuild English Grammar* 3.60) von **ERGATIVEN VERBEN (ERGATIVE VERBS)** gesprochen: *She rang the bell – The bell rang; Peter reads a book – The book reads well.*

Die Cobuild-Grammatik (3.69–73) identifiziert in diesem Zusammenhang einen Typ der **RECIPROCAL VERBS**, die sowohl transitiv (*He met her, She kissed him*) als auch intransitiv (*They met; They kissed*) verwendet werden können, wobei in intransitiver Verwendung das Subjekt im Plural stehen muß.

In der *Cobuild English Grammar* (3.27–32) werden als besondere Gruppe der transitiven Verben sog. **REFLEXIVE VERBS** eingeführt, bei denen das direkte Objekt ein Reflexivpronomen ist (bei Referenzidentität mit dem Subjekt) (*She enjoyed herself enormously*).

Valenz/Wertigkeit (Valency) 451

Zahl der obligatorischen und fakultativen Ergänzungen, die in einem kontextfreien Aussagesatz von einem Wort (einem Verb, Adjektiv oder Substantiv) abhängen.

OBLIGATORISCHE ERGÄNZUNGEN (OBLIGATORY COMPLEMENTS): Glieder, die nicht weggelassen werden können, ohne daß der Satz ungrammatisch wird oder sich die Bedeutung des regierenden Elements entscheidend verändert.

In einem Satz wie *They enjoyed the haggis* sind also sowohl *they* als auch *the haggis* obligatorische Ergänzungen von *enjoy*, da weder **They enjoyed* noch **enjoyed the haggis* einen grammatischen Satz darstellen. *Enjoy* ist also obligatorisch zweivalent.

Im Falle von *She considered the plan clever* hat *consider* in der Bedeutung 'halten für' die drei obligatorischen Ergänzungen *she*, *the plan* und *clever*. *She considered the plan* ist zwar ebenfalls ein grammatischer Satz, aber hier wird *consider* in der Bedeutung 'erwägen' gebraucht. In der Bedeutung 'halten für' ist *consider* also obligatorisch dreivalent, in der Bedeutung 'erwägen' hingegen obligatorisch zweivalent.

> **FAKULTATIVE ERGÄNZUNGEN (OPTIONAL COMPLEMENTS)**: Glieder, die weggelassen werden können, aber als spezifische Konstruktionen des regierenden Verbs, Adjektivs oder Substantivs anzusehen sind.

Read in *She is reading (a book)* besitzt eine obligatorische Ergänzung und eine fakultative Ergänzung; es ist hier also obligatorisch ein- und fakultativ zweivalent.

Von den Ergänzungen unterschieden werden **FREIE ANGABEN (PERIPHERAL ELEMENTS/ADJUNCTS)**, die nicht zur Valenz des regierenden Elements gerechnet werden, weil sie in ihrem Vorkommen nicht von diesem bestimmt sind: Sie sind sowohl deletierbar als auch frei hinzufügbar (soweit keine generellen semantischen Restriktionen bestehen). Während Ergänzungen in der Form durch das regierende Element bestimmt sind (*avoid eating/*to eat the haggis* vs. *manage to eat/*eating the haggis*), ist das bei Angaben nicht der Fall.

In einem Satz wie *Alcohol is not available to people under 18* ist also *to people under 18* eine fakultative Ergänzung, weil die Präposition *to* von *available* bestimmt wird. Dagegen ist *at the bar* in *Alcohol is available at the bar* eine Angabe, denn es ist von der Form her nicht von *available* bestimmt: *Alcohol is available on the first floor/in the pub/there* etc.. Diese Angaben sind außerdem frei an andere Sätze hinzufügbar: *She slept there/on the first floor/in the pub* etc..

Für die Unterscheidung von Ergänzungen und Angaben sind eine Reihe von Kriterien vorgeschlagen worden, die sich alle als nicht vollkommen befriedigend erwiesen haben, da zwischen Ergänzungen und Angaben letztlich wohl keine scharfe Grenze, sondern eher ein gradueller Unterschied anzusetzen sein dürfte.

Die Valenztheorie geht auf K. Bühler und L. Tesnière zurück und wurde vor allem in der deutschen Linguistik weiterentwickelt, findet aber allmählich auch in die angelsächsische Sprachwissenschaft Eingang.

Literatur: Matthews (1981), Allerton (1982).

Verb (Verb) 452

> Wortklasse, deren Elemente hinsichtlich der grammatischen Kategorien <419> Tempus, Aspekt, Modus, Genus verbi morphologisch markiert sind.

Semantisch bezeichnen viele Verben Handlungen, Tätigkeiten oder Vorgänge. Dennoch ist eine semantische Charakterisierung der Wortklasse Verb etwa als „Tätigkeitswort" insofern unbefriedigend, als man darüber streiten kann, inwieweit manche Verben wirklich Tätigkeiten oder Vorgänge (vgl. *sleep, know*) beschreiben, andererseits Substantive wie *sleep* auf diese Weise auch nur schwer auszugrenzen sind.

Innerhalb der Wortklasse der Verben kann man folgende Unterscheidungen treffen:

> **VOLLVERB (FULL/LEXICAL/MAIN VERB)**: Verb, das in einem grammatischen Satz allein das Prädikat darstellen kann.

In Verbalphrasen erfüllt das Vollverb immer die Funktion des *head* <439>. Ihm können bis zu 4 Hilfsverben vorausgehen.

Die CGEL (2.28, 3.1) verwendet den Terminus **MAIN VERB** für die *heads* von Verbalphrasen. Dazu gehören sowohl die **FULL VERBS**, die nur in dieser Funktion verwendet werden, als auch die **PRIMARY VERBS** *be, do, have*, die sowohl *main verb* (*She was in Scotland*) als auch *auxiliary verb* (*She was reading*) sein können.

> **HILFSVERB (AUXILIARY VERB)**: Verb, das nur zusammen mit einem Vollverb gebraucht werden kann und dabei stets vor dem Vollverb steht.

Hilfsverben unterscheiden sich von Vollverben darüberhinaus durch folgende syntaktische Merkmale:

- sie bilden die Verneinung ohne *do*-Umschreibung vor *not*, wobei kontrahierte Formen auftauchen können: *The train hasn't arrived yet. He couldn't come.*
- Frageformen werden durch Inversion <423> ohne *do*-Umschreibung gebildet: *Will the train arrive on time*?

CGEL (3.23–29) führt noch eine Reihe weiterer Kriterien zur Bestimmung von Hilfsverben an; z. B. daß sie im Gegensatz zu Vollverben vor Adverbien wie *always* oder *never* stehen können (*She would always be late*) oder daß im Falle von *all* oder *both* bei Hilfsverben Nachstellung möglich ist (*They all went/*went all to see the play. – They all will/will all go and see the play*).

Zu den Hilfsverben gehören die *primary verbs* der CGEL *be*, *have*, *do*, sowie die

MODALVERBEN/MODALEN HILFSVERBEN (MODAL VERBS/ MODAL AUXILIARIES): Hilfsverben,

- die normalerweise durch ein Verb im Infinitiv ergänzt werden, und zwar (außer bei *used to* und *ought to*) durch einen Infinitiv ohne *to* (*She will arrive in three quarters of an hour. She ought to prepare her examinations*).
- selbst über keine infiniten Formen (Infinitiv, Partizipien) verfügen,
- in der 3. Person Singular Präsens morphologisch nicht markiert sind, (*She cannot do that.*)
- nicht in vollem Ausmaß Tempora bilden.

Es ist zumindest zweifelhaft, ob *might* und *would* als *past-tense*-Formen von *may* und *will* anzusehen sind, nachdem der Unterschied zwischen *She may marry him* und *She might marry him* im Bereich der Modalität und nicht des Tempus liegt.

"The question is," said Humpty Dumpty, "which is to be master – that's all." Alice was too much puzzled to say anything, so after a minute Humpty Dumpty began again. "They've a temper, some of them – particularly verbs, they're the proudest – adjectives you can do anything with, but not verbs – however, I can manage the whole lot of them!"

Lewis Carroll: *Through the Looking Glass* (1872)

453 Wortklasse/Wortart (Word Class/Part of Speech)

Gruppe von Wörtern einer Sprache, die aufgrund bestimmter semantischer, syntaktischer oder morphologischer Kriterien bestimmt werden kann.

Man unterscheidet offene und geschlossene Wortklassen:

OFFENE KLASSE (OPEN CLASS): Wortart, die prinzipiell durch Neuschöpfungen oder Wortbildungen erweiterbar ist.

GESCHLOSSENE KLASSE (CLOSED CLASS): Wortart, bei der die Zahl der Elemente begrenzt ist.

Für das Englische werden im allgemeinen folgende Wortarten angesetzt:

offene Wortklassen:	noun (Substantiv)	<447>
	adjective (Adjektiv)	<401>
	adverb (Adverb)	<402>
	full verb (Vollverb)	<452>
geschlossene Wortklassen:	determiner (Determiner)	<411>
	pronoun (Pronomen)	<441>
	preposition (Präposition)	<440>
	conjunction (Konjunktion)	<426>
	auxiliary verb (Hilfsverb)	<452>
	interjection (Interjektion)	<422>
	numeral (Numerale)	<432>

Numeralia und Interjektionen werden in der CGEL (2.34) als Sonderfälle eingeordnet, die weder den offenen noch den geschlossenen Wortklassen zugerechnet werden können.

Die Einteilung der englischen Wortklassen sowie deren Bezeichnungen gehen weitgehend auf die traditionelle Klassifizierung von Dionysios Thrax (2. Jahrhundert vor Chr.) zurück, der bereits acht Wortklassen unterscheidet (Nomen, Verb, Partizip, Artikel, Adverb, Pronomen, Präposition, Konjunktion). Während das Hauptkriterium der Definition in der traditionellen Sprachwissenschaft jedoch in erster Linie der Bezug zur außersprachlichen Wirklichkeit war (z. B. Substantiv = „Dingwort“, Verb = „Tunwort“), versucht die moderne deskriptive Sprachwissenschaft des 20. Jahrhunderts eine konsequente Einteilung der Wortarten allein aufgrund innersprachlicher, formaler oder distributioneller Kriterien, was sich jedoch ebenfalls nicht allgemein durchgesetzt hat.

> *If the decision is arbitrary... then perhaps there is no one answer – but people should at least be aware of this weakness and limitation of the word class concept, and note the extent to which decisions become little more than a matter of linguistically sophisticated taste.*
>
> David Crystal (1967: 29)

454 Wortstellung (Word Order)

> Die lineare Abfolge von Wörtern als Träger bestimmter syntaktischer Funktionen innerhalb eines grammatischen <101> Satzes.

Der Grad der Freiheit der Wortstellung ist von Sprache zu Sprache verschieden und dient auch als Kriterium zur Einteilung in Sprachtypen <118>. Bei synthetischen Sprachen <118> (Latein, Deutsch) ist die Wortstellung relativ frei, da die Satzfunktionen weitgehend durch Flexionsendungen zum Ausdruck gebracht werden. Im Lateinischen kann ein Satz wie *Nero interfecit Aggripinam* umgestellt werden zu *Aggripinam interfecit Nero*, ohne daß sich die Bedeutung ändert. Ähnlich verhält es sich im Deutschen bei *Der Zeuge erkannte den Täter* und *Den Täter erkannte der Zeuge*. Bei analytischen Sprachen <118> wird die Markierung der Satzfunktion von der Stellung eines Wortes im Satz übernommen. Das Englische ist also eine weitgehend analytische Sprache, da die Wortstellung in einem Satz wie *The butler killed the landlady* nicht geändert werden kann, ohne daß auch die Bedeutung sich ändert: *The landlady killed the butler*.

Empfohlene einführende Lektüre zu diesem Kapitel

CGEL (1985); CGE (1975); Leech (1971); Palmer (1982).

Aufgaben

Der folgende Textausschnitt über Henry VIII und die englische Reformation stammt aus *1066 and all that*, einer sehr lesenswerten, humoristischen Darstellung der englischen Geschichte.

The Restoration

Henry wanted the Pope to give him a divorce from his first wife, Katherine. He wanted this because

(a) she was Arrogant.
(b) he had married her a very long time ago.
(c) when she had a baby it turned out to be Broody Mary, and Henry wanted a boy.
(d) he thought it would be a Good Thing.

The Pope, however, refused, and seceded with all his followers from the Church of England. This was called the Restoration.

F41 Bestimmen Sie die direkten Objekte von *want* in Zeile 2 und Zeile 3.

F42 Analysieren Sie den Satz *When she had a baby it turned out to be Broody Mary* in bezug auf seine Satzglieder. Welches Kriterium für direkte Objekte ist bei *a baby* nicht gegeben?

F43 Analysieren Sie *He wanted this because, when she had a baby, it turned out to be Broody Mary, and Henry wanted a boy* im Rahmen der Terminologie der CGEL als *compound* oder *complex sentence*.

F44 Bestimmen Sie die Wortklasse von *this* in Z. 3 und Z. 10.

F45 Geben Sie alle im Text vorkommenden Konjunktionen an.

F46 *The Pope, however, refused, and seceded with all his followers from the Church of England.*

Geben Sie (a) alle Adverbien und (b) alle Adverbiale dieses Satzes an.

F47 (a) Welchen Verbklassen würden die Quirk-Grammatiken die Verben *want* (Z. 2), *refuse (Z. 9), secede* (Z.9) zuordnen?

(b) Wie klassifiziert die Valenzgrammatik diese Verben?

F48 Inwiefern wäre es im Rahmen der Terminologie der CGEL falsch, eine Form wie *You will like Edinburgh* als Futur zu bezeichnen?

F49 Geben Sie im folgenden Satz
(a) die Satzglieder des Hauptsatzes und
(b) die Struktur der ersten Präpositionalphrase an:

On the little branch line which starts at Wockley Junction and conveys passengers to Eggmarsh St John, Ashenden Oakshott, Bishop's Ickenham and other small and somnolent hamlets the early afternoon train had just begun its leisurely journey.

5 Semantik und Pragmatik

501 Aktionsart (Aspect/Aktionsart)

Semantische Kategorie zur Beschreibung von Verben hinsichtlich einer in ihrer Wortbedeutung enthaltenen zeitlichen Komponente.

Es wird u. a. zwischen folgenden Aktionsarten unterschieden:

INCHOATIV (INCHOATIVE/INCEPTIVE): Aktionsart, bei der der Beginn einer Handlung oder eines Geschehens ausgedrückt wird.

Inchoative Verben sind z. B.: *awake*, *arise*, *start*.

DURATIV (DURATIVE): Aktionsart, bei der der Verlauf einer Handlung oder eines Geschehens ausgedrückt wird.

Durative Verben sind z. B.: *rain*, *sleep*, *play*, *drink*.

PERFEKTIV/TERMINATIV (PERFECTIVE): Aktionsart, bei der das Ende einer Handlung oder eines Geschehens ausgedrückt wird.

Perfektive/terminative Verben sind z. B.: *arrive*, *lose*.

PUNKTUELL (PUNCTUAL/MOMENTARY): Aktionsart, bei der eine Handlung oder ein Geschehen praktisch keine zeitliche Ausdehnung hat.

Punktuelle Verben sind z. B.: *explode*, *hit*, *kick*.

ITERATIV (ITERATIVE): Aktionsart, bei der eine Handlung oder ein Geschehen aus sich ständig wiederholenden Einzelabläufen besteht.

Iterative Verben sind z. B.: *hammer*, *hop*.

Die Einteilung der Aktionsarten und die entsprechende Terminologie variiert in verschiedenen Beschreibungsansätzen, wobei die deutschen Termini in der englischen Linguistik nicht sehr etabliert sind. Dort wird eine semantische Klassifikation der Verben oft unter anderen Gesichtspunkten (u. a. *stative – dynamic* <413>) durchgeführt, vgl. etwa die *situation types* der CGEL (4.27–35).

In der englischen Linguistik wird häufig nicht genau zwischen Aspekt <406> und Aktionsart unterschieden; gelegentlich wird der Terminus *aspect* auch für Aktionsart verwendet. Der Unterschied zwischen diesen beiden Kategorien besteht darin, daß sich Aktionsart auf die lexikalische Bedeutung eines Wortes bezieht, während es sich bei Aspekt um eine grammatische Kategorie handelt, die formal – im Englischen durch Kontrast von *simple* und *progressive form* einerseits und *perfektive* und *non-perfective form* andererseits – ausgedrückt wird.

Ambiguität (Ambiguity) 502

Mehrdeutigkeit; Tatsache, daß ein Satz oder ein Wort über mehrere Bedeutungen verfügt.

Dabei treten folgende Fälle auf:

LEXIKALISCHE AMBIGUITÄT (LEXICAL AMBIGUITY): Mehrdeutigkeit, die sich aus der Bedeutung eines Wortes (Polysemie <515>) ergibt.

He thought that one pound was too much ('Geld' – 'Gewicht').

STRUKTURELLE ODER GRAMMATISCHE AMBIGUITÄT (STRUCTURAL OR GRAMMATICAL AMBIGUITY): Mehrdeutigkeit, die sich daraus ergibt, daß ein Satz auf verschiedene Weisen syntaktisch analysiert werden kann.

She loves visiting professors ('Professoren zu besuchen' – 'Gastprofessoren');
a beautiful girl's dress ('schönes Mädchenkleid' – 'Kleid eines schönen Mädchens');
flying planes can be fun ('fliegende Flugzeuge' – 'Das Fliegen von Flugzeugen');
I love you more than anybody else ('mehr als irgend jemand anderen' – 'mehr als irgend jemand anderer').

Häufig werden ambige Sätze durch den Kontext disambiguiert. Dabei besteht ein Unterschied zwischen geschriebener und gesprochener Sprache: Sätze, die in der geschriebenen Sprache ambig sind, können in der gesprochenen Sprache aufgrund ihrer Intonation <217> eindeutig interpretiert werden.

In der Transformationsgrammatik <907> wird strukturelle Ambiguität dadurch aufgelöst, daß zwei verschiedene Tiefenstrukturen für dieselbe Oberflächenstruktur <121> angesetzt werden.

503 Antonymie (Antonymy)

> Relation zwischen zwei Wörtern, die einen Bedeutungsgegensatz ausdrückt.

Zum Teil (z. B. bei Lyons 1968: 460–70, Palmer 1981: 94–100 oder Kastovsky 1982: 131–6) wird zwischen verschiedenen Typen von Bedeutungsopposition unterschieden, nämlich **ANTONYMIE (ANTONYMY)**, **KOMPLEMENTARITÄT (COMPLEMENTARITY)** und **KONVERSER RELATION (CONVERSENESS/ RELATIONAL OPPOSITION)**:

- Zwei Lexeme <305> sind **ANTONYM**, wenn sie auf einer gradierbaren Skala entgegengesetzte Positionen einnehmen. Entsprechend sind *good – bad, light – dark, big – small, hot – cold* Antonyme. Dabei erschöpft sich der Gegensatz nicht in den beiden Antonymen, sondern die Skala *hot – cold* erlaubt Zwischenstufen wie *warm, lukewarm* etc., so daß *It is not hot* nicht *It is cold* impliziert.
- Zwei Lexeme sind **KOMPLEMENTÄR**, wenn zwischen ihnen ein Bedeutungsgegensatz besteht, der beinhaltet, daß die Verneinung des einen Lexems in bezug auf einen bestimmten Sachverhalt die Gültigkeit des anderen Lexems impliziert. Aus *Queen Elizabeth was not married* folgt *Queen Elizabeth was single*. Komplementäre Lexeme bezeichnen damit binäre Gegensätze.
- Zwei Lexeme sind **KONVERS**, wenn mit ihnen derselbe Sachverhalt aus verschiedenen Perspektiven beschrieben werden kann. *Husband* und *wife* oder *sell* und *buy* sind konverse Lexeme, weil Sätze wie *Mary Stuart was Darnley‘s wife* und *Darnley was Mary Stuart‘s husband* bzw. *She bought the book from him* und *He sold the book to her* denselben Sachverhalt beschreiben, wobei die Richtung der Betrachtungsweise verschieden ist. Im Rahmen der Kasusgrammatik <910> kann das so formuliert werden, daß sich konverse Lexeme bei gleichzeitiger Vertauschung ihrer Argumente implizieren.

Diese Terminologie kann nicht als allgemein etabliert betrachtet werden. Hansen, Hansen, Neubert und Schentke (1985) unterscheiden beispielsweise nur zwischen Antonymie und Komplementarität.

504 Äußerung (Utterance)

> Sprachliche Einheit, die aus einem oder mehreren Sätzen (oder Wörtern) besteht und in einer bestimmten Kommunikationssituation mit einer bestimmten Sprecherintention hervorgebracht wird.

Leech (1983: 14) weist die Äußerung der pragmatischen Ebene, den Satz der Ebene der Grammatik zu. Äußerungen können demnach in diesem Sinn als

Realisationen von Sätzen in bestimmten Kontexten gesehen werden. Ähnlich ist – etwa bei Chomsky – der Unterschied zwischen Äußcrung und Satz als analog zu dem zwischen Performanz und Kompetenz <108> beschrieben worden.

Performative Äußerung (Performative Utterance): Äußerung, deren Vollzug einen integrativen Bestandteil einer außersprachlichen Handlung darstellt.

Beispiele für performative Äußerungen sind etwa *I name this ship the 'Hebridean'*, *I baptize you*, *I apologize*, *I bet* usw.. Dabei wird eine außersprachliche Handlung, also Taufe oder Wetten, nur dadurch vollzogen, daß eine entsprechende sprachliche Äußerung (eventuell mit einer begleitenden Handlung wie dem Zerschlagen einer Flasche bei der Schiffstaufe) stattfindet. Performative Äußerungen können nicht wahr oder falsch sein. Zu den Bedingungen für ihr Gelingen zählt aber z. B., daß sie das Pronomen *I* mit einem Verb im Präsens enthalten, daß der Sprecher autorisiert ist, die entsprechende Handlung durchzuführen etc..

Die Analyse von performativen Äußerungen spielt in der Sprechakttheorie <525>, etwa bei Austin (1962), eine große Rolle.

Verben wie *warn*, *bet*, die den illokutionären Akt <525> explizit ausdrücken, werden entsprechend als **PERFORMATIVE VERBEN (PERFORMATIVE VERBS)** bezeichnet.

Bedeutung (Meaning) 505

Bestandteil eines sprachlichen Zeichens <117>, der fest mit dessen Form (Phonemkette) verbunden ist und die inhaltliche Vorstellung, die die Sprecher einer Sprache mit dieser Form verbinden, zum Ausdruck bringt <semiotisches Dreieck 523>.

Es gibt in der Sprachwissenschaft keine allgemein akzeptierte Bedeutungsdefinition. Wesentlich ist die Trennung von Bedeutung und Referenz <519>, wobei es sich bei Bedeutung um einen Bestandteil des sprachlichen Zeichens handelt, während Referenz die Beziehung zwischen dem sprachlichen Zeichen und den außersprachlichen Gegenständen darstellt.

Bedeutung kann extensional und intensional gefaßt werden:

EXTENSION (EXTENSION): Klasse der Gegenstände, Sachverhalte etc., die mit einem sprachlichen Zeichen bezeichnet werden können.

INTENSION (INTENSION): Semantische Merkmale eines sprachlichen Zeichens, mit denen seine Bedeutung (innersprachlich) beschrieben werden kann.

Die Extension von *train* wäre also die Menge aller Züge, die Intension von *train* ließe sich durch die Angabe von Merkmalen wie 'Schienenfahrzeug, zum Transport von Gütern und Personen geeignet' bestimmen (vgl. dazu Brekle 1972: 54–59).

In der Linguistik wird häufig zwischen verschiedenen Arten von Bedeutung unterschieden:

DENOTATIVE BEDEUTUNG (DENOTATIVE/CONCEPTUAL/COGNITIVE MEANING): Grundbedeutung, die alle wesentlichen semantischen Merkmale enthält, die zur Abgrenzung von den Bedeutungen anderer sprachlicher Zeichen nötig sind, und von individuellen Assoziationen frei ist.

Beispielsweise kann die denotative Bedeutung von *woman* durch die semantischen Merkmale '+ human', '– male', '+ adult' angegeben werden. Dadurch läßt sich *woman* gegenüber *man* ('+ male'), *girl* ('– adult') usw. abgrenzen.

KONNOTATIVE BEDEUTUNG (CONNOTATIVE MEANING): Individuelle Assoziationen in bezug auf den Gegenstand, den ein sprachliches Zeichen bezeichnet.

Im Falle von *woman* könnten Assoziationen wie 'zartes Geschlecht', 'sanft', 'emotional' als Konnotation bezeichnet werden, wobei solche Assoziationen individuell, kulturell und historisch stark variieren. Im Gegensatz zu den Merkmalen, die die denotative Bedeutung bestimmten, ist die Zahl möglicher Konnotationen unbegrenzt.

Zum Teil wird Bedeutung noch weiter differenziert. Leech (1981: 9–24) führt z. B. sieben Bedeutungstypen an, wozu neben *conceptual meaning* und *connotative meaning* die folgenden zählen:

- **SOCIAL MEANING**, womit Bedeutungsunterschiede hinsichtlich Stil und Sprechergruppe (Sozialstatus, Dialekt, etc.) abgedeckt werden, wie sie etwa zwischen Wörtern wie *diminutive* (very formal), *tiny* (colloquial) und *wee* (colloquial, dialect) bestehen.
- **AFFECTIVE MEANING**, wodurch die gefühlsmäßige Einstellung des Sprechers gegenüber einer Person oder Sache zum Ausdruck gebracht wird (also etwa *Shut the window* vs. *Would you mind shutting the window, please*?)

- **REFLECTED MEANING**, womit gemeint ist, daß ein sprachliches Zeichen mehrere denotative Bedeutungen hat, von denen die eine beim Gebrauch mitschwingt, auch wenn im Kontext eindeutig die andere gemeint ist (wenn also z. B. *intercourse* kaum verwendet werden kann, ohne die sexuelle Bedeutung zu evozieren).
- **COLLOCATIVE MEANING**, womit auf Bedeutungsunterschiede Bezug genommen wird, die sich daraus ergeben, daß manche Wörter bevorzugt mit bestimmten anderen vorkommen <Kollokation 511>, was z. B. zur Folge hat, daß *handsome*, das vorwiegend mit *man*, *boy* usw. vorkommt, in der Verbindung *handsome woman* nicht synonym mit *pretty woman* ist.
- **THEMATIC MEANING**, womit allein auf die Satzbedeutung Bezug genommen wird, und zwar auf Unterschiede in der Informationsstruktur, z. B. durch die Wortstellung (*They stopped at the end of the corridor – At the end of the corridor they stopped*).

Homonymie (Homonymy) 506

Relation zwischen sprachlichen Zeichen mit unterschiedlichen Bedeutungen, aber derselben Aussprache und Schreibung.

ear 'Ohr' – *ear* 'Ähre'; *bank* 'Geldinstitut' – *bank* 'Ufer'.

Homonymie kann als Sonderfall sowohl der Homographie <214> als auch der Homophonie <215> aufgefaßt werden.

Die Abgrenzung zwischen Homonymie und Polysemie <515> ist nicht immer eindeutig möglich.

Hyponymie (Hyponymy) 507

Relation zwischen zwei sprachlichen Zeichen, von denen eines (das Hyponym) in der Weise eine spezifischere Bedeutung besitzt, daß es nicht nur über alle Bedeutungsmerkmale des anderen sprachlichen Zeichens (des Hyperonyms), sondern darüber hinaus über weitere Bedeutungsmerkmale verfügt.

HYPERONYM (SUPERORDINATE): Sprachliches Zeichen, dessen Bedeutung einen Teil, aber nicht alle der Bedeutungsmerkmale eines oder mehrerer anderer sprachlicher Zeichen (seiner Hyponyme) enthält; Oberbegriff.

HYPONYM (HYPONYM): Sprachliches Zeichen, das alle Bedeutungsmerkmale eines anderen sprachlichen Zeichens besitzt, sich aber darüber hinaus durch ein oder mehrere zusätzliche Bedeutungsmerkmale von ihm unterscheidet.

Flower ist das Hyperonym zu den Hyponymen *daffodil*, *snowdrop*, *tulip* usw.; *vehicle* das Hyperonym zu den Hyponymen *car*, *bus*, *coach*, *lorry* etc.. Verschiedene Hyponyme, die sich durch nur ein weiteres Bedeutungsmerkmal von ihrem Hyperonym unterscheiden (also etwa *snowdrop*, *tulip* und *daffodil*) sind **KO-HYPONYME (COHYPONYMS)**.

Formal kann die Relation der Hyponymie auch folgendermaßen beschrieben werden: Eine Aussage *This is "hyponym"* (*This is a daffodil*) impliziert eine Aussage *This is "hyperonym"* (*This is a flower*), aber nicht umgekehrt.

In verschiedenen Sprachen können unterschiedliche Hyponymieverhältnisse bestehen: So ist z. B. *potato* ein Hyponym zu *vegetable*, *Kartoffel* aber kein Hyponym zu *Gemüse*.

508 Idiom (Idiom)

Lexem <305>, das aus mehreren Wörtern <317> besteht und dessen Gesamtbedeutung sich nicht aus den Bedeutungen seiner einzelnen Bestandteile erschließen läßt.

give up	'aufgeben'
blow off steam	'Dampf ablassen'
not see the wood for the trees	'den Wald vor lauter Bäumen nicht sehen'
red herring	'falsche Spur'
spill the beans	'alles verraten'

Idiome unterliegen häufig syntaktischen Restriktionen (*They kicked the bucket/ *the buckets. *Some steam was blown off at the party. A *redder herring*) oder sind syntaktisch ohnehin kaum veränderbar (*Don't cross your bridges before you come to them*).

Idiome sind in unterschiedlichem Grad semantisch transparent: Die Bedeutung von *Don't cross your bridges before you come to them* oder *split hairs* ist wohl leichter erschließbar als die von *get on like a house on fire*.

Es besteht ein fließender Übergang zwischen idiomatischen und nicht-idiomatischen Wendungen, wobei sich Berührungspunkte mit Kollokationen <511> ergeben: Cowie, Mackin und McCaig (1983: xii–xiii) beschreiben die Abstufungen der Idiomatizität zwischen *pure idioms* (wie *blow the gaff*), *figurative idioms* (*a narrow shave*), *restricted collocations* oder *semi-idioms* (*a blind alley*) und *open collocations* (*broken window*). Ähnlich ergeben sich Abstufungen des Idiomcharakters von *phrasal verbs*: Bei *pull up* in *Pull the flag up* handelt es sich nicht um ein Idiom, weil die Bedeutungen von *pull* und *up* zur Gesamtbedeutung von *pull up* führen; in Fällen wie *eat up, drink up* etc. ist die Bedeutung des Verbs nicht-idiomatisch, die von *up* läßt sich als 'auf eine Ende zu' beschreiben; bei *give up* ist der Grad der Idiomatisierung am stärksten.

Es gibt eine Reihe von Spezialwörterbüchern für Idiome, wobei vor allem die beiden Bände des *Oxford Dictionary of Current Idiomatic English* (1975 und 1983) eine herausragende lexikographische Leistung darstellen.

Literatur: Cowie/Mackin/McCaig (1983: Vorwort); Götz (1976: 55–66) und Palmer (1981: 79–82).

Illocutionary Force 509

> Der Teil der Bedeutung einer Äußerung <504>, der sich nicht allein aus den Bedeutungen der Wörter des geäußerten Satzes, sondern aus den vom Sprecher mit der Äußerung verbundenen Intentionen ergibt.

Leech (1983: 17) unterscheidet zwischen **SENSE** und **FORCE**, wobei *sense* Bedeutung im semantischen Sinn bezeichnet, *force* aber umfassende Bedeutung sowohl in semantischer <522> wie auch in pragmatischer <516> Hinsicht umfaßt.

Kausatives Verb (Causative Verb) 510

> Verb, das in seiner Bedeutung eine Komponente des 'Verursachens' oder 'Bewirkens' enthält.

So ist *kill* das Kausativum zu *die*; ähnlich *fell* und *fall*. Gelegentlich kann ein Verb sowohl mit kausativer als auch nicht-kausativer Bedeutung vorkommen: *He is cooking the dinner* und *The dinner is cooking*. Suffixe wie *-ize* oder *-ify* können ebenfalls kausative Bedeutung haben: *legalize, modernize*.

511 Kollokation (Collocation)

Häufige, aber nicht zwangsläufige Verbindung zweier oder mehrerer Wörter.

Kollokation bezieht sich dabei auf die Wahrscheinlichkeit, daß bestimmte Wörter einer Sprache miteinander auftreten. Daß etwa Kollokationen wie *pretty woman/girl* häufiger sind als Verbindungen wie *handsome woman/girl* ist auch durch die Bedeutung bedingt: Da *handsome* in der Regel in Kollokationen mit *man, boy* etc. vorkommt, ist es bei *handsome woman* wohl eher im Sinne einer maskulinen Schönheit zu interpretieren. Besonders deutlich wird diese *collocative meaning* <505> dadurch, daß man bei Ausdrücken wie *pretty neighbour* annehmen würde, daß es sich um eine Frau handelt.

Kollokation bezieht sich auf das Vorkommen einzelner Wörter miteinander und nicht wie Kookkurrenz <429> auf die Möglichkeit des Vorkommens bestimmter Klassen von Wörtern.

Beispiele für Kollokationen wären also etwa *dark night* oder *bright sunshine*. Bei vielen Wörtern bestehen Kollokationsrestriktionen, die sich nicht durch die Wortbedeutung erklären lassen: So ist zwar *blond hair* eine gängige Kollokation, ein Auto derselben Farbe könnte aber nicht als **blond car* bezeichnet werden. Ähnlich bestehen im Englischen die Kollokationen *guilty/bad conscience* und *clear conscience*, während **good conscience* etwa im Gegensatz zum deutschen *gutes Gewissen* keine gängige Kollokation darstellt.

Es ist nicht immer zu entscheiden, inwieweit Restriktionen dieser Art durch die Bedeutung der Wörter zu erklären oder als Kollokationsrestriktionen aufzufassen sind. Läßt sich die Tatsache, daß es *flock of sheep*, aber nicht **flock of cows* und *herd of cows*, aber nicht **herd of sheep* heißt, dadurch erklären, daß *flock* und *herd* dieselbe Bedeutung haben, aber bestimmten Kollokationsrestriktionen unterliegen, oder dadurch, daß sich die beiden Substantive bedeutungsmäßig unterscheiden?

Der Gebrauch des Terminus Kollokation variiert in der wissenschaftlichen Literatur stark. Während etwa Hausmann (1985: 118) Kollokation als „typische, spezifische und charakteristische Zweierbeziehung von Wörtern“ sieht (also etwa *false teeth* und *artificial leg*), faßt Sinclair (1966) Kollokation sehr weit und bestimmt sog. *significant collocations* allein aufgrund der überdurchschnittlichen Häufigkeit des gemeinsamen Vorkommens in Texten. Manche Linguisten verwenden Kollokation wesentlich weiter und sprechen dann von Kollokationen, wenn Wörter aufgrund eines äußeren Sachzusammenhangs in einem Text miteinander auftreten (also etwa *hair, comb, curl, wave* oder *poetry, reader, writer, style, literature* etc.). (Halliday/Hasan: 1976:286).

Literatur: Greenbaum (1988).

Kompatibilität – Inkompatibilität (Compatibility – Incompatibility) 512

(Un-)Verträglichkeit bzw. (Nicht-)Kombinierbarkeit zweier sprachlicher Zeichen in einem Satz aufgrund ihrer semantischen Merkmale <524>.

Ein Substantiv wie *whisky* mit dem Merkmal '– animate' ist z. B. mit einem Verb wie *swim* mit dem Merkmal '+ animate' inkompatibel, d. h. ein Satz wie **The whisky swam in the river* ist nicht akzeptabel.

Inkompatibilität bezeichnet auch die Unvereinbarkeit von Aussagen: *green* und *red* sind z. B. insofern inkompatibel, als nicht sowohl der Satz *This is green* als auch der Satz *This is red* wahr sein können.

Konversationsmaximen (Conversational Principles) 513

Verschiedene Prinzipien des sprachlichen Handelns, die postuliert werden, um die Struktur von Dialogen und insbesondere die pragmatische Bedeutung von Äußerungen zu erklären.

Grice (1975: 45–6) führt z. B. folgende Maximen für das sog. **CO-OPERATIVE PRINCIPLE** an:

Quantity:
1. Make your contribution as informative as is required (for the current purposes of the exchange).
2. Do not make your contribution more informative than is required.

Quality:
1. Do not say what you believe to be false.
2. Do not say that for which you lack adequate evidence.

Manner:
1. Avoid obscurity of expression.
2. Avoid ambiguity.
3. Be brief (avoid unnecessary prolixity).
4. Be orderly.

Mit Hilfe solcher Maximen kann man beispielsweise erklären, warum man – etwa bei der Anfrage am Bahnhof, ob alle Züge nach Plymouth in Exeter halten – aus einer Antwort wie
(1) Most trains to Plymouth stop at Exeter
folgern würde
(2) Not all trains to Plymouth stop at Exeter,
obwohl im strikt logischen Sinn Satz (1) auch dann richtig ist, wenn gilt:
(3) All trains to Plymouth stop at Exeter.
Wenn man aber aus Satz (1) die Folgerung (2) zieht – solche Schlußfolgerungen werden als **CONVERSATIONAL IMPLICATURES** bezeichnet – dann weil das Äußern von (1), falls (3) gilt und der Sprecher dies weiß, als eine Verletzung der Maxime „Make your contribution as informative as is required" empfunden wird.

Leech (1981: 5–9, 15–17) setzt neben das *co-operative principle* Prinzipien wie das *politeness principle* oder das *clarity principle* und führt aus, daß die verschiedenen Prinzipien im Widerspruch zueinander stehen können (etwa „Do not say what you believe to be false" mit dem *politeness principle*).

"So here's a question for you. How old did you say you were?"
Alice made a short calculation, and said "Seven years and six months."
"Wrong!" Humpty Dumpty exclaimed triumphantly. "You never said a word like it!"
"I thought you meant 'How old are you?'" Alice explained.
"If I'd meant that, I'd have said it," said Humpty Dumpty.

Lewis Carroll: *Through the Looking Glass*

514 Onomasiologie – Semasiologie (Onomasiology – Semasiology)

Onomasiologie

Verfahren in der Semantik, bei dem von den sprachlichen Inhalten ausgegangen wird und gefragt wird, durch welche Formen bestimmte Inhalte sprachlich realisiert werden.

Semasiologie
Ansatz in der Semantik, bei dem von der Form der sprachlichen Zeichen ausgegangen wird und deren Bedeutungen erforscht werden.

Eine onomasiologische Fragestellung ist also z. B.: Durch welche sprachlichen Mittel wird im Englischen 'Zukünftigkeit' ausgedrückt? Ein semasiologischer Ansatz würde hingegen die verschiedenen Bedeutungen des Modalverbs *will* untersuchen.

Polysemie (Polysemy) 515

Erscheinung, daß ein sprachliches Zeichen über mehr als eine Bedeutung verfügt.

Ein sprachliches Zeichen wird dann als **POLYSEM (POLYSEMOUS)** bezeichnet, wenn man ihm mehr als eine Bedeutung zuschreiben kann: z. B. *beam* 'Balken' und 'Lichtstrahl'; *eat* 'essen' und 'zerfressen, korrodieren'. Allerdings gibt es dabei keine eindeutigen Kriterien, nach denen entschieden werden könnte, ob ein bestimmtes sprachliches Zeichen „eine" (weitgefaßte) Bedeutung oder „mehrere" (enge) Bedeutungen besitzt.

Polysemie ist von Homonymie <506> abzugrenzen: Der wesentliche Unterschied besteht darin, daß es sich bei Polysemie um *ein* sprachliches Zeichen mit mehreren Bedeutungen handelt, während im Falle von Homonymie *mehrere* sprachliche Zeichen vorliegen, die sich in ihren Bedeutungen (B) unterscheiden, aber in der Form (F), also in Aussprache und Schreibung, identisch sind:

Polysemie:

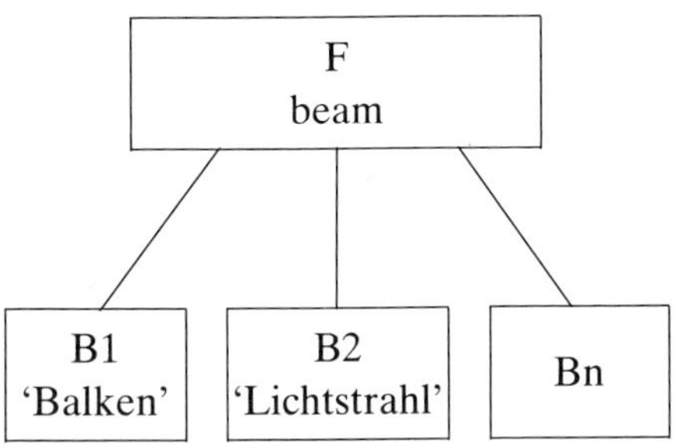

Homonymie:

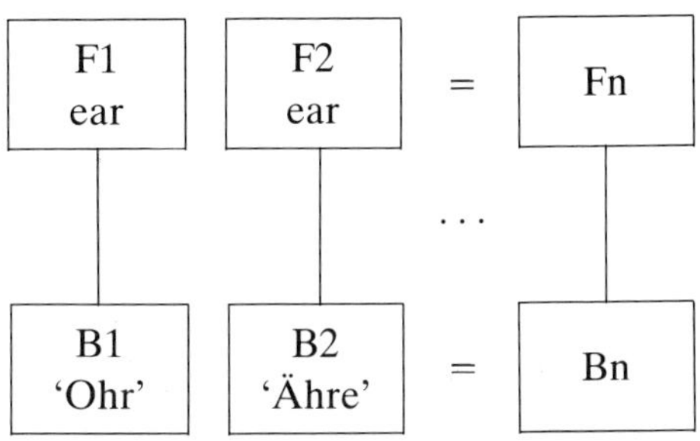

Allerdings ist im Einzelfall keineswegs immer klar, ob ein sprachliches Zeichen mit mehreren Bedeutungen oder mehrere sprachliche Zeichen mit derselben Form vorliegen. Unter Einbeziehung diachroner Gesichtspunkte <103> kann man in solchen Fällen von Polysemie sprechen, wo alle Bedeutungen auf eine gemeinsame Wurzel <319> zurückzuführen sind (wie etwa bei *beam* < ae. *bēam*), während bei Homonymen verschiedene Wurzeln zugrunde liegen (z. B. *ēar* < ae. *ear* 'Ähre' und *ēare* 'Ohr'). Da in manchen Fällen die etymologischen Beziehungen <809> heute nicht mehr durchsichtig sind, wird in synchronen Analysen <103> bei der Entscheidung, ob Polysemie oder Homonymie vorliegt, häufig von Kriterien wie der Ähnlichkeit der Bedeutungen oder dem Bewußtsein der Sprecher ausgegangen. So werden nur wenige Sprecher *pupil* 'Schüler' und *pupil* 'Pupille' für "dasselbe Wort" halten, so daß man synchron Homonyme ansetzen kann, obwohl es sich historisch um einen Fall von Polysemie handelt. Von besonderer Wichtigkeit ist diese Frage der etymologischen Herkunft in der Lexikographie <913>, weil im Wörterbuch in der Regel Homonyme in verschiedenen Einträgen, die verschiedenen Bedeutungen eines polysemen Wortes jedoch in demselben Eintrag aufgeführt werden.

516 Pragmatik (Pragmatics)

> Teilgebiet der Linguistik, das die Bedeutung und Wirkung von Äußerungen <504> und ihre Gebrauchsbedingungen in bestimmten Kommunikationssituationen untersucht.

Die Pragmatik betont durch die Einbeziehung von Faktoren des außersprachlichen Kontexts wie Situation, Ort, Zeit, Sprecherrolle, Erwartung usw. die soziale Dimension sprachlichen Handelns, das in den einzelnen Sprechakten <525> realisiert wird.

Ein weiterer zentraler Gesichtspunkt ist dabei die beabsichtigte Wirkung auf den Hörer, weshalb gelegentlich die Rhetorik als historischer Vorläufer der Pragmatik bezeichnet wird.

In diesem Sinne wird Pragmatik gelegentlich auch als **PRAGMALINGUISTIK** bezeichnet.

In der Semiotik <919> ist die Pragmatik eines der Hauptteilgebiete neben Syntax <448> und Semantik <522> und untersucht die Beziehungen zwischen Zeichen und Zeichenbenutzer.

Präsupposition – Implikation (Presupposition – Entailment) 517

> Die **PRÄSUPPOSITION** einer Äußerung ist das, was der Sprecher hinsichtlich dieser Äußerung als wahr voraussetzt. Dabei gilt:
>
> X PRÄSUPPONIERT (PRESUPPOSES) Y heißt:
>
> (a) falls X wahr ist, muß auch Y wahr sein,
> (b) auch falls X falsch ist, muß Y wahr sein.

So ist beispielsweise der Satz (1') *Many people like skiing* die Präsupposition sowohl von (1a) *I regret that many people like skiing* als auch von (1b) *I do not regret that many people like skiing*. Unabhängig davon, ob (1a) oder (1b) wahr oder falsch sind, wird mit der Äußerung von (1a) oder (1b) vom Sprecher vorausgesetzt, daß (1') wahr ist.

FAKTIVE PRÄDIKATOREN (FACTIVE PREDICATORS) heißen Verben, Adjektive oder Substantive, bei denen in komplexen <443> Sätzen der abhängige Satz als Präsupposition des Gesamtsatzes erscheint. *Regret* ist also ein faktiver Prädikator, weil (1') *Many people like skiing* die Präsupposition zu einem Satz wie (1a) darstellt.

Weitere Beispiele für faktive Prädikatoren: *amuse, forget, forgive*; *odd, sad, significant*; *kindness*.

Verben wie *pretend*, die eine gegenteilige Präsupposition haben, werden als **COUNTERFACTIVES** bezeichnet: Die Präsupposition von (2) *She pretended that she approved of the marriage* ist nämlich (2') *She did not approve of the marriage*.

> Die **IMPLIKATION** einer Äußerung ist eine Aussage, von der durch die Äußerung behauptet wird, sie sei wahr. Dabei gilt:
>
> X IMPLIZIERT (ENTAILS) Y heißt:
>
> (a) falls X wahr ist, muß auch Y wahr sein
> (b) falls X falsch ist, kann Y wahr oder falsch sein.

So wird zum Beispiel mit dem Satz (3a) *She forced him to kiss her* ein Satz (3') *He kissed her* impliziert, während bei (3b) *She did not force him to kiss her* nichts über den Wahrheitsgehalt von (3') ausgesagt wird.

Der Unterschied zwischen Präsupposition und Implikation zeigt sich also beim Negationstest: Wird der Gesamtsatz negiert, bleibt eine Präsupposition erhalten, eine Implikation nicht.

IMPLIKATIVE VERBEN (IMPLICATIVE VERBS) sind Verben, bei denen in komplexen Sätzen der abhängige Satz als Implikation des Gesamtsatzes erscheint.

Beispiele für implikative Verben: *manage*, *begin*, *continue.*

Verben wie *fail* und *prevent* sind als **NEGATIV-IMPLIKATIVE VERBEN** aufzufassen, weil etwa (4) *He failed to kiss her* den negierten Satz (4') *He did not kiss her* impliziert.

Man kann außerdem zwischen Verben wie *force*, bei denen der negierte Satz (3b) *She did not force him to kiss her* keine Implikationen hinsichtlich der Frage, ob er sie nun geküßt hat oder nicht, enthält, und Verben wie *manage* unterscheiden, bei denen bei der Negation des Gesamtsatzes auch die Implikation negiert wird: So impliziert (5a) *He managed to kiss her* zwar (5a') *He kissed her*, (5b) *He did not manage to kiss her* hat aber die gegenteilige Implikation (5b') *He did not kiss her*.

Die Analyse von faktiven und implikativen Verben geht im wesentlichen auf Arbeiten im Bereich der generativen Semantik <906> zurück. Die Untersuchungen der Präsuppositionen und Implikationen von Äußerungen spielen jedoch auch in der linguistischen Pragmatik <516> eine Rolle.

Literatur: Leech ([2]1981: 277-318); Dirven/Radden (1977: 288–295); König/Legenhausen (1972: 21–36).

518 Proposition (Proposition)

> Bedeutung, die
> – von einem einfachen Aussagesatz ausgedrückt wird und
> – als wahr oder falsch klassifiziert werden kann.

Diese Definition orientiert sich an Leech (1981: 75) und Lyons (1977: 38). Leech (1981: 151) führt aus, daß von

(a) The girl rode a horse.
(b) The girl didn't ride a horse.
(c) Did the girl ride a horse?
(d) The girl's riding of a horse.
(e) For the girl to ride a horse.

nur (a) und (b) Propositionen darstellen. Palmer (1981: 42) grenzt Propositionen von anderen Sätzen dadurch ab, daß ein Satz wie *I was there yesterday* nicht als wahr oder falsch klassifiziert werden kann, weil er in verschiedenen Situationen mit Bezug auf verschiedene Personen und unterschiedliche Zeitpunkte geäußert werden kann. Im Gegensatz dazu können die verschiedenen Propositionen, die dieser Satz zum Ausdruck bringt (also z. B. daß Margaret Thatcher am 12. Juli

1988 in Brügge oder Michail Gorbatschow am 14. Juni 1989 in Bonn war), sehr wohl als wahr oder falsch eingestuft werden.

Häufig wird der Terminus auch in einem etwas anderen Sinn verwendet. Proposition bezeichnet dann den Teil der Bedeutung eines Satzes, der von den modalen und temporalen Komponenten abstrahiert. Dabei ergibt sich eine Überschneidung mit dem Terminus der **PRÄDIKATION (PREDICATION)**, wie ihn etwa Leech verwendet. In diesem Sinne stellen (a) – (e) dieselbe Proposition (bzw. bei Leech Prädikation) dar, die als '*girl ride horse*' beschrieben werden kann.

Prädikationen können in **PRÄDIKATOREN (PREDICATES/PREDICATORS)** und **ARGUMENTE (ARGUMENTS)** analysiert werden, wobei die Prädikatoren den Charakter der Relation, die zwischen den Argumenten besteht, zum Ausdruck bringen. In den Sätzen bzw. Phrasen (a) – (e) stellen also *girl* und *horse* die Argumente, *ride* den Prädikator dar. Die Unterscheidung zwischen Prädikatoren und Argumenten kann dabei entsprechend zu der zwischen regierendem Verb, Adjektiv oder Substantiv und seinen Ergänzungen in der Valenztheorie gesehen werden. Entsprechend können z. B. *walk, love* und *give* als *one-, two-* und *three-place predicates* beschrieben werden.

Zu verschiedenen Definitionsansätzen des Terminus Proposition vgl. Lyons (1977: 141–67). Vgl. auch Dirven/Radden (1977: 9 und 116–9), Brekle (1972: 100–1) und Palmer (1981: 42–3). Zu Prädikatoren und Argumenten s. Lyons (1977: 149–50), Leech (1981: 129–30) und Palmer (1981: 143–5).

Referenz (Reference) 519

Beziehung zwischen einem sprachlichen Zeichen und der außersprachlichen Realität, auf die sich das Zeichen bezieht.

Neuere Darstellungen (Lyons 1977: 177; Brown/Yule 1983: 28) betonen, daß Referenz nicht zwischen dem sprachlichen Zeichen und dem Gegenstand etc. an sich besteht, sondern vom Sprecher hergestellt wird.

Referenz kann dabei sowohl auf physische als auch auf fiktive oder abstrakte Begriffe verweisen, etwa *house*, *tree* oder auch *love*, *intelligence*, *greatness* etc..

Bei der Herstellung von Referenz spielen eine Reihe verschiedener sprachlicher Mittel – z. B. Determiners <411>, Pronomina <441> oder deiktische Zeichen <602> – eine Rolle.

520 Referenzidentität (Referential Identity)

Beziehung zwischen zwei oder mehreren sprachlichen Zeichen in einem Satz oder Text, die sich auf dieselbe Erscheinung der außersprachlichen Realität beziehen.

Referenzidentität besteht prinzipiell zwischen Subjekt und *subject complement* <444> (*She is a professor of linguistics*) bzw. zwischen Objekt und *object complement* <444> (*She called him an idiot*). In einem Text kann Referenzidentität zwischen verschiedenen Nominalphrasen <439> bestehen, die aus stilistischen u. ä. Gründen nicht identisch sind: *The Prime Minister returned from Washington yesterday. She was very pleased about the outcome of her talks, Mrs. Thatcher said.*

521 Selektionsrestriktion/Selektionsbeschränkung (Selectional Restriction/Selection Restriction)

Begrenzte Kombinierbarkeit eines sprachlichen Zeichens <117> mit anderen sprachlichen Zeichen zu akzeptablen Sätzen, die durch bestimmte semantische Merkmale <524> dieses sprachlichen Zeichens bedingt ist.

Im Regelapparat der generativen Transformationsgrammatik <907> stellen die Selektionsrestriktionen einen Regeltyp dar, der die Funktion erfüllt, die Inakzeptabilität von Sätzen wie etwa **The bus telephoned the tree* zu erklären. Aufgrund seiner Selektionsrestriktionen kann ein Verb wie *telephone* in der Regel nur mit einem Subjekt und einem Objekt mit dem Merkmal '+ human' kombiniert werden. Selektionsrestriktionen sind also die Formalisierung der Kompatibilitätsbeziehungen <512> sprachlicher Zeichen.

522 Semantik (Semantics)

Teilgebiet der Linguistik, das sprachliche Zeichen unter dem Gesichtspunkt der Bedeutung untersucht, und zwar sowohl in ihrem Verhältnis zur außersprachlichen Wirklichkeit als auch hinsichtlich der innersprachlich gegebenen Bedeutungsbeziehungen.

Man kann unterscheiden zwischen der **REFERENZSEMANTIK (REFERENTIAL SEMANTICS)**, die sich mit den Beziehungen zwischen sprachlichen Zeichen und außersprachlicher Wirklichkeit beschäftigt, und der **INHALTS-** oder

BEDEUTUNGSSEMANTIK, die sich mit den innersprachlichen Bedeutungsbeziehungen befaßt.

Die traditionelle Sprachwissenschaft <922> war stark historisch orientiert und beschäftigte sich im Bereich der Semantik vorwiegend mit der Entwicklung von Wortbedeutungen <Bedeutungswandel 804> <Etymologie 809>. In neueren Ansätzen der Semantik steht die Untersuchung der Struktur des Wortschatzes stärker im Mittelpunkt, etwa in der Analyse von Wortfeldern <527>, die sowohl von Jost Trier (Anfang der dreißiger Jahre) als auch von strukturalistischen Schulen <920> entwickelt wurde. Der europäische Strukturalismus, aber auch die generative Transformationsgrammatik <907> entwickelten dabei die Methode der Beschreibung von Bedeutungen durch semantische Komponenten <524>. Mit der Textlinguistik <613> verlagerte sich der Schwerpunkt von der Analyse der Bedeutung von Wörtern auf die Untersuchung der Bedeutung von Texten, wobei im Rahmen der Pragmatik <516> auch außersprachliche Faktoren wie die Sprechsituation und die Intention des Sprechers in die Analyse miteinbezogen werden.

Semantisches/Semiotisches Dreieck (Semantic/Semiotic Triangle) 523

Darstellung der Relationen, die zwischen der Form eines sprachlichen Zeichens <117>, seiner Bedeutung <505> und den Objekten der außersprachlichen Welt bestehen, zu denen das sprachliche Zeichen in einer Referenzbeziehung <519> stehen kann.

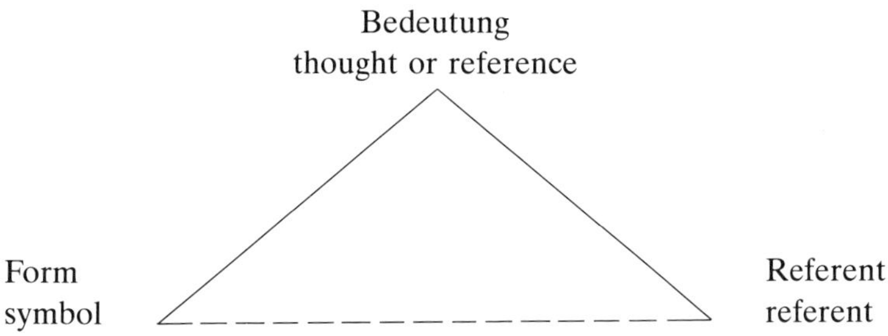

Diese Darstellung geht auf Ogden/Richards (1923) zurück und wurde u. a. von Lyons (1977) weiterentwickelt: *symbol* kann dabei als Form des sprachlichen Zeichens interpretiert werden, *thought* oder *reference* als Bedeutung und *referent* als Objekt der außersprachlichen Welt. Die gebrochene Linie soll deutlich machen, daß zwischen der Form des sprachlichen Zeichens und den Objekten der außersprachlichen Welt keine direkte Beziehung besteht, sondern daß sich diese nur über die Bedeutung des sprachlichen Zeichens ergibt.

524 Semantische Komponente/Semantisches Merkmal (Semantic Component/Semantic Feature)

Abstrakte Einheit, die
- einen Bestandteil der Bedeutung des sprachlichen Zeichens <117> darstellt,
- rekurrent ist, also für die Beschreibung der Bedeutung mehrerer sprachlicher Zeichen einer Sprache relevant,
- atomar ist, also nicht in weitere Bestandteile zergliedert werden kann.

KOMPONENTENANALYSE (COMPONENTIAL ANALYSIS): Methode in der Semantik, die Bedeutung sprachlicher Zeichen mit Hilfe von semantischen Komponenten zu beschreiben.

Im Rahmen der Komponentenanalyse werden zur Analyse der Bedeutung der englischen Wörter *man, woman, boy* und *girl* Merkmale wie '+ human', '+ male' bzw. '+ female' (oder '– male') und '+ adult' bzw. '– young' (oder '+ adult') angesetzt. Bedeutungen werden dann als Bündel semantischer Merkmale beschrieben, also etwa *girl*: '+ human', '+ female', '+ young'.

Semantische Merkmale können durch Kontrastierung innerhalb eines Wortfeldes <527> gewonnen werden. So unterscheiden sich *boy* und *girl* durch das Merkmal '+ male' und '– male'. Diese Merkmale erfüllen auch die Bedingung der Rekurrenz, weil sie in gleicher Weise zur Beschreibung der Bedeutungen von *man – woman, stallion – mare* etc. verwendet werden können.

Der Ansatz der Komponentenanalyse weist eine Reihe von Problemen auf:

- Wie läßt sich ermitteln, ob eine Bedeutungskomponente atomar ist oder ob sie sich weiter in kleinere Merkmale aufspalten läßt?

- Besitzen die ermittelten Komponenten innerhalb eines Wortfeldes (in dem sie durch Kontrastierung verschiedener Bedeutungen gewonnen werden) Gültigkeit für den gesamten Wortschatz einer Sprache oder sind sie übereinzelsprachlich auf die Analyse aller Sprachen anzuwenden?

- Theoretisch handelt es sich bei semantischen Komponenten um definierte Begriffe, die in ihrer Bedeutung nicht mit den englischen (oder deutschen etc.) Wörtern, mit denen sie bezeichnet werden, identisch sind. Von daher ist es auch gleichgültig bzw. willkürlich, ob ein bestimmtes Merkmal als '– male', '+ female' oder '♀' bezeichnet wird. Inwieweit ist es aber möglich, die Bedeutungen der Komponenten tatsächlich von denen der Allgemeinsprache zu trennen?

– Inwieweit wird eine Bedeutung durch ein Bündel semantischer Merkmale ausreichend beschrieben? (Sind alle Bedeutungen durch rekurrente Merkmale darstellbar oder benötigt man zur Beschreibung der Bedeutung von *daffodil* z. B. ein Merkmal, das eben nur bei diesem Wort auftaucht?)

Trotz dieser theoretischen Probleme stellt die Komponentenanalyse in manchen Bereichen der Semantik ein äußerst geeignetes Instrumentarium dar, so z. B. bei der Analyse von Wortfeldern, bei der Darstellung semantischer Relationen wie Hyponymie <507>, Antonymie <503> und Synonymie <526> oder von Inkompatibilität <512> bzw. bei der Formulierung der Selektionsrestriktionen <521> in der Transformationsgrammatik <907>.

Die semantische Komponentenanalyse wurde in Analogie zur Beschreibung von Phonemen <225> durch eine begrenzte Menge von distinktiven Merkmalen <225> in der Phonologie entwickelt. Semantische Komponenten werden dabei sowohl von der europäischen strukturalistischen Semantik, vor allem im Rahmen der Wortfeldanalyse, als auch im Rahmen der generativen Transformationsgrammatik verwendet. In bestimmten Theorien werden die semantischen Merkmale als **SEME (SEMES)** oder – insbesondere unter Betonung ihres übereinzelsprachlichen Charakters – als **NOEME (NOEMES)** bezeichnet. Dabei wird anstelle von Bedeutung gelegentlich der Terminus **SEMEM (SEMEME)** (dessen Gebrauch aber stark variiert) für Bündel von Semen verwendet.

Literatur: Leech (1981: 89–91)

Sprechakt (Speech Act) 525

> Sprachliche Handlung (bzw. ihr Ergebnis), bei der ein Sprecher (bzw. Schreiber) gegenüber einem Hörer (bzw. Leser) eine Äußerung macht, die durch Faktoren wie die Intention des Sprechers und die beabsichtigte Wirkung auf den Hörer gekennzeichnet ist.

Die Sprechakttheorie wurde vor allem von den Philosophen Austin und Searle entwickelt. Austin (1962: 108) unterscheidet in diesem Zusammenhang folgende Teilakte, die simultan stattfinden:

- **LOKUTIONÄRER/LOKUTIVER AKT (LOCUTIONARY ACT)**: das Äußern bestimmter Sätze mit Bedeutung und Referenz.
- **ILLOKUTIONÄRER/ILLOKUTIVER AKT (ILLOCUTIONARY ACT)**: die Intention des Sprechers (z. B. Warnung, Befehl).
- **PERLOKUTIONÄRER/PERLOKUTIVER AKT (PERLOCUTIONARY ACT)**: die Wirkung auf den Hörer (z. B. Überreden, Irreführen, Überzeugen).

Eine Äußerung wie *There is a bull in the field* besteht also zunächst aus dem lokutionären Akt, der in einer bestimmten Situation auf konkrete Gegenstände Bezug nimmt, dann in einem illokutionären Akt, der in diesem Fall eine reine Feststellung, aber auch eine Warnung oder eine Erklärung sein kann, und dem perlokutionären Akt, also u. U. der Wirkung, daß der Hörer das entsprechende Feld nicht oder nur mit Vorsicht durchquert.

Zwar besteht Einigkeit darüber, daß man zwischen verschiedenen Sprechakten bzw. illokutionären Akten unterscheiden kann; es gibt jedoch keine allgemein akzeptierte Klassifikation.

Literatur: Searle (1969).

526 Synonymie (Synonymy)

> Relation zwischen sprachlichen Zeichen mit derselben (denotativen) Bedeutung <505>.

Zwei sprachliche Zeichen sind **SYNONYM (SYNONYMOUS)** bzw. **SYNONYME (SYNONYMS)**, wenn ihre Bedeutungen (weitgehend) identisch sind.

Es ist fraglich, ob **ABSOLUTE SYNONYMIE (TOTAL SYNONYMY)** – also die völlige Übereinstimmung der Bedeutung zweier sprachlicher Zeichen – überhaupt vorkommt.

Häufig unterscheiden sich Synonyme in der Stilebene, z. B. *buy* (neutral) – *purchase* (formal), oder hinsichtlich der Variante des Englischen, in der sie gebraucht werden, z. B. *autumn* (*BrE*) – *fall* (*AmE*).

Soweit zwei sprachliche Zeichen nur in bestimmten Kontexten gleichbedeutend sind, spricht man von **TEILWEISER SYNONYMIE (PARTIAL SYNONYMY)**. (Häufig wird der Terminus Synonymie allerdings im Sinne von teilweiser Synonymie verwendet.)

Teilweise Synonymie liegt z. B. bei *deep* und *profound* vor: In Verbindungen wie *deep sympathy* und *profound sympathy* können *deep* und *profound* als synonym angesehen werden; in anderen Kontexten sind sie jedoch nicht gegeneinander austauschbar: *deep water*, aber nicht **profound water*.

Wortfeld (Word Field/Lexical Field) 527

System von Wörtern,
- die vorgegebene gemeinsame Bedeutungsmerkmale aufweisen,
- die einen dadurch bestimmten Bedeutungsbereich in kleinere Einheiten aufteilen, und
- zwischen denen semantische Relationen wie Synonymie <526>, Antonymie <503> und Hyponymie <507> bestehen.

So gehören etwa die englischen Verben *go*, *walk*, *run*, *swim*, *float*, *ride*, *climb*, *fall* usw. einem Wortfeld 'Verben der Fortbewegung' an. Die Wortfeldanalyse ist eine in der Semantik gebräuchliche Methode, die Bedeutungen von Wörtern zu beschreiben bzw. ihre Bedeutungskomponenten <524> durch Kontrastierung der Elemente des Wortfeldes zu ermitteln. Unter anderem ergeben sich Komponenten wie '+ belebtes Subjekt' bei *swim* im Gegensatz zu '– belebtes Subjekt' bei *float*, '+ große Geschwindigkeit' bei *run* etc.

Der Wortfeldansatz wurde vor allem von Jost Trier in der Germanistik entwickelt, spielt aber auch in der strukturellen Semantik – etwa bei Coseriu (1973: 53–77) – eine große Rolle.

Zur Problematik der Bestimmung des Begriffs Wortfeld vgl. Lyons (1977: 250–69) und Kastovsky (1982: 124–8).

Empfohlene einführende Lektüre zu diesem Kapitel

Palmer (1981), Leech (1981), Leech (1983), Leisi (1985).

Aufgaben

F51 Geben Sie für folgende Verben die Aktionsarten an:

(a) watch	(d) kill
(b) scratch	(e) blow up
(c) leave	(f) eat up

F52 Beschreiben Sie die semantischen Relationen zwischen den folgenden Wörtern:

bus – vehicle – train – minibus – coach ('Reisebus') – doubledecker – intercity train

F53 In welchen der folgenden Fälle liegt Homonymie und in welchen Polysemie vor?

(a) *coach* 'Eisenbahnwagen' – 'Bus' – 'Kutsche'
(b) *pole* 'Pfosten, Stange' – 'Pol'
(c) *tie* 'Krawatte' – 'Unentschieden'
(d) *right* 'rechts' – 'rechtens'
(e) *ear* 'Ähre' – 'Ohr'

F54 Welche der folgenden Aussagen über das Verb *swim* sind richtig?

(a) *swim* fordert von seinen Selektionsrestriktionen her ein Subjekt mit dem semantischen Merkmal '+ animate'
(b) *swim* ist ein *stative verb*
(c) *swim* ist mit *a piece of wood* inkompatibel
(d) *swim* ist Kohyponym zu *float*
(e) *swim* ist Hyponym von *float*

F55 Welche semantischen Relationen bestehen zwischen den folgenden Wortpaaren?

(a) vehicle – train
(b) parent – child
(c) cheap – expensive
(d) kill – die
(e) buy – sell

F56 Wie bezeichnet man die Erscheinung, daß es *gain advantage*, *gain weight*, *gain a fortune*, *win an election*, *win support*, *win a game*, *gain/win approval*, aber nicht *win advantage* etc. oder *gain a game* heißt?

F57 In welchen der folgenden Konstruktionen liegt ein faktiver oder implikativer Prädikator vor?

(a) William the Conqueror managed to beat the Anglo-Saxons in 1066.
(b) The Scottish lords' disapproved of Mary Stuart's marrying the murderer of her second husband.
(c) William regretted conquering England.
(d) Caesar wanted to conquer Britain.

F58 In welchen der folgenden Fälle liegt eine performative Äußerung vor?

(a) They called their daughter Anja.
(b) I hereby pronounce you man and wife.
(c) I bet you £5 the Norman conquest took place in 1066.

F59 Welche der folgenden Aussagen treffen auf den Satz *She succeeded in getting a place as an assistant teacher in Britain* zu:

(a) Der Satz enthält cin faktives Verb.
(b) Der Satz präsupponiert *She got a place as an assistant teacher in Britain.*
(c) Der Satz impliziert *She got a place as an assistant teacher in Britain.*
(d) Der Satz stellt den Sprechakt der Deskription dar.

F60 Welche Sprechakte realisiert der Satz *There is a bull in the field*,

(a) wenn ein Vater seiner Tochter einen Stier im Bilderbuch zeigt,
(b) wenn er auf einem Schild an einem Pfad steht, der über eine Weide führt,
(c) wenn Bauern festgestellt haben, warum die Kühe auf der Weide wild herumrennen?

6 Textlinguistik und Stilistik

601 Anapher – Katapher

Anapher

Pro-Form <609>, die auf ein im Satz bzw. Text vorangehendes Element zurückverweist.

In *When Queen Victoria visited Cologne, she was not amused* ist *she* also eine Anapher zu *Queen Victoria*.

Katapher

Pro-Form, die auf ein im Satz bzw. Text folgendes Element vorausverweist.

This ist z. B. in den Sätzen *This is the BBC* oder *This is how to do it* eine Katapher.

Die Relation, die zwischen der Pro-Form und dem Element, auf das sie verweist, besteht, wird als **ANAPHORA (ANAPHORA)** bzw. **KATAPHORA (CATAPHORA)** bezeichnet; der Gebrauch von Pro-Formen in den entsprechenden Funktionen als **ANAPHORISCH (ANAPHORIC)** bzw. **KATAPHORISCH (CATAPHORIC)**.

Anaphora und Kataphora beziehen sich auf den sprachlichen Kontext <608>, d. h. die Referenz <519> ergibt sich aus dem Text; sie werden als **ENDOPHORA (ENDOPHORA)** zusammengefaßt.

Davon zu unterscheiden sind **EXOPHORA (EXOPHORA)**, wo eine Form auf den außersprachlichen Kontext, also die Situation verweist und sich nur dadurch die Referenz ergibt. So wird die Referenz von *here* in *Come here!* oder die von *that* in *Look at that!* nur dadurch deutlich, daß der Hörer aufgrund der Situation weiß, worauf sich *here* oder *that* bezieht.

Nur endophorische Referenz bewirkt Kohäsion <607>.

602 Deiktisches Zeichen (Deictic Item/Pointer Word)

Sprachliches Zeichen, das in dem Sinne hinweisenden Charakter hat, daß es in Hinblick auf Person, Raum oder Zeit eine Referenzbeziehung herstellt, die nur aufgrund der Kenntnis des sprachlichen oder außersprachlichen Kontexts erschließbar ist.

Deiktische Zeichen können als Anaphern oder Kataphern <601> fungieren, d. h. sich auf den sprachlichen Kontext beziehen:

Mrs. Thatcher said she owed nothing to women's lib. This surprised no one.

Andererseits können deiktische Zeichen auch einen Bezug zum außersprachlichen Kontext herstellen, also zu den Elementen einer konkreten Situation. So bezieht sich *now* in *It is five o'clock now* auf den außersprachlichen Kontext; ebenso *you* und *this* in *You are reading this book*.

Literatur: Lyons (1977: 636–724).

Ellipse (Ellipsis) 603

> Grammatisch nicht vollständiger Satz, bei dem das fehlende Wort bzw. die fehlenden Wörter im übrigen Kontext vorkommen und von daher genau erschließbar sind.

Die Ellipse kann also durch Ergänzung dieser fehlenden Wörter grammatisch vollständig werden.

In diesem strengen Sinne ist z. B. *I'm happy if you are* ein eindeutiger Fall einer Ellipse. In der CGEL (12.31–8) wird aber deutlich, daß nicht immer alle Kriterien gleichermaßen erfüllt sein müssen. Beispielsweise ist bei Ellipsen wie *If he works hard I won't have to* oder *She works harder than him* das Kriterium des genauen wörtlichen Vorkommens der fehlenden Wörter nicht gegeben.

Ellipsen sind, wie z. B. auch die Substitution durch Pro-Formen <609>, ein Faktor, der zur Kohäsion <607> eines Textes beiträgt. Im Gegensatz zur Pro-Form, die das betreffende Satzelement durch ein anderes ersetzt, entfällt dieses bei der Ellipse vollständig (cf. CGEL: 2.52):

Yes, they are	paying me for the work	[UNREDUCED]
	doing so	[PRO-FORM]
	– – –	[ELLIPSIS]

Der Terminus Ellipse kann nicht nur das Ergebnis, sondern auch den Vorgang der Reduktion eines Satzes durch Weglassen vom Kontext her bekannter Elemente bezeichnen.

604 Fokus (Focus)

Der Teil eines Satzes, der aus der Sicht des Sprechers die zentrale Information vermittelt.

Der Fokus von Aussagesätzen <444> kann durch einen Fragetest ermittelt werden. Ist der Satz *Peter went to the pictures yesterday* die Antwort auf die Frage *When did Peter go to the pictures?* so repräsentiert das Adverbiale *yesterday* den Fokus. Lautet die vorhergehende Frage *Who went to the pictures yesterday*, dann bildet *Peter* den Fokus.

Im Englischen liegt normalerweise **END-FOCUS** vor, d. h. der Informationsschwerpunkt liegt am Ende des Satzes. Ist das nicht der Fall, liegt **MARKIERTER FOKUS (MARKED FOCUS)** vor: Im Normalfall wäre der Fokus bei dem Satz *Last year they went to Scotland* auf *Scotland*. Durch Verlagerung des Nukleus <217> kann der Fokus aber auch auf *last year*, *they* oder *went* zu liegen kommen.

605 Gesprochene Sprache – Geschriebene Sprache (Spoken Language – Written Language)

In bezug auf das **KOMMUNIKATIONSMEDIUM (MEDIUM)** läßt sich folgende Unterscheidung treffen:

Gesprochene Sprache

Varietät der mündlichen Kommunikation, also Sprache, die ohne vorherige schriftliche Fixierung gesprochen wird.

Geschriebene Sprache

Varietät der schriftlichen Kommunikation.

Gesprochene Sprache wird häufig als das primäre Medium sprachlicher Verständigung gesehen, und zwar weil ontogenetisch der Erwerb der gesprochenen Sprache vor dem der geschriebenen liegt und auch phylogenetisch Schreibsysteme sekundär sind.

Zwischen gesprochener und geschriebener Sprache in diesem Sinne ergeben sich insofern Zwischenstufen, als es z. B. Texte <612> gibt, die zum Hören geschrieben werden (etwa Nachrichtensendungen im Rundfunk, u. U. auch Vorträge etc.).

Die Unterschiede zwischen gesprochener und geschriebener Sprache sind stark durch die verschiedenen Kommunikationssituationen bedingt: Beim Schreiben hat man Gelegenheit zu längerem Überlegen, zu Verbesserungen etc.. Ähnliches gilt auch für die Rezeption, wo beim Lesen die Möglichkeit besteht, Textpassagen langsam oder mehrmals zu lesen, was beim Hören nicht der Fall ist. Brown und Yule (1983: 15–7) führen als typische Unterschiede zwischen gesprochener und geschriebener Sprache u. a. an, daß die gesprochene Sprache

- häufig unvollständige Sätze, oft nur Aneinanderreihungen von Phrasen enthält,
- nur selten stark prämodifizierte Nominalphrasen aufweist,
- vergleichsweise wenige subordinierte Strukturen enthält,
- vorwiegend Aktivkonstruktionen verwendet,
- eine größere Anzahl von *fillers* wie *well, if you see what I mean, of course* etc. enthält.

Literatur: Brown/Yule (1983: 4–19); Barnickel (1980: 84–151).

Kohärenz (Coherence) 606

> Eigenschaft eines Textes (für einen Hörer oder Leser) als zusammenhängendes sinnvolles Ganzes zu erscheinen.

Kohärenz entsteht z. T. durch außersprachliche Faktoren wie das Weltwissen oder allgemeine Hintergrundwissen der Sprecher/Hörer, aber auch durch die sprachlichen Mittel, die Kohäsion <607> bewirken.

Kohärenz kann als eine wichtige Hilfe bei der Interpretation von Texten angesehen werden, weil der Hörer/Leser in der Regel wohl davon ausgeht, daß ein Text kohärent ist, und ihn entsprechend interpretiert. So wird z. B. *He played tennis and injured his leg* kausal interpretiert werden, ohne daß sprachliche Mittel direkt einen Zusammenhang zwischen *played tennis* und *injured his leg* zum Ausdruck bringen. Dabei kann das Weltwissen von Sprecher und Hörer bestimmen, inwieweit ein Text als kohärent empfunden wird: Ob etwa ein Text wie *She was so fond of horses she had to go to Ascot every year* oder *Since he was such a keen golfer he was dying to see St. Andrews* als kohärent empfunden wird, hängt u. a. davon ab, ob der Sprecher/Hörer weiß, daß in Ascot eines der berühmtesten Pferderennen Großbritanniens stattfindet oder daß sich in St. Andrews der angeblich älteste Golfklub der Welt befindet.

Daß eine Folge von Sätzen etc. noch nicht als Text betrachtet werden kann, wenn allein die Bedingung der Kohäsion erfüllt ist, also eine sprachliche Verknüpftheit gegeben ist, zeigt folgendes Beispiel von Brown/Yule (1983: 197):

[1] A man in white clothes, who could only be the surviving half-breed, was running as one does run when Death is the pacemaker. [2] The white figure lay motionless in the middle of the great plain. [3] Behind him, only a few yards in his

rear, bounded the high ebony figure of Zambo, our devoted negro. [4] An instant afterwards Zambo rose, looked at the prostrate man, and then, waving his hand joyously to us, came running in our direction. [5] They rolled on the ground together. [6] Even as we looked, he sprang upon the back of the fugitive and flung his arms round his neck.

(reorganised in the order 1, 3, 6, 5, 4, 2, this passage is taken from Sir Arthur Conan Doyle's *The Lost World*, 1912).

607 Kohäsion (Cohesion)

Sprachliche Verknüpftheit eines Textes, die sich aus
- lexikalischen Beziehungen (wie Hyponymie <507>, Teil-Ganzes-Beziehungen, Kollokationen <511>) und
- strukturellen Beziehungen (wie Substitution <609>, Wiederholung, Tempusstruktur) ergibt.

Kohäsion entsteht also z. B. dadurch, daß in einem Text Wörter bzw. Phrasen wiederholt oder etwa durch Pro-Formen <609> wieder aufgegriffen werden, durch Ellipsen <603>, Anaphern <601> und Kataphern <601>, durch die Tempusstruktur sowie durch die Intonation.

Im Gegensatz zur Kohärenz <606> bezieht sich Kohäsion allein auf die sprachlichen Mittel, die einem Text Struktur verleihen. Kohärenz entsteht auch durch außersprachliche Faktoren wie das Weltwissen der Sprecher bzw. Hörer, das sie in die Lage versetzt, Sinnzusammenhänge zu erkennen.

Literatur: Brown/Yule (1983: 190–222).

608 Kontext (Context)

Umgebung eines sprachlichen Zeichens.

Dabei wird folgende Unterscheidung getroffen:

SPRACHLICHER KONTEXT (LINGUISTIC CONTEXT): Sprachliche Umgebung eines sprachlichen Zeichens.

AUSSERSPRACHLICHER KONTEXT (CONTEXT OF SITUATION): Situation, in der eine sprachliche Äußerung gemacht wird, zu der Faktoren wie die Sprecher-Hörer-Konstellation, die zeitlichen und räumlichen Bedingungen usw. gerechnet werden können.

Die Einbeziehung des *context of situation* in die sprachliche Analyse wurde vor allem von Firth, dem Begründer des britischen Kontextualismus <902>, propagiert.

Pro-Form (Pro-Form) 609

> Element,
> – das ein anderes (häufig komplexeres) Element in einem Text ersetzt
> – und dabei die Bedeutung des anderen Elements aktualisiert.

Ein Pronomen kann z. B. als Pro-Form für ein Substantiv oder eine Nominalphrase stehen:
This is the man I was talking about.

Adverbien können ebenfalls als Pro-Formen verwendet werden:
She wanted to go to Scotland and he wanted to go there, too.

Do so steht häufig als Pro-Form für ein Prädikat <445>:
He had a lot of work to do and so did she.

Pro-Formen können auch größere Einheiten wie z. B. Sätze ersetzen (etwa bei *She thought so too*).

Die Textlinguistik <613> sieht in der **SUBSTITUTION DURCH PRO-FORMEN (PRO-FORM SUBSTITUTION)** einen Faktor zur Erzeugung von Kohäsion <607> bei Texten. Dabei wird durch die Verwendung einer Pro-Form die Wiederholung des vorhergehenden Elements vermieden, die Pro-Form ist aber sowohl in grammatischer wie in semantischer Hinsicht äquivalent.
She went to Scotland last year, and this year they are going there together.

Literatur: CGEL 12.8.

Stil (Style) 610

> Eigenschaft eines Textes, die sich aus der Verwendung bestimmter sprachlicher Mittel ergibt, die die Konstellation von Sprecher und Hörer, Thema und Situationskontext und die Einstellung des Sprechers dazu widerspiegeln.

Stilistische Unterschiede lassen sich im Wortschatz, in der Syntax, aber durchaus auch phonetisch realisieren.

Eine genaue Abgrenzung zwischen verschiedenen Stilebenen ist nicht möglich. In der Regel wird von einer neutralen Stilebene ausgegangen, die als stilistisch nicht markiert gesehen wird. Abweichungen von dieser neutralen Stilebene werden als **FORMELL (FORMAL)** oder **INFORMELL (INFORMAL)** bezeichnet. CGEL (1.31) setzt z. B. die Skala "very formal – FORMAL – neutral – INFORMAL – very informal" an. Hansen/Hansen/Neubert/Schentke (1985: 20–21) führen als „stilistisch gehoben" „förmlich, literarisch oder poetisch, archaisch, fremder Herkunft" an und als „stilistisch gesenkt" „umgangssprachlich, Slang und vulgär".

Der Stilwert eines Wortes kann dabei – wie etwa bei Leech (1981) oder Hansen/Hansen/Neubert/Schentke (1985) – als Teil der konnotativen Bedeutung <505> gesehen werden.

Auch in der Lexikographie <913> bestehen z. T. erhebliche Unterschiede in der Bezeichnung der verschiedenen Stilebenen und der entsprechenden Einordnung der Wörter. Im ALD ist z. B. der Bereich des als neutral gefaßten Wortschatzes gehobener als im DCE, wo ein Teil der im ALD nicht markierten Wörter als *fml* (*formal*) eingestuft wird.

611 Stilistik (Stylistics)

Teilgebiet der Sprachwissenschaft, das sich mit den charakteristischen Stilmerkmalen von Texten und Textsorten <614> beschäftigt.

Von den Zielen und den Methoden her, kann man zwischen einer **NORMATIVEN** oder **PRÄSKRIPTIVEN** und einer **ANALYTISCHEN** oder **DESKRIPTIVEN STILISTIK** unterscheiden. Die normative Stilistik läuft im wesentlichen auf eine Anweisung zum korrekten Sprachgebrauch hinaus, die analytische Stilistik ist weitgehend deckungsgleich mit der Textlinguistik, die die Verwendung sprachlicher Mittel in bestimmten Texten und Textsorten unter Berücksichtigung ihrer jeweiligen Zwecke und Funktion beschreibt.

612 Text (Text)

Einheit der geschriebenen oder gesprochenen Sprache, die
- in der Regel aus mehreren Sätzen besteht und
- die Eigenschaften der Kohäsion <607> und Kohärenz <606> aufweist.

Auch einzelne Sätze können unter bestimmten Bedingungen Texte sein. Ähnlich wie bei anderen zentralen Termini wie Wort <317> oder Satz <443> gibt es zahlreiche Definitionsversuche für den Terminus Text.

De Beaugrande/Dressler (1981: 3–13) führen als Kriterien neben Kohäsion und Kohärenz noch Intentionalität, Akzeptabilität, Informativität, Situationalität und Intertextualität an; Werlich (1976) bestimmt Text durch *coherence* und *completion*.

Textlinguistik (Text Linguistics/Discourse Analysis) 613

> Teilgebiet der Sprachwissenschaft, das die für Texte typischen Eigenschaften und Strukturmerkmale, also vor allem satzübergreifende Phänomene, untersucht.

Bei der Textlinguistik handelt es sich um eine relativ junge Disziplin. Für das Englische sind vor allem die Arbeiten von Halliday und Hasan (1976) und Crystal und Davy (1975 und 1983) maßgebend.

Die Textlinguistik geht von der Erkenntnis aus, daß Texte nicht nur eine Aneinanderreihung von Sätzen sind, sondern ganz spezifische Strukturen aufweisen, die sowohl von semantisch-syntaktischen Gliederungsprinzipien als auch von pragmatischen Faktoren bestimmt sind. Textspezifische Erscheinungen sind etwa die sprachlichen Mittel der Kohäsion <607>, aber auch die formale Markierung von Textanfang, Textende oder die Gliederung in Texteinheiten wie die Absätze der geschriebenen Sprache.

Neben dem Terminus Textlinguistik wird häufig auch **DISCOURSE ANALYSIS (DISKURS-/GESPRÄCHSANALYSE)** verwendet. Häufig versteht man darunter jedoch vorwiegend die Analyse gesprochener Texte, vor allem unter Einbeziehung des sprechakttheoretischen Ansatzes <525>.

Textsorte (Type of Text) 614

> Nach formalen <105> und/oder pragmatischen <516> Kriterien definierte Klasse von Texten.

Wetterberichte in schriftlicher und mündlicher Form sind z. B. als eigenständige Textsorte beschreibbar, weil sie sowohl in formaler Hinsicht (vgl. Wortschatz, Syntax, thematische Strukturierung) als auch in funktionaler Hinsicht (vgl. Intention des Sprechers, Erwartungshaltung des Hörers) spezifische Merkmale aufweisen, die eine klare Abgrenzung von anderen Textsorten, z. B. Gebrauchsanweisungen, Stellenanzeigen, Werbetexten etc. erlauben.

Der Begriff Textsorte wird in der Textlinguistik nicht nur bei der Klassifizierung von Gebrauchstexten (Wetterbericht) verwendet, sondern auch zur Bezeichnung von Textklassen, die auf der Basis theoretisch-abstrakter Einteilungsprinzipien gebildet werden, z. B. narrative Texte, wissenschaftliche Texte etc.

615 Thema – Rhema (Theme – Rheme) – Given – New

Sätze können im Hinblick auf ihre Informationsstruktur unter verschiedenen Aspekten analysiert werden. Grundlegend sind dabei die Unterscheidungen zwischen Thema und Rhema einerseits und *given* und *new* andererseits.

Thema

Kommunikativer Ausgangspunkt eines Satzes oder einer *clause*, d. h. Satzelement in Anfangsstellung, die sog. *leftmost phrase*.

Satzglieder <445>, deren Anfangsposition im Satz der normalen Wortstellung <454> entspricht, werden als **NICHT-MARKIERTE THEMEN (UNMARKED THEMES)** (*She bought a new hat. Where do you live? Shut the door!*), andere als **MARKIERTE THEMEN (MARKED THEMES)** (*Under no circumstances must the door be left open*) bezeichnet.

Rhema

Der Bestandteil einer Satzstruktur, der dem Thema folgt und eine Aussage über das Thema darstellt.

Beispiele für die Thema-Rhema-Gliederung von Sätzen:

Thema:	Rhema:
The butler	killed the landlady.
The landlady	was killed by the butler.

Given

Der Teil der Information einer Äußerung, von der der Sprecher annimmt, daß sie dem Hörer aus dem sprachlichen Kontext bekannt ist.

New

Der Teil der Information einer Äußerung, von der der Sprecher annimmt, daß sie dem Hörer nicht bekannt ist bzw. die er als neu darstellt.

Während in dem Satz *The butler killed the landlady* die Thema-Rhema-Struktur konstant bleibt (*The butler* ist immer Thema, *killed the landlady* immer Rhema), besteht je nach Kontext ein Unterschied im Hinblick auf die Struktur von *given* und *new*:

(1) Whom did the butler kill?
The butler killed the landlady.
given new

(2) What did the butler do?
The butler killed the landlady.
given new

(3) Who killed the landlady?
The butler killed the landlady.
new given

Die Differenzierung von Thema und Rhema entstammt der in der Prager Schule <917> entwickelten Theorie der funktionalen Satzperspektive. Schwierigkeiten der genauen Abgrenzung von bekannter und neuer Information in konkreten Texten haben dazu geführt, daß Thema und Rhema als gegensätzliche Pole auf einer Skala „kommunikativer Dynamik" angesetzt werden. Thema bezeichnet demnach das Satzglied, das den geringsten Beitrag zum Fortschreiten des Kommunikationsprozesses leistet, Rhema das Satzglied, das dazu den größten Beitrag erbringt. Zwischen diesen Polen können Elemente auftreten, die unter dem Blickwinkel der Informationsstrukturierung eine Übergangsfunktion besitzen.

Die Differenzierung von Thema – Rhema und *given – new* geht auf M.A.K. Halliday (1970) zurück. Die Begriffe werden in der Linguistik aber nicht einheitlich gebraucht. Gelegentlich werden die Termini Thema und Rhema in dem Sinn verwendet, wie hier *given* und *new* definiert wurden. Eine ähnliche Unterscheidung ist die zwischen **TOPIC** und **COMMENT**. CGEL (18.9) unterscheidet zwischen *theme* und *focus <604>*, wobei *focus* dem Rhema entspricht.

616 Topikalisierung (Topicalisation)

> Von der normalen Wortstellung <454> abweichende Anfangsstellung eines Elements im Satz, so daß dieses Element Thema <615> des Satzes ist.

Das topikalisierte Element ist im Satz hervorgehoben:

Excellent food they serve here.
Everything that can be done the administration has attended to already.

Empfohlene einführende Lektüre zu diesem Kapitel

Brown/Yule (1983).

Aufgaben

Not only the intellectual but the moral foundations of the *ancien régime* were crumbling, or so the Thatcherites believed. In the way of all revolutionaries or counter-revolutionaries possessed of a simple truth, they embarked upon a crusade to restore lost virtue. See 'just how far we have fallen', she said, shortly after her victorious entrance to Number 10; there was a 'crisis in the nation'; society was 'sick – morally, socially and economically'. She instanced the events of the recent Winter of Discontent as a 'reversion towards barbarism'. She went on to attribute this moral malaise to a generation and more of collectivist thinking. 'The moral fallacy of socialism is to suppose that conscience can be collectivised'.

Decline was also a moral question. We have seen how the Ancients regarded this as a self-evident truth. Gibbon replanted the idea firmly in the modern mind. Every schoolchild knew about the bread and circuses. Note the implication that dependency and moral degradation are the two sides of the coin of corruption. In our times, 'welfarism' and moral decay go hand in hand. Thus Mrs Thatcher, addressing the Greater London Young Conservatives in 1976:

A moral being is one who exercises his own judgment in choice on matters great and small . . . In so far as his right and duty to choose is taken away by the State, the party or the union, his moral faculties – his capacity for choice – atrophy and he becomes a moral cripple. A man is now enabled to choose between earning his living and depending on the bounty of the State . . .

Peter Jenkins: *Mrs Thatcher's Revolution. The Ending of the Socialist Era*, London: Jonathan Cape (1987: 66) (Anfang des vierten Kapitels)

F61 Beschreiben Sie die Funktion von *so* in Zeile 2.

F62 Analysieren Sie die Referenz von:
(a) *they* (Z. 3)
(b) *we* (Z. 4)
(c) *she* (Z. 4)

F63 Inwiefern sind *the ancien régime* (Z. 1) und *her victorious entrance to Number 10* (Z. 5) Beispiele dafür, daß sich die Kohärenz eines Textes einerseits aus dem Text selbst und andererseits aus dem Weltwissen des Lesers ergibt?

F64 Analysieren Sie den Gebrauch der Nominalphrase *the idea* (Z. 11) unter textlinguistischen Gesichtspunkten.

F65 Beschreiben Sie, durch welche lexikalischen Mittel in dem Zitat von Margaret Thatcher Kohäsion hergestellt wird.

7 Soziolinguistik

701 Akzent (Accent)

Varietät <721> in bezug auf die Aussprache.

In der englischen Terminologie wird häufig der Unterschied zwischen *dialect* <705> und *accent* gemacht, wobei sich *accent* allein auf die Aussprache, *dialect* hingegen auf Aussprache, Wortschatz und Grammatik bezieht.

Querverweise: Akzent <201>, Received Pronunciation <713>.

702 Bilingualismus (Bilingualism)

Zweisprachigkeit (einer Person oder einer Region).

Auf den britischen Inseln herrscht Zweisprachigkeit in den keltischen Landesteilen, also in Irland, Wales und Schottland. Dabei sind die Regionen, in denen die Mehrzahl der Bevölkerung zweisprachig ist, relativ klein – in Irland sind es die Gebiete des Gaeltacht im Westen, in Schottland die Hebriden und in Wales der Nordwesten des Landes. Dabei ist allerdings zu berücksichtigen, daß es im Süden von Wales in absoluten Zahlen mehr Sprecher des Walisischen gibt als im Norden.

Abb. 702: Zweisprachigkeit in Wales und Schottland

Dydd Llun
Monday

Mehefin 13
June 13

9.30 Ysgolion/Schools

12.00
Countdown
Our *Countdown* challenger today is Kenneth Toll, from Tunbridge Wells in Kent. Kenneth worked for her Majesty's Custom and Excise for forty years before retirement — a suitable occupation when you consider his surname!
Presenter Richard Whiteley
Director Nick Abson
Producer John Meads
YTV PRODUCTION

12.30
Business Daily
The daily business and financial TV news service for businessmen, City professionals and savers and spenders everywhere.
Editor Andrew Clayton
Directors Louise Capell, Patrick Harpur
BUSINESS TELEVISION PRODUCTION

Open College

1.00 Open Exchange

New Series

3.20
Black Forest Clinic
The Stunt
Stuntman Harry Poser is taken to the clinic following a severe accident, and receives a lot of attention from Nurse Elke.
Professor Brinkmann KLAUSJURGEN WUSSON
Christa .... GABY DOHM
Dr Udo Brinkmann ...... SASCHA HEHN
Script Herbert Lichtenfeld
Director Hans-Jurgen Togel
POLYPHONE PRODUCTION/ZD/ORF

4.30
Helfa Drysor
Mae Syr Harri Morgan wedi dychwelyd i'w ynys i chwilio am ei drysor. Bob wythnos bydd plant yn cystadlu am y cyfle i gynorthwyo Syr Harri a'i wraig i ddarganfod y trysor hwnnw. Bydd 'na wobrau i'w hennill hefyd wrth iddynt fynd ar yr helfa.
Cyflwynwyr Mici Plwm, Sioned Mair
Ymchwilydd J. Gareth Wood
Cyfarwyddwr Michael Bayley Hughes
Cynhyrchydd Paul Jones
HTV CYMRU
Pirate Sir Harri Morgan has returned to his island to search for his lost treasure. Join us to help him discover it.

5.00
The Beverly Hillbillies
Elly becomes a Secretary
Jed Clampett takes over Milburn Drysdale's job for one

7.00 Newyddion
BBC CYMRU
World and national news

7.30
Tudalen '88
Ydych chi'n meddwl bod llyfrau'n gyffrous, a bod awduron yn greaduriaid diddorol? Fyddwch chi'n licio clywed stori neu ddwy am bobl a'u llyfrau? Trowch at *Tudalen 88* yng nghwmni Gwyneth Lewis a Karl Davies, a falle hefyd y cewch chi'r atebion i'n cystadleuaeth!
Cynhyrchydd Meleri Mair
FFILMIAU REBECA
Another edition in the series dealing with the book world.

8.00
Am y Boced
Cwis am chwaraeon o bob

9.05
People to People
A Peace of her Mind
Women's work for peace is not a new phenomenon. This programme explores several older women's accounts of their peace activities and ideas on peace and war. We begin in 1915 with the formation of the Women International League for Peace and Freedom. A 94 year old sufragette recalls losing her job for anti-war speeches and we look back to 1926 when 10,000 women marched for peace.
Producers/Directors Suzanne Neild, Rosalind Pearson
CLIO CO-OP PRODUCTION

10.05
A Town like Alice
Jean and Joe are reunited on the Great Barrier Reef in Australia. Jean has difficulty in adjusting to the harsh outback, where the local people are not hospitable.

Britisches Englisch – Amerikanisches Englisch (British English – American English) 703

Wesentliche Unterschiede zwischen den beiden Varietäten <721> finden sich auf verschiedenen Beschreibungsebenen:

1. Aussprache:

	RP	AmE
(i)	Phonetik: unterschiedliche lautliche Realisation von Phonemen	
	/r/: *voiced frictionless post-alveolar continuant* [ɹ]	/r/: *voiced frictionless retroflex continuant* [ɻ]
(ii)	Phonologie: unterschiedliche Phoneme in einzelnen Wörtern	
	/ɑ:/ (palm) – /ɒ/ (pot)	/ɑ:/ (palm – pot)
(iii)	Phonologie: unterschiedliches Phoneminventar	

Im amerikanischen Englisch sind z. B. die RP-Phoneme /ɪə, eə, ʊə/ nicht im Phoneminventar enthalten.

(iv) Phonotaktik <228>

nicht-rhotisch <715>	rhotisch <715>

(v) Unterschiede in der Aussprache einzelner Wörter

– Betonung:

address: /əˈdres/	address: /ˈædres/
commentary: /ˈkɒməntrɪ/	commentary: /ˈkɑːmənterɪ/
dictionary: /ˈdɪkʃənrɪ/	dictionary: /ˈdɪkʃənerɪ/

– andere Unterschiede:

clerk: /ˈklɑːk/	clerk: /ˈklɜːrk/
schedule: /ˈʃedjuːl/	schedule: /ˈskedʒuːl/
tomato: /təˈmɑːtəʊ/	tomato: /təˈmeɪtəʊ/

2. Orthographie <224>

BrE	AmE
-our: colour, labour	-or: color, labor
-re: centre, theatre	-er: center, theater
-ce: defence, offence	-se: defense, offense
cheque, storey, tyre	check, story, tire

3. Wortschatz

(i) Verschiedene Bedeutungen derselben Formen

pavement (‘footpath’)	pavement (‘road surface’)
pants (‘underpants’)	pants (‘trousers’)

(ii) Zusätzliche Bedeutungen in einer der beiden Varietäten

frontier (‘border between two countries’)	cute (‘attractive, charming’)
leader (‘editorial’)	good (‘valid’ of tickets etc.)
	school (‘all institutions of education including universities’)

(iii) Verschiedene Wörter für dieselbe Bedeutung

queue	line
ring *v.*	call *v.*
tin	can
petrol	gas
book *v.*	make a reservation
biscuit ('savoury')	cracker
garden	yard
subway	pedestrian underpass
underground railway	subway

4. Morphologie

burnt	burned
learnt	learned
got (Partizip)	gotten

5. Syntax

– Im britischen Englisch sind Konjunktivformen <430> seltener als im amerikanischen Englisch (BrE: *We recommend that he should be released* – AmE: *We recommend that he be released.*)

– Im amerikanischen Englisch kann *past tense* auch für *'recently completed events'* verwendet werden (*So you finally arrived*), wo im britischen Englisch nur *present perfect* möglich ist (*So you've finally arrived*).

– Valenz <451>

different from	different than
meet	meet with
talk to	talk with/to
visit	visit with

Literatur: Trudgill/Hannah (1982); Barnickel (1982), LDOCE

704 Creole (Creole)

Sprache, die sich aus einer Pidgin-Sprache <712> entwickelt hat, aber
- zur Muttersprache einer Sprechergruppe geworden ist und
- gegenüber der ursprünglichen Pidgin-Varietät über ein umfangreicheres Vokabular, ein größeres Inventar syntaktischer Konstruktionen und über stärkere stilistische Unterscheidungsmöglichkeiten verfügt und
- alle Funktionen einer normalen Sprache erfüllt.

Creol-Sprachen entstehen dadurch, daß in Sprachgemeinschaften, in denen eine Pidgin-Sprache als Lingua franca <711> fungiert, Kinder diese Sprache als Muttersprache erlernen. Durch den Prozeß der Kreolisierung verliert diese Sprache ihren Pidgin-Charakter.

Beispiel für eine Creol-Sprache, die auf dem Englischen basiert, ist Krio, das in Freetown, einer Stadt in Sierra Leone, von ca. 200 000 Menschen als Muttersprache gesprochen wird. Krio geht auf das Pidgin der nach der Sklavenbefreiung Ende des 18. Jahrhunderts vorwiegend aus Amerika nach Afrika zurückgekehrten Sklaven zurück.

705 Dialekt (Dialect)

Varietät <721> einer Sprache, die
- in einer bestimmten Region und/oder von einer bestimmten sozialen Schicht gesprochen wird und
- sich durch bestimmte Charakteristika hinsichtlich Aussprache, Morphologie, Syntax, Wortschatz usw. auszeichnet.

Häufig wird zwischen **REGIONALEN DIALEKTEN (REGIONAL DIALECTS)** und **SOZIALEN DIALEKTEN (SOCIAL DIALECTS)** unterschieden. Für letztere wird gelegentlich der Terminus Soziolekt <718> gebraucht; Dialekt ist dann auf regionale Dialekte beschränkt.

Im Gegensatz zum allgemeinsprachlichen Gebrauch des Wortes Dialekt wird der Terminus Dialekt in der Linguistik nicht abwertend, sondern neutral verwendet. Im Englischen kann *dialect* auch auf *Standard English* <720> angewandt werden. In der deutschen Terminologie bezeichnet Dialekt nicht die Standardsprache; als neutraler Oberbegriff wird häufig Varietät verwendet.

Einzelne Dialektgebiete sind nicht eindeutig zu bestimmen: Zum einen stellt sich die Frage, wie genau man differenzieren will (Dialekt von Norfolk oder von East Norfolk?), zum anderen gibt es keine eindeutigen Dialektgrenzen (etwa zwischen dem Dialekt von Norfolk und dem von Suffolk), sondern nur fließende Übergänge. Eindeutig bestimmbar ist nur der Verlauf der Grenzen einzelner Dialektmerkmale; Dialektgrenzen werden in der Regel da angesetzt, wo sich sog. Isoglossenbündel <710> ergeben, d.h. mehrere solcher Grenzen annähernd zusammenfallen.

Im Englischen wird in Hinblick auf die geographischen Varietäten zwischen **NATIONALEN VARIETÄTEN** (wie britischem, amerikanischem, australischem Englisch) und **REGIONALEN VARIETÄTEN** (wie Yorkshire English, Cockney, etc.) unterschieden. Vgl. CGEL (1.20–1 u. 1.24–6).

Die Abgrenzung von Dialekt und Sprache ist fließend: Im allgemeinen besteht das Unterscheidungskriterium darin, daß sich Sprecher verschiedener Dialekte verstehen, Sprecher verschiedener Sprachen aber nicht. Dieses Kriterium ist jedoch nicht immer erfüllt, denn zum Beispiel werden Schwedisch, Norwegisch und Dänisch als eigene Sprachen betrachtet, obwohl sich die Sprecher dieser Sprachen gegenseitig verstehen. Insofern sind in manchen Fällen politische und kulturelle Faktoren sowie die Autonomie einer Sprache (die sich u. a. in der Herausbildung eines eigenen Standards äußern kann) ebenfalls miteinzubeziehen.

Die Anfänge der englischen Dialektforschung gehen weit zurück; im 19. Jahrhundert sind besonders die Arbeiten von Ellis und Wright von Bedeutung. Eine systematische Erfassung englischer Dialekte ist das Ziel des *Survey of English Dialects,* eines großangelegten Forschungsprojekts an der Universität Leeds, das 1946 begonnen wurde.

Literatur: Barnickel (1980: 143–151).

Diglossie (Diglossia) 706

> Sprachsituation einer Region, in der alle Sprecher über zwei Varietäten verfügen, von denen die eine in formellen, die andere in weniger formellen Sprechsituationen verwendet wird.

Die beiden Varietäten können als *high variety* und *low variety* bezeichnet werden, wobei die *low variety* regionale Unterschiede aufweisen kann. Dennoch zeichnet es Diglossiesituationen aus, daß beide Varietäten von der Sprachgemeinschaft anerkannt werden und es auch Bezeichnungen für sie gibt.

Diglossie ist zum Beispiel in der Schweiz durch das Nebeneinander von Hochdeutsch und Schweizerdeutsch gegeben.

Literatur: Trudgill (1974: 116–8)

707 Elaborierter Code – Restringierter Code (Elaborated Code – Restricted Code)

In Zusammenhang mit der Erforschung der Unterschiede zwischen der Sprache von Mittel- und Unterschichtkindern traf der englische Sozialpsychologe Basil Bernstein in den fünfziger Jahren die Unterscheidung zwischen elaboriertem und restringiertem Code:

Restringierter Code

Sprachstil, der sich durch Merkmale wie die folgenden auszeichnet:
- kurze, oft nicht vollendete Sätze
- seltener Gebrauch von Nebensätzen
- seltener Gebrauch von Adjektiven und Adverbien
- häufige Verwendung von Idiomen
- häufige Verwendung von *question tags*
- niedriger Abstraktionsgrad
- starke Einbeziehung des außersprachlichen Kontexts durch häufigen Gebrauch deiktischer Zeichen.

Elaborierter Code

Sprachstil, der sich durch Merkmale wie die folgenden auszeichnet:
- längere, vollständige Sätze
- häufiger Gebrauch komplexer Konstruktionen durch Verwendung von Konjunktionen und Präpositionen
- Gebrauch von unpersönlichen Konstruktionen und Passivformen
- Unabhängigkeit vom außersprachlichen Kontext.

Ein häufig zitiertes Beispiel für zwei unterschiedliche Versionen derselben Geschichte illustriert restringierten (a) und elaborierten (b) Code:

(a) They're playing football – and he kicks it – and it goes through there – it breaks the window and they're looking at it – and he comes out – and shouts at them – because they've broken it – so they run away – and then she looks out – and she tells them off.

(b) Three boys are playing football and one boy kicks the ball – and it goes through the window – the ball breaks the window and the boys are looking at it – and a man comes out – and shouts at them – because they've broken the window – so they run away – and then that lady looks out of her window – and she tells the boys off.

Bernsteins Theorie zufolge beherrschen Mittelschichtkinder sowohl den restringierten als auch den elaborierten Code, während Unterschichtkinder nur über den restringierten Code verfügen.

Bernsteins Forschungen hatten große Auswirkungen auf den Schulunterricht. So geht z. B. die Einführung von kompensatorischem Sprachunterricht für Unterschichtkinder auf die Überlegung zurück, daß für Unterschichtkinder eine Sprachbarriere besteht, dadurch daß sie den elaborierten Code nicht beherrschen. Neuere Forschungsrichtungen innerhalb der Soziolinguistik nehmen gegenüber Bernsteins Experimenten eine sehr kritische Stellung ein. Bei Bernstein wird die Sprache der Unterschichtkinder als defizitär gesehen – eine solche Auffassung wird auch als **DEFIZITHYPOTHESE (DEFICIT HYPOTHESIS)** bezeichnet. Soziolinguisten wie Labov oder Trudgill sehen die Sprache von Mittel- und Unterschichtkindern zwar als unterschiedlich, aber als prinzipiell gleichwertig – etwa im Sinne verschiedener Stile – an. Diese Auffassung wird als **DIFFERENZHYPOTHESE (DIFFERENCE HYPOTHESIS)** bezeichnet.

Literatur: Barnickel (1980: 206–12); Labov (1966); Trudgill (1974: 51–6).

Hyperkorrektheit (Hypercorrection) 708

Erscheinung, daß Sprecher bei dem Versuch, die Standardsprache <720> zu sprechen und dabei ein bestimmtes Dialektmerkmal <705> durch die entsprechende standardsprachliche Form zu ersetzen, den Unterschied zwischen Dialekt und Standard verallgemeinern und eine Veränderung auch dann vornehmen, wenn sie der Standardsprache nicht entspricht.

Hyperkorrektheit liegt z. B. vor, wenn Eliza Doolittle versucht, das für ihren Dialekt Cockney typische *h-dropping* zu vermeiden, und sagt: *In Hertford, Hereford and Hampshire, hurricans hardly hever happen*. Ähnlich liegt Hyperkorrektheit vor, wenn nordenglische Sprecher, die Wörter wie *bath* oder *aunt* dialektal mit dem Phonem <225> /æ/ artikulieren, nicht nur [bɑːθ] und [ɑːnt] sagen, sondern auch Formen wie [bɑːd] oder [bɑːtʃələ] gebrauchen, die auch in RP das Phonem /ae/ enthalten (*bad, bachelor*).

709 Idiolekt (Idiolect)

Sprachsystem eines einzelnen Sprechers, das sich durch individuelle Merkmale hinsichtlich Aussprache, Morphologie, Syntax, Wortschatz usw. von Abstraktionen wie Dialekt- <705> und Standardsystem <720> abhebt.

Keine zwei Sprecher derselben Sprache verfügen also über denselben Idiolekt. Aussagen über Gruppensprachen wie Dialekte oder ein Sprachsystem überhaupt stellen deshalb immer Generalisierungen dar.

710 Isoglosse (Isogloss)

Geographische Grenzlinie für ein einzelnes (phonologisches, phonetisches, lexikalisches, grammatisches etc.) Dialektmerkmal <705>.

Die Isoglosse, die die Aussprache des RP-Vokals <713> /æ/ als [æ] (südlich) bzw. [a] (nördlich) in englischen Dialekten markiert, stellt eine Linie dar, die in etwa entlang der walisischen Grenze verläuft und sich durch die südlichen Midlands bis zu The Wash zieht.

Eine Isoglosse stellt keine Dialektgrenze dar, weil sie sich nur auf eine einzige sprachliche Erscheinung bezieht. Dialektgrenzen sind da anzusetzen, wo sich Isoglossenbündel ergeben, d. h. mehrere Isoglossen einen ähnlichen Verlauf nehmen.

Entsprechend verzeichnet der *Linguistic Atlas of England* (1978), der aus dem *Survey of English Dialects* <705> hervorgegangen ist, Isoglossen einzelner Dialektmerkmale.

Abb. 710: Die Karte zeigt die Isoglossen für die sog. Anlautserweichung, die ein Hauptmerkmal der südwestenglischen Dialekte darstellt: Dabei werden in Wortanfangsposition Frikative, die in anderen Dialekten stimmlos sind, stimmhaft gesprochen.

Quelle: M. F. Wakelin: *English Dialects. An Introduction,* Whitstable (1977: 92)

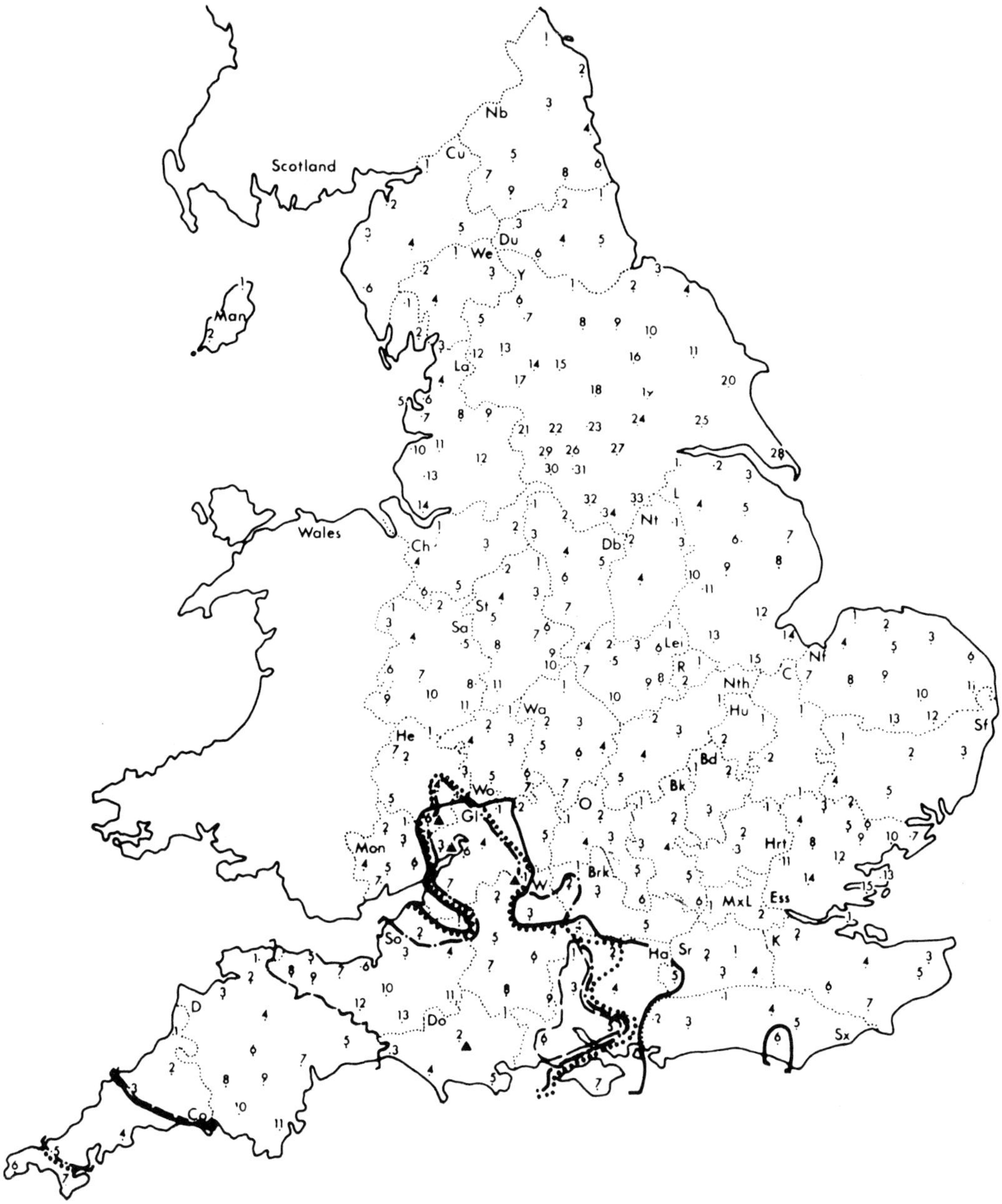

Map 6 *Farmer, six, thumb* and *shilling*

- ——— Limit of [v] in *farmer* (VIII.4.7)
- ········· Limit of [z] in *six* (VII.1.5)
- -·—·- Limit of [ð] in *thumb* (VI.7.6)
- — — Limit of [ʒ] in *shilling* (VII.7.5)
- ▲ additional examples

711 Lingua Franca (Lingua Franca)

Sprache, die als Verständigungssprache zwischen Sprechergruppen verschiedener Muttersprachen fungiert.

In weiten Teilen der Welt stellt heute Englisch die Lingua franca dar, in Westafrika aber zum Beispiel auch Haussa und in Indien neben Englisch auch Hindi. Im Mittelalter war Latein als Gelehrtensprache die lingua franca.

712 Pidgin (Pidgin)

Sprache, die als Lingua franca <711> zwischen Sprechergruppen verschiedener Muttersprachen fungiert und

- die nicht selbst von irgendeiner Sprechergruppe als Muttersprache gesprochen wird,
- deren Gebrauch auf bestimmte Kommunikationsbereiche, vor allem Handel und Verwaltung, beschränkt ist,
- die sich aus einer anderen Sprache durch Vereinfachung in Grammatik und Lexis (sowie Angleichung der Aussprache an die Muttersprache der Benutzer) entwickelt hat.

Der Ursprung vieler Pidgins liegt in dem in erster Linie durch Handel zustande gekommenen Sprachkontakt, zum Teil lassen sie sich auf die von Europa ausgehende Kolonialisierung zurückführen. Auf dem Englischen basierende Pidginsprachen finden sich heute z. B. in Australien, Westafrika oder Neuguinea.

Beispiel für British Solomon Islands Pidgin:

> [Mifɛlə i-go go lɔŋ sɔlwater, lʊkautɪm fiš, nau wɪn i-kam]
> (Trudgill, 1974: 168).

(Der Terminus *pidgin* läßt sich auf das Wort *business* zurückführen, nach der Aussprache für *'business English'* als *'pidgin English'* in einem chinesischen Pidgin Englisch.)

Received Pronunciation (RP) 713

Aussprachevariante <701> des britischen *Standard English* <720>, die
- innerhalb von England (und Wales) nicht regional determiniert ist und
- in sozialer Hinsicht die Zugehörigkeit zu einer höheren Gesellschafts- und Bildungsschicht signalisiert.

Eine RP-Aussprache ist also ein sozialer Indikator, verrät aber über die regionale Herkunft eines Sprechers nicht mehr, als daß er aus England oder Wales stammt. In Schottland gibt es einen eigenen Ausssprachestandard, der in Großbritannien über ein ähnliches Sozialprestige verfügt wie RP.

Die Existenz eines solchen überregionalen Ausssprachestandards, der keinerlei regionale Kennzeichen aufweist, unterscheidet die Situation in Großbritannien grundlegend etwa von der in Deutschland, wo Hochdeutsch – abgesehen von der Sprache der Bühne usw. – immer mit einer leicht regional gefärbten Aussprache gesprochen wird.

Die Ursprünge der *Received Pronunciation* liegen historisch im Dialekt der Gegend um London, obwohl sich RP heute deutlich von der Aussprache südenglischer Dialekte unterscheidet. Für die Entwicklung der RP zu einem *social marker* in der britischen Gesellschaft war der Einfluß der privaten *public schools* entscheidend, die diese überregionale, schichtenspezifische Aussprachevariante kultiviert haben. In der 1. Auflage des *English Pronouncing Dictionary* aus dem Jahr 1917 beschreibt Daniel Jones die zugrundegelegte Aussprache entsprechend als "that most usually heard in everyday speech in the families of Southern English persons whose menfolk have been educated at the great public boarding schools".

Daß die „richtige" Aussprache in der Tat gesellschaftlich von großer Bedeutung war, illustriert auch Shaw mit der Geschichte des Blumenmädchens Eliza Doolittle in *Pygmalion*.

Das hohe Sozialprestige von RP zeigt sich auch in Bezeichnungen wie *Queen's English* oder *Oxford English* und im Terminus *Received Pronunciation* selbst, wo *received* als 'accepted in the best society' zu verstehen ist. Die Bezeichnung **BBC ENGLISH** rührt daher, daß die BBC in ihrer Anfangszeit ausschließlich RP-Sprecher eingesetzt hat.

Die gesellschaftliche Bedeutung von RP ist in den letzten Jahrzehnten jedoch entscheidend zurückgegangen: Einer Schätzung Trudgills zufolge sprechen nur noch etwa 3% aller Engländer RP. RP wird zum Teil als snobistisch oder betont konservativ empfunden. *Standard English* mit regional gefärbter Aussprache wird zunehmend akzeptabler. Auch die BBC verfolgt heute eine wesentlich liberalere

Politik, wenngleich etwa Nachrichtensendungen nach wie vor in RP gesprochen werden. Trotz der sinkenden Bedeutung als *social marker* nimmt RP unter den Aussprachevarianten des britischen Englisch eine Sonderstellung ein, weil sie nicht geographisch gebunden ist und damit wohl auch überall verstanden wird. Aus diesem Grund orientiert sich der Englischunterricht für Ausländer häufig an RP.

Innerhalb der RP können verschiedene Ausprägungen unterschieden werden, was sich in Einteilungen wie der zwischen *conservative RP*, *general RP* und *advanced RP* bei Gimson (1980: 92) oder der zwischen *mainstream RP, U-RP, adoptive RP* und *near RP* bei Wells (1982: 279–301) niederschlägt.

In den USA gibt es keinen RP direkt vergleichbaren Aussprachestandard. Mit dem Terminus **GENERAL AMERICAN** werden solche Akzente des amerikanischen Englisch bezeichnet, die keine Kennzeichen der Dialekte *Eastern* oder *Southern* aufweisen. Wegen der weiten Verbreitung von *General American* in Rundfunk und Fernsehen wird dieser Akzent auch als **NETWORK ENGLISH** bezeichnet (vgl. Wells 1982: 470).

Literatur: EPD (1977: 10); Hughes/Trudgill (1979: 2–3); Gimson (1980: 87–92).

Why can't the English teach their children how to speak?
This verbal class distinction by now should be antique.
. . .
An Englishman's way of speaking absolutely classifies him.
The moment he talks he makes some other Englishman despise him.
One common language I'm afraid we'll never get.
Oh, why can't the English learn to set
A good example to people whose English is painful to your ears?
The Scotch and the Irish leave you close to tears.
There even are places where English completely disappears.
In America, they haven't used it for years!

My Fair Lady

Register (Register) 714

> Varietät <721> einer Sprache, deren Gebrauch von Faktoren der Sprechsituation abhängig ist, also etwa von der Konstellation zwischen Sprecher und Hörer, vom Thema und dem Medium der Äußerung (gesprochen/geschrieben) <605>.

Zum Beispiel unterscheiden sich Sätze wie (1) *Could you please provide me with some information on...* und (2) *Could you please let me know whether...* nicht in ihrer denotativen Bedeutung <505>, sondern hinsichtlich des Registers. Welcher der beiden Sätze in einer bestimmten Situation adäquat erscheint, hängt davon ab, wer die Kommunikationspartner sind, in welchem Verhältnis sie zueinander stehen, ob es sich um eine schriftliche oder eine mündliche Äußerung handelt, worüber gesprochen wird usw.

Registerunterschiede äußern sich in der Wortwahl, aber auch in bezug auf Grammatik, Aussprache oder selbst Stimmqualität (etwa im Register Predigt). Auch der Grad, in dem ein Sprecher in einer bestimmten Situation Standard- <720> oder Dialektformen <705> gebraucht, fällt unter Register.

Halliday/McIntosh/Strevens (1964: 77) beschreiben Register als "variety according to use" im Gegensatz zu Dialekt <705> als "variety according to user".

Rhotischer Dialekt (Rhotic Accent) 715

> Akzent <701> des Englischen, in dem ein in der Schreibung vorhandenes <r> nach Vokalen am Wortende und vor Konsonanten ausgesprochen wird.

So werden in rhotischen Varietäten des Englischen *car* und *farm* als /kɑːr/, /fɑːrm/ ausgesprochen, im Gegensatz zu nicht-rhotischer Aussprache als /kɑː/ und /fɑːm/.

Das Merkmal rhotisch ist eines der grundlegenden Kriterien zur Einteilung der Varietäten des Englischen:

Nicht-rhotische Varietäten: RP <713>, südöstliche und nördliche Dialekte des Englischen, walisisches Englisch, südafrikanisches, australisches Englisch.

Rhotische Varietäten: die meisten nordamerikanischen Varietäten (amerikanisches Englisch, kanadisches Englisch) sowie irisches und schottisches Englisch.

Abb. 715: Postvokalisches /r/ in England

Quelle: Trudgill (1974: 159).

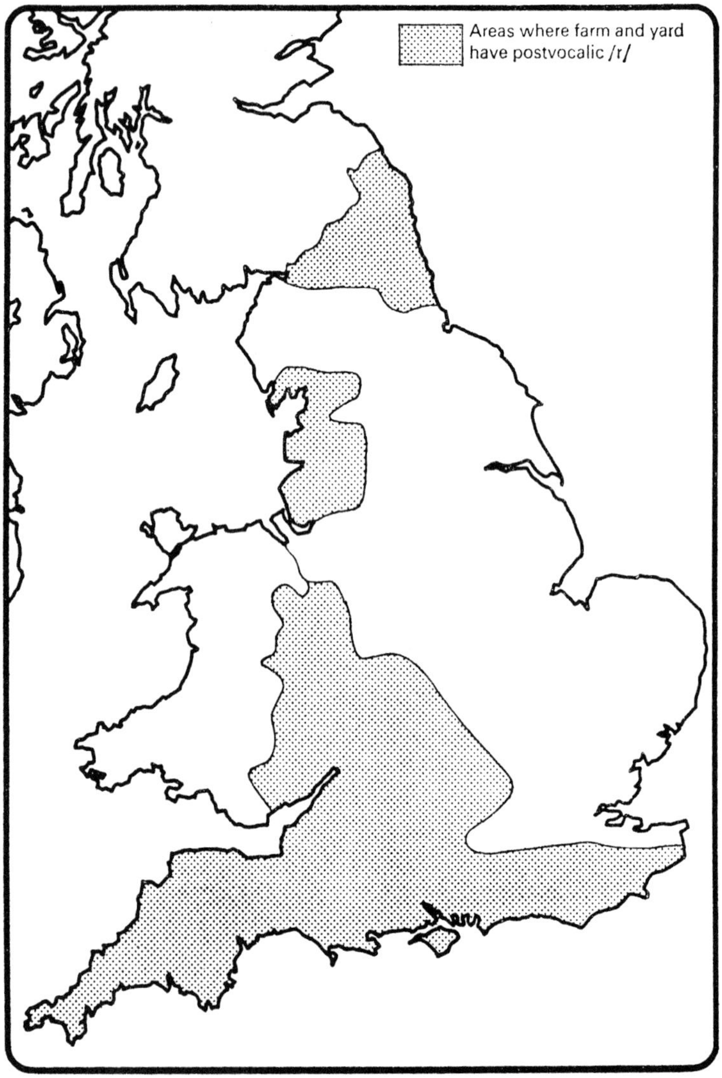

Map 1. Postvocalic /r/ in yard *and* farm *in conservative rural dialects in England*

Sapir-Whorf-Hypothese (Sapir-Whorf-Hypothesis) 716

Ansicht, daß menschliches Denken durch die Muttersprache beeinflußt ist, die ein Raster für die Wahrnehmung der Welt darstellt, daß Menschen mit verschiedenen Muttersprachen also auch über unterschiedliche Denkkategorien verfügen.

Die Behauptung, daß die Weltsicht eines Menschen entscheidend durch seine Muttersprache geprägt wird, wurde von den beiden amerikanischen Sprachwissenschaftlern und Ethnologen Edward Sapir (1884–1939) und Benjamin Lee Whorf (1897–1941) in Zusammenhang mit der Analyse amerikanischer Indianersprachen aufgestellt. Sie stellten zum Beispiel fest, daß die Sprache der Hopi-Indianer nicht über ein dem Englischen vergleichbares Tempussystem <406> verfügt und folgerten daraus, daß zeitliche Vorgänge von den Hopis auch anders wahrgenommen würden. Inwieweit solche Zusammenhänge zwischen Sprache und Denken tatsächlich bestehen, ist nach wie vor ungeklärt. Einigkeit besteht aber darüber, daß eine extreme Form dieser Hypothese, die etwa besagen würde, daß bestimmte Denkformen durch bestimmte Sprachformen vollkommen ausgeschlossen sind (schon wegen der Übersetzbarkeit der Sprachen), nicht haltbar ist. Weitgehend akzeptiert ist wohl die Ansicht, daß das habituelle Denken durch die Muttersprache bestimmt sein kann.

Literatur: Gipper (1972).

Sondersprachen – Fachsprachen (manchmal: Special Languages) – Slang 717

Sondersprache

Varietät,
- deren Gebrauch typisch für eine bestimmte, relativ eng begrenzte Sprechergruppe ist und von dieser auch als Abgrenzung gegenüber anderen Sprechern eingesetzt wird und
- die vor allem im Bereich des Wortschatzes Besonderheiten aufweist.

In diesem Sinne könnte man etwa die Sprache der Jugend, die Sprache des Sports als Sondersprachen bezeichnen, aber auch die Sprache bestimmter Berufsgruppen, wobei der Begriff **JARGON (JARGON)** verwendet wird, um den Aspekt des

„in-group-Verhaltens" von Eingeweihten (Barnickel 1982/II: 37) zu betonen. Neutraler als Jargon ist der Terminus Fachsprache:

> **Fachsprache**
>
> Sondersprache, die vor allem durch Besonderheiten im Wortschatz in bezug auf einen bestimmten Gegenstandsbereich gekennzeichnet ist.

Termini wie *adjunct, allophone, allomorph* sind etwa der Fachsprache der Linguistik, *floating money, fraction money, snake* ('Währungsschlange'), E.M.S. (*European Monetary System*) der Fachsprache der Wirtschaft zuzuordnen. Häufig wird erwähnt, daß sich Fachsprachen auch durch eine große Zahl von Wortbildungen sowie bestimmte syntaktische und textuelle Besonderheiten auszeichnen.

Zu Sondersprachen zählt im weiteren Sinne auch *Slang*.

> **Slang**
>
> Wortschatz,
> - der einer niedrigen Stilebene zuzuordnen ist,
> - dessen Gebrauch eine betont lässige, meist ironisch distanzierte Sprecherhaltung zum Ausdruck bringt und
> - der in bezug auf seine Entstehung bzw. Verbreitung gruppenspezifischen Charakter besitzt.

have a doss 'have a short sleep', *conk out* 'break down', *scuzzy* 'unpleasant and dirty', *bleeder* 'person one does not like', *loony* 'mad or foolish', *clam up* 'become silent'

Der als Slang bezeichnete Wortschatz unterschreitet deutlich die Stilebene der informellen Sprache (*informal/colloquial English*), liegt aber noch über dem Niveau der Gaunersprache (*cant*). Seine sprachlichen Merkmale können im wesentlichen durch die soziologisch und psychologisch bedingte Gewohnheit bestimmter Sprechergruppen erklärt werden, sich durch Wortneubildungen oder eine neuartige Verwendung bereits vorhandenen Vokabulars, vornehmlich in Bereichen, die für sie von affektiver Bedeutung sind, nach außen abzugrenzen. Slangausdrücke können unter Umständen schnell veralten, sie können aber auch allgemein Anklang finden und in den Wortschatz der informellen oder neutralen Stilebene aufsteigen (vgl. die Wörter *bully, clumsy, mob,* die früher einmal dem Slang zugerechnet wurden).

Der Slang spielt eine besonders große Rolle in der Sprache der städtischen Jugend. Der für sie typische Wortschatz wird zuweilen als **GENERAL SLANG** bezeichnet, im Unterschied zum **VOCATIONAL SLANG** bestimmter Berufsgruppen (vgl. *army slang, railway slang* etc.). Zum *vocational slang* wird in der Regel jedoch der stilistisch neutrale Fachjargon der betreffenden Gruppe hinzugerechnet, wodurch der Terminus Slang in die Nähe der Fachsprachen gerückt wird.

Der sog. **RHYMING SLANG** ist ein im Cockney entstandener Wortbildungstyp, der darin besteht, daß ein gemeintes Wort durch ein darauf reimendes Wortpaar ersetzt wird (z. B. *trouble and strife* für *wife, bees and honey* für *money, bacon and eggs* für *legs* etc.).

Literatur: Barnickel (1982/II: 35–83), Leisi (1985: 212–19)

Soziolekt (Sociolect) 718

> Varietät <721> einer Sprache, die von einer bestimmten sozialen Schicht gesprochen wird und sich durch bestimmte Charakteristika hinsichtlich Aussprache, Morphologie, Syntax und Wortschatz auszeichnet.

Soziolekte werden häufig auch als **SOZIALE DIALEKTE (SOCIAL DIALECTS)** bezeichnet.

Soziolekte können eigentlich nicht isoliert von (regionalen) Dialekten <705> betrachtet werden. Der Unterschied zwischen den Soziolekten der *upper middle class* und der *lower middle class* einer Stadt wie Birmingham besteht darin, daß der Soziolekt der *lower middle class* mehr Abweichungen vom *Standard English* <720> und mehr Charakteristika des regionalen Birminghamer Dialekts aufweist als der der *upper middle class*.

Soziolinguistik (Sociolinguistics) 719

> Teilgebiet der Sprachwissenschaft, das soziale und regionale Varietäten <721> von Sprache und die Bedingungen ihrer Verwendung untersucht.

Die Soziolinguistik ist seit den sechziger Jahren eine etablierte Forschungsrichtung innerhalb der Sprachwissenschaft. Ihr Gegenstand ist die Analyse von Soziolekten und Dialekten und ihrer Funktion in der Gesellschaft. Im Mittelpunkt stehen dabei Fragen wie die von schichten- bzw. gruppenspezifischer Sprachverwendung und einer möglicherweise gegebenen Diskriminierung durch Sprache <707>.

Im weiteren Sinne wird der Terminus Soziolinguistik auch für Forschungen verwendet, die sich nicht primär mit sozial bedingten, sondern in erster Linie mit regionalen Differenzierungen beschäftigen. In diesem Sinne kann die traditionelle **DIALEKTOLOGIE (DIALECTOLOGY)** der Soziolinguistik zugerechnet werden.

720 Standard (Standard)

Varietät <721> einer Sprache, die
- über die Grenzen der regionalen Dialekte <705> hinweg als überregionale Verkehrssprache fungiert,
- meist einen hohen sozialen Prestigewert besitzt, weil sie von den sog. *educated speakers* gesprochen wird,
- in Rundfunk und Fernsehen und in den meisten Druckerzeugnissen zugrundegelegt wird,
- in den meisten Grammatiken und Wörterbüchern beschrieben ist und
- als Grundlage für den Fremdsprachenunterricht dient.

Sprachwissenschaftlich ist der Standard neben den Dialekten als eine Varietät einer Sprache zu sehen <721>. Urteile, daß Standardformen richtiger oder besser seien, sind unangebracht.

In manchen Ländern wird die Standardsprache von einer Institution normativ festgelegt, etwa durch die Académie Française in Frankreich oder – allerdings nur in bezug auf die Rechtschreibung – durch die Duden-Redaktion in Deutschland. In Großbritannien und den USA gibt es keine vergleichbare Institution.

In Großbritannien hat sich etwa ab dem 15. Jahrhundert eine Standardsprache entwickelt, wobei die Einführung des Buchdrucks in England durch Caxton im Jahre 1476 sicherlich förderlich war. Grundlage war der Dialekt von London, der durch seine Lage zwischen verschiedenen anderen Dialekten über ein hohes Maß an Allgemeinverständlichkeit verfügte. Andere entscheidende Faktoren sind wohl die wirtschaftliche, politische und kulturelle Vormachtstellung Londons, bedingt durch den königlichen Hof, und die Bedeutung der nahegelegenen Universitäten Oxford und Cambridge.

Zwar umfaßt die Bezeichnung **STANDARD ENGLISH** Aussprache, Wortschatz und Grammatik, was jedoch nicht bedeutet, daß die *Received Pronunciation* <713> die einzige Aussprachemöglichkeit für *Standard English* darstellt. Eine Varietät, die in Hinblick auf Wortschatz und Grammatik dem *Standard English* entspricht, aber mit einer leicht regional gefärbten Aussprache gesprochen wird, kann man als **MODIFIED STANDARD** bezeichnen.

Standard English existiert heute in zwei Hauptausprägungen: **BRITISH ENGLISH** und **AMERICAN ENGLISH** (vgl. CGEL 1.23) <703>. Für den amerikanischen Sprachraum läßt sich jedoch keine Varietät in der Weise als Standard bezeichnen, wie das in Großbritannien der Fall ist; im wesentlichen teilt man *American English* in die drei Hauptdialekte *Eastern New England, General American* und *Southern* ein.

Formen, die nicht dem *Standard English* zuzuordnen sind, werden als **NONSTANDARD** (oder gelegentlich als **SUBSTANDARD**) bezeichnet.

Varietät (Variety) 721

> Erscheinungsform einer Sprache, deren Vorkommen bzw. Verbreitung durch Faktoren wie Region, soziale Position, Bildungshintergrund, Thema, Kommunikationssituation, Medium (geschrieben/gesprochen) <605> bestimmt ist.

Dialekte <705> und Soziolekte <718> können also auch als Varietäten bezeichnet werden. In der germanistischen Forschung wird der Terminus Varietät gelegentlich als Oberbegriff für Standard und Dialekt verwendet.

Der Terminus Varietät hat sich erst in der neueren Fachliteratur gegenüber dem allgemeineren Begriff Variante durchgesetzt.

Empfohlene einführende Lektüre zu diesem Kapitel

Trudgill (1974/1983); Trudgill/Hannah (1982); Barnickel (1982).

Aufgaben

F71 Wodurch unterscheiden sich verschiedene Dialekte einer Sprache?

(a) Aussprache
(b) Wortschatz
(c) Grammatik
(d) den Grad der Korrektheit

F72 Wodurch unterscheiden sich Creol- von Pidginsprachen?

F73 Welche der folgenden Gruppen gehören zu den typischen RP-Sprechern?

(a) BBC-Nachrichtensprecher
(b) schottische Richter
(c) Busfahrer in London
(d) Absolventen der englischen *public schools*

F74 Welche der folgenden Dialekte besitzen postvokalisches /r/:

(a) American English
(b) RP
(c) Scottish English
(d) Irish English

F75 In welcher Hinsicht unterscheiden sich die folgenden Sätze?

(a) Would you like a small whisky? – Would you like a wee dram of whisky?
(b) Can I offer you a whisky? – Would you mind a whisky?

F76 Die Standardsprache zeichnet sich gegenüber anderen Varietäten der Sprache dadurch aus, daß sie

(a) weiter verbreitet ist
(b) allgemein verständlich ist
(c) richtig ist
(d) im allgemeinen im Fremdsprachenunterricht gelehrt wird.

F77 Der Terminus Differenzhypothese bezeichnet die Ansicht, daß

(a) sich verschiedene regionale Dialekte einer Sprache voneinander unterscheiden
(b) sich verschiedene Sprachen so stark in ihrer Struktur voneinander unterscheiden, daß die Weltsicht der Sprecher grundverschieden ist
(c) sich verschiedene soziale Dialekte voneinander nicht qualitativ unterscheiden.

F78 Nennen Sie Beispiele für die Unterschiede zwischen britischem und amerikanischem Englisch.

8 Historische Linguistik

801 Ablaut (Ablaut/Vowel Gradation)

Regelmäßiger Wechsel bestimmter Vokale in etymologisch <809> verwandten Wörtern.

Dabei werden zwei Grundtypen des Ablauts unterschieden:

QUALITATIVER ABLAUT (QUALITATIVE GRADATION): Ablaut, der auf einer Veränderung der Vokalqualität beruht.
QUANTITATIVER ABLAUT (QUANTITATIVE GRADATION): Ablaut, der auf einer Veränderung der Vokallänge beruht.

Der Ablaut geht auf das Indogermanische <816> zurück und war durch den wechselnden Wortakzent bedingt. Der sprachgeschichtlich bedeutsamste qualitative Ablaut ist der *e*/*o*-Ablaut, wobei idg. /*e*/ (**VOLL-** oder **NORMALSTUFE**) zu /*o*/ (**ABGETÖNTE VOLLSTUFE**) wurde (vgl. lat. *tego* 'ich bedecke' – *toga* 'Überwurf'). Beim quantitativen Ablaut entstehen, ausgehend von einer Vollstufe, z. B. /*e*/ oder /*a*/, durch Verminderung der Vokalquantität einerseits die **REDUKTIONS-** bzw. **SCHWUNDSTUFE**, in denen der Vokal ausfällt, andererseits bei Längung die **DEHNSTUFE** /e:/ (s. 3. Stammform der IV. und V. Klasse der starken Verben <825>) bzw. /a:/ (s. VI. Klasse <825>). Aufgrund der lautgesetzlichen Veränderungen gibt es im Altenglischen streng genommen keinen rein quantitativen oder rein qualitativen Ablaut; die entsprechenden Bezeichnungen beziehen sich auf den Zustand im Indogermanischen.

In den germanischen Sprachen erfüllt der Ablaut vor allem in der Wortbildung <318> sowie in der Flexion der starken Verben eine wichtige Funktion. Die Einteilung der starken Verben beruht auf den sog. **ABLAUTREIHEN (GRADATION SERIES)**, die alle Vokale enthalten, die in den verschiedenen Konjugationsformen <303> eines Verbs auftreten, also etwa /i:/ – /a:/ – /i/ – /i/ bei der I. Klasse im Altenglischen (was auf idg. /ei/ – /ai/ – /i/ – /i/ zurückgeht).

Die Vokale der Ablautreihen sind in den sog. **STAMMFORMEN** enthalten, in denen jeweils eine Konjugationsform repräsentativ für alle anderen mit demselben Vokal angegeben wird. Die vier Stammformen der altenglischen starken Verben sind:

1. Stammform: Infinitiv (für alle Präsensformen)
2. Stammform: 1. Person Präteritum (auch 3. Person Präteritum)
3. Stammform: Plural Präteritum (auch 2. Person Singular)
4. Stammform: Partizip Präteritum

drīfan – drāf – drifon – gedrifen (I. Klasse)

Altenglisch (Old English/Anglo Saxon) 802

Periode der englischen Sprachgeschichte vom Beginn der Besiedlung Großbritanniens durch die Angelsachsen bis zum erkennbaren Beginn der sprachlichen Auswirkungen der normannischen Eroberung im Jahr 1066.

Als zeitliche Begrenzung werden die Jahre 450 bzw. 700 (Einsatz der schriftlichen Überlieferung) bis 1100 angesetzt, die jedoch – wie bei jeder Form der Periodisierung <821> – nur als Eckdaten anzusehen sind und keine fixierten Schnitte darstellen.

Die vor allem im angelsächsischen Sprachbereich noch übliche Bezeichnung *Anglo-Saxon* verweist auf die Tatsache, daß es im „Altenglischen" keinen überre-

Abb. 802/1: Die Hauptdialektgebiete des Altenglischen

Quelle: Crystal (1988: 156)

The origins and distribution of the main dialects of Old English

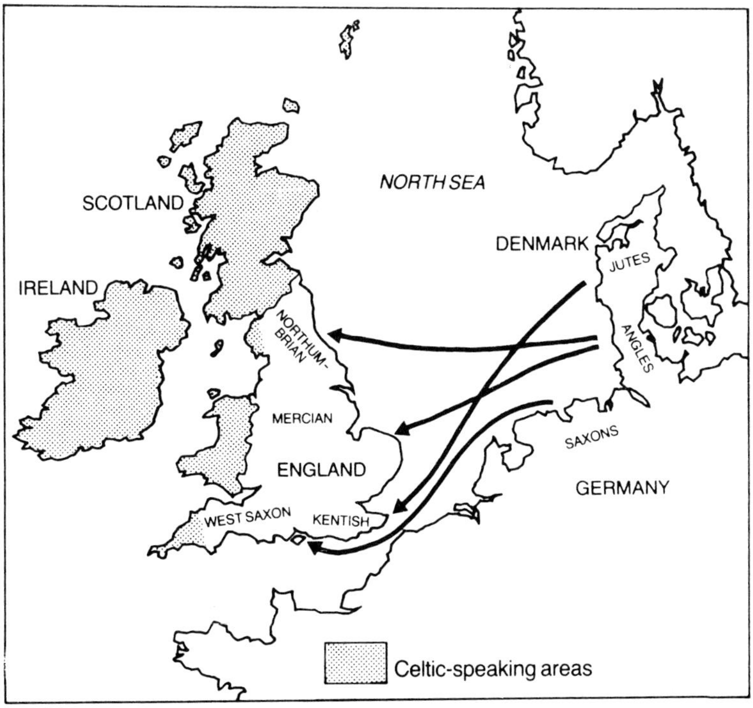

gionalen Standard gab, sondern daß mehrere voneinander relativ unabhängige Dialekte existierten, die auf die regional unterschiedliche Besiedlung der Insel durch die verschiedenen westgermanischen <816> Stämme der Angeln, Sachsen und Juten (und wahrscheinlich auch der Friesen) zurückzuführen sind. Die Hauptdialekte des Altenglischen sind:

- **KENTISCH (KENTISH)** im Südosten
- **WESTSÄCHSISCH (WEST SAXON)** im Südwesten
- **ANGLISCH (ANGLIAN)** nördlich der Themse:
  - **MERCISCH (MERCIAN)** zwischen Themse und Humber
  - **NORDHUMBRISCH (NORTHUMBRIAN)** nördlich des Humber.

Für die schriftliche Überlieferung ist vor allem das Westsächsische von Bedeutung, da der größte Teil der altenglischen Literatur in diesem Dialekt überliefert ist. Zu nennen sind hier vor allem

- *Beowulf* (8. Jahrhundert), ein Heldenepos in der Tradition der germanischen Stabreimdichtung,
- die Angelsachsenchronik (*Anglo Saxon Chronicle*), eine Geschichtschronik, die zur Zeit King Alfreds (849–899) begonnen und bis in mittelenglische Zeit (1154) weitergeführt wurde,
- die vorwiegend religiöse Prosa des Abtes Aelfric (c. 955 – c. 1020).

Die neuenglische Standardsprache geht nicht primär auf das Westsächsische zurück, sondern ist im Lautsystem wesentlich stärker vom Anglischen geprägt.

Allen altenglischen Dialekten sind jedoch einige grundlegende Merkmale gemeinsam. Ähnlich wie das heutige Deutsch ist das Altenglische eine flektierende Sprache <118>:

Bei Substantiven, Pronomina und Adjektiven werden durch Flexionsendungen unterschieden

- Genus (Maskulin, Feminin, Neutrum),
- Kasus (Nominativ, Genitiv, Dativ, Akkusativ, z. T. noch Instrumental),
- Numerus (Singular, Plural, z. T. Dual in der Pronominalflexion),

bei den Verben

- Tempus (Präsens, Präteritum),
- Modus (Indikativ, Konjunktiv, Optativ, Imperativ),
- Person (1., 2., 3. Person),
- Numerus (Singular, Plural).

Ein weiteres Charakteristikum des Altenglischen ist in der Schrift die Verwendung von Runenzeichen <224>:

ð (eth/crossed d)   ꝥ (thorn)   ƿ (wynn)

und des Zeichens ȝ (joch) aus der Insulare.

Der altenglische Wortschatz ist vorwiegend germanischen Ursprungs; Lehnwortschatz <808> stammt vor allem aus dem Lateinischen und wurde zum Teil bereits vor 450 auf dem Kontinent übernommen (ae. *weall* 'wall', ae. *strǣt* 'street', ae. *wīn* 'wine', ae. *coper* 'copper'); zum größeren Teil geht er auf den Einfluß des Lateinischen durch die Christianisierung (ab dem 6. Jh.) zurück (*abbot, angel, candle, school, noon, paper, turn v., temper v.*).

Abb. 802/2: Auszug aus *Beowulf*

Quelle: W. B. Finnie: *The Stages of English. Texts, Transcriptions, Exercises*, Boston: Houghton Mifflin Co. (1972).

TEXT	**TRANSCRIPTION**
Hwæt, wē Gār-dena in g̣ēardagum,	[hwæt weː gɑːrdɛna ɪn jæːərdɑɣʊm
þēodcyninga þrym gefrūnon,	θeːodkʏnɪŋgɑ θrʏm jɛfruːnɔn
hū ðā æþelingas ellen fremedon!	huː θɑː æðɛlɪŋgɑs ɛllɛn frɛmɛdɔn
Oft Scyld Scēfing sceaþena þrēatum,	ɔft šʏld šeːvɪŋg šæəðɛnɑ θræətʊm
monegum mǣg̣þum meodsetla oftēah,	mɔnɛɣʊm mæːjðʊm mɛodsɛtlɑ ɔftæːəx
egsode eorlas, syððan ǣrest wearð	ɛgsɔdɛ ɛorlɑs sʏθɑn æːrɛst wæərθ
fēasceaft funden; hē þæs frōfre g̣ebād,	fæːəšæəft fʊndɛn heː θæs froːvrɛ jɛbɑːd
wēox under wolcnum weorðmyndum þāh,	weːoks ʊndɛr wɔlknʊm wɛorθmʏndʊm θɑːx
oð þæt him ǣg̣hwylc̣ ymbsittendra	ɔθːæt hɪm æːjhwʏlč ʏmbsɪtːɛndrɑ
ofer hronrāde hȳran scolde,	ɔvɛr hrɔnrɑːdɛ hyːrɑn šɔldɛ
gomban g̣yldan; þæt wæs gōd cyning!	gɔmbɑn jʏldɑn θæt wæs goːd kʏnɪŋg

Analogie (Analogy) 803

> Grundprinzip des Sprachwandels, wonach eine Form an eine lautlich ähnliche Form oder ihre Flexion an ein bestimmtes Flexionsmuster <304> angeglichen wird.

Analogiewirkungen sind neben lautgesetzlichen Entwicklungen, die durch sie häufig außer Kraft gesetzt werden, eine der zentralen Triebfedern für sprachliche Veränderungen. In der englischen Sprachgeschichte spielt Analogie vor allem bei der Vereinfachung der Flexion, also bei der Entwicklung des Englischen von einer synthetischen Sprache im Altenglischen <802> zu einer analytischen Sprache im Neuenglischen, eine große Rolle. Dabei wurden zumeist seltenere „unregelmäßige" Formen durch sog. **SYSTEMZWANG (PARADIGMATIC PRESSURE)** an „regelmäßige" Flexionsmuster angeglichen. Zu nennen sind hier besonders:

– Vom Altenglischen zum Neuenglischen treten zahlreiche im Altenglischen starke (ablautende) Verben zu den schwachen Verben <825>, die das Präteritum mit einem Dental-Element bilden, über; im Neuenglischen entspricht diesem das *past tense*-Morphem {D}.

- Die verschiedenen Deklinationsklassen <304> der altenglischen Substantive werden weitgehend auf ein Flexionsparadigma vereinfacht, was im Neuenglischen in der Pluralbildung mit {S} seinen Niederschlag findet. Reflexe anderer altenglischer Deklinationsklassen sind nur noch in Resten erhalten, z. B. in den Pluralformen von schon im Altenglischen unregelmäßigen Substantiven wie *geese* oder *feet*, die den Plural mit Umlaut <827> bildeten; im Deutschen sind entsprechende Formen noch wesentlich häufiger erhalten: *Bücher, Hüte, Träume, Kühe: books, hats, dreams, cows.*
- Entlehnte Verben und Substantive flektieren ebenfalls regelmäßig; nur in Ausnahmefällen sind Abweichungen zu beobachten, die wiederum durch Analogie zu erklären sind, z. B. bei der Angleichung des frz. Lehnwortes *strive* < afrz. *estriver* an das Flexionsmuster lautlich ähnlicher starker Verben wie *drive, thrive* etc., also *strive – strove – striven.*

Eine Sonderform von Analogie ist der sog. **FORMENAUSGLEICH**. Dabei handelt es sich um Angleichungen innerhalb eines Flexionsparadigmas, etwa bei der Angleichung lautgesetzlich bedingter unterschiedlicher Wurzelvokale bei der Komparation (ae. *lang – lengra*) oder in der Substantivflexion (ae. *dæg – dagas*).

Auch in anderen sprachlichen Bereichen kann Analogie wirken:
- In der Phonologie kann das *intrusive r* als Analogiebildung zum *linking r* <222> interpretiert werden.
- In der Wortbildung finden sich „falsche" Abtrennungen wie *an atter < a natter* analog zu Formen wie *an aim.*
- In der Orthographie ist die Schreibung (verstummter) Konsonanten wie *lim+b* analog zu *lamb* oder *cou+l+d* analog zu *should* und *would* zu erklären.

804 Bedeutungswandel (Semantic Change/Change of meaning)

Veränderung der Bedeutung eines Wortes im Verlauf seiner sprachgeschichtlichen Entwicklung.

Man unterscheidet folgende Arten von Bedeutungswandel:

BEDEUTUNGSERWEITERUNG (EXTENSION OF MEANING): Bedeutungswandel, bei dem die Bedeutung eines Wortes weniger spezifisch wird.

me. *arriven* (13. Jh.) (< afrz. *arriver*) ‘am Ufer ankommen’ > ne. *arrive* ‘ankommen’

BEDEUTUNGSVERENGUNG (NARROWING/RESTRICTION OF MEANING): Bedeutungswandel, bei dem die Bedeutung eines Wortes spezifischer wird.

ae. *steorfan* 'sterben' > ne. *starve* 'verhungern'

Auf einer anderen Ebene wird zuweilen unterschieden zwischen:

BEDEUTUNGSVERBESSERUNG/AMELIORATION (REGENERATION OF MEANING/AMELIORATIVE DEVELOPMENT): Bedeutungswandel, bei dem eine in der Bedeutung enthaltene Wertung positiver wird.

me. *nice* (13. Jh.) 'dümmlich' > ne. *nice* 'angenehm'

BEDEUTUNGSVERSCHLECHTERUNG/PEJORATION (DEGENERATION OF MEANING/PEJORATIVE DEVELOPMENT): Bedeutungswandel, bei dem eine in der Bedeutung enthaltene Wertung negativer wird.

ae. *sælig* 'selig' > ne. *silly* 'albern'

Diese Begriffe sind der traditionellen Sprachgeschichtsforschung zuzuordnen.

Brechung (Breaking) 805

Kombinatorischer Lautwandel <818> im Altenglischen, bei dem die kurzen Vokale ae. /æ/, /e/, /i/ unter Einfluß von folgendem h, r, l + Konsonant oder einfachem h zu /ɛə/, /eə/, /iə/ > /eə/ diphthongiert wurden.

Der Ausdruck Brechung stammt von Jacob Grimm und bezeichnet zunächst allgemein eine Beeinflussung der Vokalqualität durch einen folgenden Konsonanten oder eine Konsonantenkombination.

Die altenglische Brechung (die häufig in voraltenglischer Zeit für das Anglofriesische <816> etwa im 3./4. Jahrhundert angesetzt wird) wurde in den verschiedenen Dialekten unterschiedlich konsequent durchgeführt, am umfangreichsten im Westsächsischen <802> sowie teilweise im Kentischen <802>. Im Westsächsischen wurden vor h und h + Konsonant teilweise auch die hellen Langvokale /æː/ und /iː/ zu /ɛːə/, /iːə/ > /eːə/ gebrochen.

Es ist umstritten, ob die Brechung auch im Anglischen wirksam wurde. Falls sie doch stattgefunden hat, wurde sie vor Einsetzen der schriftlichen Überlieferung durch die **ANGLISCHE EBNUNG (ANGLIAN SMOOTHING)** (8. Jahrhundert) wieder aufgehoben.

ws. kent.	*eald* ('alt'),	*eahta* ('acht'),	*lēoht* ('leicht')
angl.	*ald*,	*æhta*,	*līht*

In der neueren Forschung ist umstritten, ob es sich bei der altenglischen Brechung um eine allophonische oder phonologische Veränderung <225> oder lediglich um eine orthographische Konvention handelt.

... if you imagine that you have fallen overboard from a ship and are calling out "Help". If you call out loudly and long (you had better do this in a desert place!), you will find that the vowel of the word "Help" is "broken" as you glide from the front position of e *to the back position of* lp. *If you spell it as you are pronouncing it, you will write something like "Heulp". Try the same experiment with words like "bell", "fell", "tell". You will probably find that a glide develops between the short front vowel* e *and the following* l. *A similar process took place in Old English. It is called "breaking".*

Bruce Mitchell/F. C. Robinson: *A Guide to Old English*, Oxford: Blackwell (1984: 38)

806 Dissoziation – Konsoziation

Dissoziation

Erscheinung, daß im Wortschatz einer Sprache bedeutungsmäßig verwandte Wörter keine formalen Ähnlichkeiten aufweisen bzw. nicht miteinander etymologisch <809> verwandt sind, die Beziehungen zwischen den Wörtern also nicht durchschaubar sind.

Konsoziation

Erscheinung, daß im Wortschatz einer Sprache bedeutungsmäßig verwandte Wörter auch formale Ähnlichkeiten aufweisen bzw. etymologisch verwandt sind, die Beziehungen zwischen den Wörtern also durchschaubar sind.

Die Dissoziation gilt als eine typische Erscheinung in der Entwicklungsgeschichte des englischen Wortschatzes. Während im Altenglischen der Wortschatz noch weitgehend konsoziiert, d.h. durch größere Wortfamilien strukturiert war, bei denen die Verwandtschaft der einzelnen Wörter durch Mittel der Wortbildung wie Ableitungssilben, Wortzusammensetzungen, Umlaut usw. leicht erkennbar blieb (z. B. ae. *faran* 'fahren', *faru* 'Fahrt', *faroð* 'Strömung', *ofer-faran* 'überfahren', *faroð-rīdend* 'Strömungsreiter, Seefahrer'), war die folgende sprachgeschichtliche Entwicklung durch eine radikale Dissoziation geprägt. Hauptursache war dabei die Übernahme französischer und lateinischer Wörter in großem Umfang, die isoliert blieben, da sie etymologisch ungestützt waren (sog. **HARD WORDS**).

Englische Wortfamilien sind heute sogar eher in französisch-lateinischem Sprachmaterial zu finden (z. B. zu *apt: adapt – adaptable – adaptability – inadaptability* usw.). Meistens fehlt jedoch das Grundwort, von dem sich die Familie ableitet und auf das sich der Zusammenhang stützt, etwa bei *receive*, *perceive*, *conceive*, aber nicht **ceive* oder *in-*, *con-*, *re-*, *persist*, aber nicht **sist*.

In folgenden Beispielen findet sich im Deutschen Konsoziation, im Englischen Dissoziation:

nhd. mündlich	– ne. oral
nhd. Blinddarm	– ne. appendix
nhd. heilig, Heiliger, Heiligkeit	– ne. holy, saint, sanctity.

Dissoziation im englischen Wortschatz kann auch rein lautliche Ursachen haben. So sind ursprüngliche Komposita aufgrund von Assimilationsprozessen <206> heute nicht mehr als solche erkennbar, wie etwa ae. *gār-lēac* ('Knoblauch', wörtlich: 'Speer-Lauch', *scīr-gerēfa* 'Shire-Beamter', *gōd-spell* 'frohe Botschaft' > ne. *garlic, sheriff, gospel.*

Literatur: Leisi (1985: 71–9).

Dublette 807

Zwei Wörter einer Sprache, die etymologisch auf dasselbe Wort zurückgehen, das zweimal in verschiedenen Formen und unter verschiedenen Bedingungen entlehnt wurde.

Für den englischen Wortschatz sind vor allem frz.-lat. Dubletten charakteristisch, etwa *frail – fragile; hostel, hotel – hospital; royal – regal; count – compute.*

Sprachgeschichtlich von besonderem Interesse sind Dubletten, die im Mittelenglischen sowohl aus dem Anglonormannischen, dem nordfranzösischen Dialekt der

Eroberer, als auch aus dem Zentralfranzösischen, dem französischen Standard der Hauptstadt Paris, entlehnt wurden: *catch – chase, warden – guardian, wage – gage, warrant – guarantee.*

Gelegentlich wird ein Wort auch öfter als zweimal entlehnt, wie etwa bei ne. *dais* < afrz. *deis* – ne. *discus* < lat. *discus* – ne. *dish* < ae. *disc* – ne. *dish* < frz. *disque* (1664), die alle auf lat. *discus* zurückzuführen sind.

Strenggenommen sind auch Wortpaare wie *hearty – cordial* Dubletten, da beide auf dieselbe idg. Form **kerd-* zurückgehen; in der Regel spricht man jedoch nur von Dubletten, wenn beide Formen aus anderen Sprachen entlehnt wurden und schließt einheimische Wörter aus.

Literatur: Hanowell (1980).

808 Entlehnung – Lehnwort – Fremdwort (Borrowing – Loan Word – Foreign Word)

Entlehnung

Übernahme einer sprachlichen Form (d. h. eines Phonems, Wortes oder einer grammatischen Konstruktion) aus einer Sprache in eine andere Sprache, wobei eine Integration dieser Form in das Sprachsystem erfolgt (z. B. durch lautliche Angleichung).

Die meisten Fälle von Entlehnung finden sich im Lehnwortschatz; die Übernahme des Phonems /z/ aus dem Französischen ins Mittelenglische ist eines der wenigen Beispiele für die Entlehnung eines Phonems.

Lehnwort

Wort, das von einer Sprache aus einer anderen übernommen und in das Sprachsystem integriert wurde.

Die Anpassung von Lehnwörtern an die Sprache, in die sie übernommen werden, kann auf mehreren Ebenen erfolgen. Hinsichtlich der Aussprache werden Phoneme der Ursprungssprache, die nicht zum Phoneminventar der Zielsprache gehören, durch andere ersetzt (also etwa die Nasalvokale des Französischen bei englischen Lehnwörtern wie *change, demand*). Auch in morphologischer und grammatischer Hinsicht findet eine Angleichung statt (also etwa die Pluralform *pizzas* im Englischen statt italienisch *pizze* oder die Konstruktion von *spaghetti* mit einem Verb im Singular (*The spaghetti is nice*) im Englischen.

Neben der Übernahme von Fremd- bzw. Lehnwörtern kann sich die Beeinflussung einer Sprache durch eine andere auch auf andere Weise niederschlagen, so u. a. als:

- **LEHNÜBERSETZUNG**: *Gehirnwäsche* (nach *brain washing*)
- **LEHNÜBERTRAGUNG/LEHNBILDUNG/LEHNPRÄGUNG**: *Untertreibung* (aus *understatement*)
- **LEHNWENDUNG**: *im gleichen Boot sitzen* (nach *to be in the same boat*)
- **LEHNBEDEUTUNG/BEDEUTUNGSENTLEHNUNG**: *kontrollieren* 'beherrschen' (nach *control*)
- **LEHNSYNTAX**: *einmal mehr sieht man...* (nach *once more...*).

Die grundlegende Terminologie der Entlehnungstypen geht weitgehend auf W. Betz (1944) zurück, der am Beispiel der althochdeutschen Benediktinerregel eine grundlegende Untersuchung dieses Bereichs durchführte. Für das Englische vgl. Carstensen (1967).

Einflüsse der englischen Sprache auf das Deutsche werden als **ANGLIZISMEN (ANGLICISMS)** bezeichnet, wobei je nach Herkunft zwischen **BRITIZISMEN** und **AMERIKANISMEN** unterschieden werden kann.

Literatur: Carstensen (1967)

Fremdwort

Wort, das von einer Sprache aus einer anderen übernommen wird, ohne an das Sprachsystem angepaßt zu werden.

Der Unterschied zwischen Lehn- und Fremdwörtern besteht darin, daß bei Lehnwörtern eine Anpassung an das System der Zielsprache (hinsichtlich der Aussprache, Grammatik usw.) stattgefunden hat, bei Fremdwörtern jedoch nicht. Im Einzelfall wird jedoch eine eindeutige Trennung nicht immer möglich sein. Im Englischen existiert das aus dem Französischen übernommene Wort *garage* z. B. in den Aussprachevarianten /ˈgærɑːʒ/, /ˈgærɪdʒ/ und /gəˈrɑˈʒ/ (AmE).

Das Englische zeichnet sich vor allem durch Entlehnungen aus dem Lateinischen, dem Skandinavischen und dem Französischen aus. Die Hauptperioden dieser Entlehnungen sind in engem Zusammenhang mit allgemein historischen Ereignissen zu sehen.

1. Als die Angelsachsen zu Beginn des 5. Jahrhunderts – in Bedas *Historia Ecclesiastica Gentis Anglorum* (731) wird das Datum 449 genannt – begannen, England zu besiedeln, verdrängten sie die keltischen Einwohner Großbritanniens in die Randgebiete Schottland, Wales, Irland und Cornwall. Abgesehen von Ortsnamen gibt es kaum keltische Entlehnungen im Englischen (etwa

combe oder *tor*). Außerhalb von Devon und Cornwall finden sich auch relativ wenige keltische Ortsnamen in England (Beispiele sind *Dover* oder die Flußnamen *Thames* und – nach dem keltischen Wort für 'Fluß' – *Avon*.)

2. Zwischen den Jahren 43 und 410 hatten die Römer weite Teile der britischen Hauptinsel besetzt, was heute noch an Ortsnamen wie *Chester*, *Cirencester*, *Cardiff* oder *Exeter* erkennbar ist. Die große Zahl lateinischer Lehnwörter im Englischen ist aber nicht darauf zurückzuführen, denn die Römer hatten Großbritannien bereits vor dem Eindringen der Angelsachsen verlassen. Die Übernahme lateinischen Lehnwortschatzes erfolgte im wesentlichen in drei Phasen:

   (a) Kontakt der Angelsachsen mit den Römern noch auf dem europäischen Kontinent: *street, camp, mile, wine*

   (b) Einfluß des Lateinischen als Sprache der Mönche und Gelehrten (vor allem in altenglischer Zeit): *abbot, pope, priest, psalm*

   (c) Einfluß des Lateinischen (und Griechischen) im Bereich der Wissenschaft während der Renaissance: *crisis, exact, scheme, transcribe.*

3. Im 9. Jahrhundert waren die angelsächsischen Königreiche skandinavischen Überfällen/Angriffen ausgesetzt. Zu Ende des 9. Jahrhunderts war das Gebiet zwischen Themse und Tyne, das sog. Danelaw, Teil des dänischen Großreichs. Sprachlich wirkte sich dänischer Einfluß zunächst hauptsächlich in den nördlichen Dialekten aus und fand erst im Mittelenglischen weitere Verbreitung. So sind etwa im heutigen *Standard English* die Pronominalformen *they*, *their*, *them*, das Verb *take*, die Form *are* und viele Verbindungen mit *sk* wie *skirt*, *sky* etc. auf skandinavischen Einfluß zurückzuführen, wobei es zur Ausbildung von Dubletten <807> wie *skirt* – *shirt* kam.

4. Die normannische Eroberung durch William the Conqueror im Jahr 1066 hatte zur Folge, daß das Französische zur Sprache der herrschenden Klassen in England wurde. Erst 1362 wird Englisch alleinige Gerichtssprache; 1363 wird das Parlament zum ersten Mal in englischer Sprache eröffnet. Der französische Einfluß auf den englischen Wortschatz ist außerordentlich groß: Die Hauptperiode des Eindringens französischer Lehnwörter liegt im 13./14. Jahrhundert: *chair*, *punish*, *chancellor*, *court*, *manor*. Z. T. kommt es dabei zu Dubletten aus anglonormannischen und zentralfranzösischen Formen (etwa *catch* und *chase*) <807>.

Literatur: Baugh/Cable (1978: 72–106; 167–93; 220–231); Crystal (1988: 145–96); Finkenstaedt/Wolff (1973).

Etymologie (Etymology) 809

Studium der Geschichte eines Wortes im Hinblick auf seine Herkunft, seine formale und bedeutungsmäßige Entwicklung.

Eine vollständige Etymologie beinhaltet Informationen über die Wurzeln eines Wortes, also die Zugehörigkeit zu einer Sprachfamilie, über verwandte Formen in anderen Sprachen, ggf. Zeitpunkt und Form einer Entlehnung sowie Veränderungen bzw. Entwicklungen in der Lautung, Orthographie und Bedeutung, u. U. auch über Besonderheiten in Hinblick auf Wortbildung und Flexion.

Abb. 809: Etymologie von *lady*

Quelle: ODEE

lady lei·di †mistress of a household; (arch.) female ruler; (*Our L.*) the Virgin Mary OE.; woman of superior position (hence as a title); wife XIII; woman of refinement XIX. OE. *hlǣfdīġe*, f. *hlāf* LOAF + *-*dīġ*- knead (cf. OE. *dǣġe* kneader of bread, female (farm) servant, dairy-woman, corr. to ON. *deigja* servant-maid, dairy-maid, housekeeper; also DOUGH); like LORD, peculiar to Eng. In ME. there were normal parallel developments *laddi, leddi*, the latter surviving in Sc. *leddy*; the form *lady* descends from ME. *lavedi*. The OE. g. *hlǣfdīġan* (ME. *ladie*) is repr. in *Lady Day* (ME. *ure lefdi day* XIII, i.e. 'Our Lady's day'); so *Lady chapel* XV; also in plant-names, as *lady smock* XVI (contrast *lady's laces, mantle, slipper, thistle*), and *lady-bird*; cf. G. *Marienhuhn*; earlier *lady-cow* (cf. G. *Marienkuh*) and *cow-lady*.

Die Etymologie der meisten englischen Wörter findet sich im *Oxford English Dictionary*, der umfassendsten lexikographischen Erfassung des englischen Wortschatzes. Der erste Band des *OED* erschien 1888 (damals als *New English Dictionary* NED), die weiteren 11 Bände sowie ein Supplement-Band bis 1933. Zwischen 1972 und 1986 erschienen vier Supplement-Bände. Eine vollkommen neu bearbeitete 2. Auflage des OED wurde 1989 in 20 Bänden herausgebracht.

VOLKSETYMOLOGIE (FOLK ETYMOLOGY): Formale Angleichung von fremden Wörtern oder Wörtern, deren Etymologie nicht mehr erkennbar ist, an Wörter, mit denen scheinbar ein bedeutungsmäßiger Zusammenhang besteht.

Dissoziierte Wörter <806> werden dabei nachträglich scheinbar konsoziiert, also durch eine „falsche" Etymologie einer Wortfamilie zugeordnet. So gehen etwa *crayfish* (< frz. *écrevisse* 'Krebs') und *causeway* (< frz. *chaussée*) auf Volksetymologie zurück (vgl. Leisi, 1985: 76–7).

Volksetymologien sind vor allem für die gesprochene Sprache charakteristisch, z. B. *cowcumber* statt *cucumber*. Einige Formen wurden aber auch in die Schriftsprache übernommen.

810 Gemination (Gemination)

Verdoppelung von Konsonanten zwischen Vokalen und vor bestimmten Folgelauten (z. B. /r, l, j/).

In der Sprachgeschichte ist die **WESTGERMANISCHE KONSONANTENGEMINATION (WEST GERMANIC CONSONANT DOUBLING)** von besonderer Bedeutung, da sie das Hauptkriterium zur Unterscheidung der westgermanischen <816> von der Gruppe der ost- und nordgermanischen Sprachen ist.

Bei der westgermanischen Konsonantengemination wurden Konsonanten (außer /r/) nach kurzer Stammsilbe durch folgendes /j/ verdoppelt, wobei /j/ zum Altenglischen wegfällt, etwa bei ae. *settan* – got. (= ostgerm.) *satjan*. Diese Verdoppelung tritt nicht ein im Falle einer langen Stammsilbe wie bei ae. *dēman* – got. **dōmjan*.

Im Altenglischen wurden geminierte Konsonanten als zwei Konsonanten gesprochen <settan> – [settan] ("langer" Konsonant mit zwei Gipfeln), was jedoch spätestens im 14. oder 15. Jahrhundert aufgegeben wurde.

811 Germanische Lautverschiebung/1. Lautverschiebung (Germanic Consonant Shift/First Consonant Shift/First Sound Shift)

Spontaner Lautwandel <818> im indogermanischen Konsonantensystem, bei dem aus einem System von 16 Plosiven ein System von 8 Plosiven und 8 Frikativen wurde.

Die 1. oder Germanische Lautverschiebung (ca. 3.–2. Jahrhundert v. Chr.) ist ein Hauptkriterium zur Unterscheidung der germanischen von den übrigen indogermanischen Sprachen. Während vor dieser Entwicklung im Indogermanischen nur ein Frikativ /s/ einer großen Anzahl von (aspirierten und nichtaspirierten) Plosiven gegenüberstand, bestand danach ein weitgehendes Gleichgewicht zwischen Frikativen und Plosiven.

idg.	b	d	g	$g^{\text{u̯}}$	b^h	d^h	g^h	$g^{\text{u̯}h}$	$p^{(h)}$	$t^{(h)}$	$k^{(h)}$	$k^{\text{u̯}(h)}$
					b	d	g	$g^{\text{u̯}h}$				
germ.	p	t	k	$k^{\text{u̯}}$	b	d	g	w	f	θ	X	$X^{\text{u̯}}$
lat.		dent	ager		frater	medius	hostis		pater	tu	centum	quod
nhd.			Acker		Bruder	Mitte	Gast		Vater	du	hundert	was
ne.		tooth	acre		brother	middle	guest		father	thou	hundred	what

Der Lautwandel unterblieb in bestimmten Konsonantenverbindungen, so bei /sp, st, sk/ (lat. *spuere, hostis, piscis*) und bei t nach p, k, q (lat. *octa, neptis*).

In der angelsächsischen Forschung wird die 1. oder Germanische Lautverschiebung auch als **GRIMM'S LAW** bezeichnet (vgl. Quirk/Wrenn: 1977: 125–7).

Für die Unterschiede im Konsonantensystem des Altenglischen und des Althochdeutschen ist vor allem eine der 1. Lautverschiebung in ihrem Ausmaß und ihrem Verlauf vergleichbare Systemverschiebung vom Germanischen zum Althochdeutschen verantwortlich, die sog. **2.** oder **HOCHDEUTSCHE LAUTVERSCHIEBUNG (SECOND or HIGH GERMAN CONSONANT SHIFT)**. Sie betrifft die stimmlosen Plosive /p/, /t/, /k/, die sich entwickeln zu /pf/, /ts/ und /kX/ in nichtpostvokalischer Stellung (also im Anlaut, nach Konsonant, in der Geminate) bzw. zu /ff/, /ss/, /XX/ nach Vokalen:

nhd.	Pfund,	Hitze,	Kuchen (Schweizerdt.);	hoffen,	Wasser,	machen
ne.	pound,	heat,	cake;	hope,	water,	make.

Gleitlaut (Glide) 812

Laut, der zwischen zwei andere Laute eingeschoben wird, um die Artikulation zu erleichtern.

In der englischen Sprachgeschichte treten Gleitlaute z. B. bei der Brechung <805> im Altenglischen oder im Mittelenglischen zwischen Vokalen und stimmlosen gutturalen Reibelauten auf:

ae. /ta:Xtə/ > me. /taʊXtə/ (ae. tāhte > me. taughte)
ae. /bro:Xtə/ > me. /broʊXtə/ (ae. brōhte > me. broughte).

813 Great Vowel Shift (Große Vokalverschiebung)

Veränderung des Systems der englischen Langvokale, die sich zwischen dem 15. und 18. Jahrhundert vollzogen hat, wobei die ursprünglichen Langvokale zum Teil diphthongiert und zum Teil gehoben (d. h. geschlossener) werden:

/iː/		> /aɪ/	line
/eː/		> /iː/	need
/ɛː/	> /eː/	> /iː/	read
/ɑː/	> /ɛː/	> /eɪ/	name
/ɔː/	> /oː/	> /əʊ/	home
/oː/		> /uː/	moon
/uː/		> /aʊ/	house

Über die genauen Ursachen und die Chronologie der einzelnen Stufen des *Great Vowel Shift* besteht keine allgemeine Übereinstimmung.

Der *Great Vowel Shift* hat erheblich zu der großen Diskrepanz zwischen Lautung und Schreibung im Englischen beigetragen.

Im wesentlichen handelt es sich beim *Great Vowel Shift* um eine Phonemverschiebung <822>; im Falle der Entwicklung von /ɛː/ und /eː/ liegt aber auch eine Phonemverschmelzung <822> vor.

814 Historische Sprachwissenschaft (Historical Linguistics/Diachronic Linguistics)

Teilbereich der Sprachwissenschaft, der sich mit der geschichtlichen Entwicklung einer Sprache, also mit Sprachwandel beschäftigt.

Zur Erklärung und Darstellung der historischen Entwicklung einer Sprache werden dabei Methoden und Erkenntnisse sowohl der synchronen deskriptiven Sprachwissenschaft als auch aus anderen Teilbereichen der modernen Sprachwissenschaft wie Soziolinguistik <719> oder Psycholinguistik <918> verwendet.

So können z. B. die synchron beschriebenen Phonemsysteme oder die Wortbildungsmuster des Neuenglischen, des Englischen zur Shakespeare-Zeit, um 1000 etc. verglichen werden.

Hybridbildung 815

> In der Wortbildung die Kombination eines einheimischen mit einem fremden (entlehnten) Element (Morphem).

Im Englischen handelt es sich dabei in der Regel um Derivationen aus

- frz./lat. Stamm + germ. Suffix: *beauti + ful, doubt + less*
- germ. Stamm + frz./lat./griech. Suffix: *read + able*

oder um Komposita aus

- germ. Stamm + frz./lat./griech. Stamm: *water + power*
- frz./lat./griech. Stamm + germ. Stamm: *gentle + man.*

Indogermanisch/Indoeuropäisch (Indo-European) 816

> Rekonstruierte Ursprache, auf die sich die meisten europäischen sowie zahlreiche asiatische Sprachen zurückführen lassen.

Das Indoeuropäische ist, wie das (Ur-)Germanische, schriftlich nicht belegt, sondern eine rekonstruierte <824>, aus den Tochtersprachen erschlossene Sprache. Die auf diese Weise ermittelten Formen sind stets mit * gekennzeichnet.

Ausgangspunkt für die Erforschung der indoeuropäischen Sprachfamilie und der verwandtschaftlichen Beziehungen ihrer einzelnen Mitglieder war die Entdeckung des Sanskrit und seiner Ähnlichkeit mit bestimmten europäischen Sprachen durch den Engländer William Jones Ende des 18. Jahrhunderts:

ne.	father
nhd.	Vater
got.	fadar
an.	faðir
lat.	pater
sanskrit	pitar–

Zeitlich wird heute das Indoeuropäische ca. 3500–2000 v. Chr. eingeordnet; als seine Heimat nimmt man eine Gegend in Zentraleuropa an, die in etwa dem heutigen Litauen entspricht. Durch dieses Gebiet führt auch eine sprachhistorisch bedeutsame Linie, die von Skandinavien nach Griechenland verläuft: Sie trennt die sog. **CENTUM-SPRACHEN (CENTUM LANGUAGES)** von den **SATEM-SPRACHEN (SATEM LANGUAGES)**. Diese Trennung beruht auf einer ersten grundlegenden Entwicklung im urindoeuropäischen Konsonantensystem, wobei der stimmlose palatale Verschlußlaut /k̂/ in den ostindoeuropäischen Sprachen zum stimmlosen Frikativ /s/ wurde, während er in den westindoeuropäischen mit velarem /k/ zusammenfiel. Beispielwort für diese Entwicklung ist das Wort für die Zahl 100:

lat. *centum* (<c> = /k/) – altiranisch *satem*.

Viele Fragen der zeitlichen wie geographischen Ausbreitung der indoeuropäischen Sprachen sind noch ungeklärt, zumindest umstritten.

Das Englische gehört zum **WESTGERMANISCHEN (WEST GERMANIC)**, einem der drei Dialekte des **GERMANISCHEN (GERMANIC)**, dem auch das Hochdeutsche angehört. Die Gemeinsamkeiten dieser beiden Sprachen sind deshalb sowohl im Hinblick auf die Lautung als auch auf die Sprachstruktur besonders groß.

Der Terminus indoeuropäisch wird in der angelsächsischen Sprachgeschichtsforschung der Bezeichnung indogermanisch vorgezogen, da letztere den Schwerpunkt ungerechtfertigterweise auf die germanischen Sprachen legt.

Das folgende Stammbaumdiagramm soll die Verwandtschaftsbeziehungen der einzelnen indoeuropäischen Sprachen verdeutlichen:

Abb. 816: Die indogermanische Sprachfamilie

Quelle: Lehnert (1978: 14).

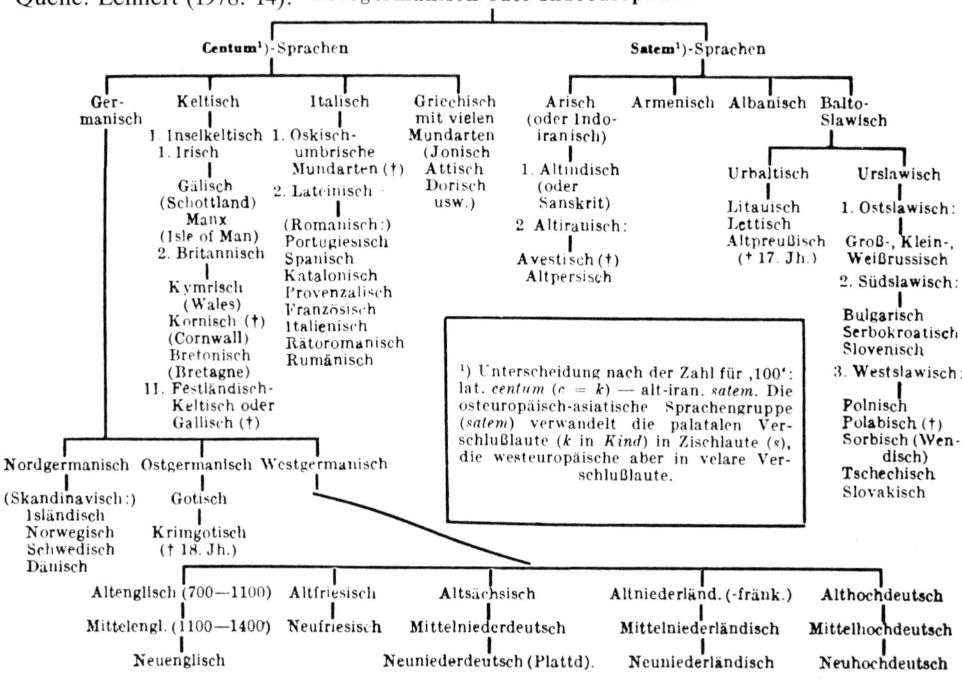

In altenglischer Zeit <802>, also zu Beginn der Entwicklung zu einer eigenständigen Sprache, weist das Englische noch sehr starke Ähnlichkeiten mit den anderen westgermanischen Dialekten auf, etwa dem Althochdeutschen. Besonders eng war die Verwandtschaft mit dem Altfriesischen, mit dem das Altenglische einige sog. **ANGLO-FRIESISCHE** Lautentwicklungen gemeinsam hat, die diese beiden Dialekte von den anderen westgermanischen Sprachen unterscheiden.

Literatur: Baugh/Cable (1978: 16–41); Pinsker (1974: 75).

Lautgesetz (Sound Law) 817

Systematischer Wandel von Lauten oder Lautgruppen.

Die Bezeichnung Gesetz wurde von den sog. Junggrammatikern, die der historisch-vergleichenden Sprachwissenschaft <907> zuzuordnen sind, in den 70er Jahren des 19. Jahrhunderts geprägt. Eines der Hauptaxiome der Junggrammatiker besagte, daß es keine zufälligen Lautveränderungen gibt, sondern jeder Wandel in gesetzmäßige Regeln zu fassen ist. Ausnahmen lassen sich stets mit Hilfe von Analogien <803> erklären.

Lautwandel (Sound Change) 818

Veränderung von Lauten im Verlauf der sprachgeschichtlichen Entwicklung.

Hinsichtlich der Bedingungen, unter denen Lautwandel stattfindet, unterscheidet man folgende Typen:

KOMBINATORISCHER LAUTWANDEL (CONDITIONED/COMBINATIVE SOUND CHANGE): Lautwandel, der nur in einer bestimmten lautlichen Umgebung stattfindet.

Dehnung vor homorganer Gruppe <s. unten>.

SPONTANER LAUTWANDEL (UNCONDITIONED SOUND CHANGE): Lautwandel, der unabhängig von einer bestimmten lautlichen Umgebung stattfindet.

Great Vowel Shift <813>.
Wandel von ae. /æ/ > me. /a/ > ne. /æ/ (*that*).

Spontaner Lautwandel betrifft vor allem Langvokale und Diphthonge: Langvokale sind wegen ihrer „größeren Masse“ zwar widerstandsfähiger gegenüber kombinatorischen Einflüssen, neigen jedoch aufgrund ihrer Dauer zur Veränderung der Zungenstellung. Andererseits neigen Diphthonge bei oberflächlicher, flüchtiger Artikulation zur Angleichung der beiden Diphthongkomponenten, also zur Monophthongierung.

Hinsichtlich der Art und Weise des Lautwandels unterscheidet man folgende Typen:

QUALITATIVER LAUTWANDEL (QUALITATIVE SOUND CHANGE): Lautwandel, bei dem sich die Qualität eines Lautes ändert.

Great Vowel Shift <813>.
Wandel von ae. /æ/ > me. /a/ > ne. /æ/ (*that*).
Germanische Lautverschiebung <811>; Vernersches Gesetz <828>.

QUANTITATIVER LAUTWANDEL (QUANTITATIVE SOUND CHANGE): Lautwandel, bei dem sich die Länge eines Lautes ändert.

Die wichtigsten quantitativen Veränderungen in der englischen Sprachgeschichte sind:

- **DEHNUNG VOR HOMORGANER GRUPPE** (ca. 9. Jh.): Altenglische Kurzvokale werden vor Nasalen bzw. Liquiden + homorganem (d. h. am selben Artikulationsort gebildeten) Konsonanten sowie vor rs, rð, rl, rn, rm gedehnt:

  ae. bindan > me. bīndan > ne. bind /baɪnd/ (GVS)
  ae. cild > me. chīld > ne. child /tʃaɪld/.

- **KÜRZUNG VOR DOPPELKONSONANZ** (ca. 1000): alle altenglischen Langvokale werden vor Doppelkonsonanz (außer den oben genannten homorganen Gruppen) gekürzt:

  ae. fīfta > me. fifte > ne. fifth (im Gegensatz zu ae. fīf > me. five /fi:f / > ne. five /faɪv/ über GVS).

  Diese Kürzung ist auch für den Vokalwechsel zahlreicher unregelmäßiger Verben verantwortlich, die auf altenglische schwache Verben der 1. Klasse <825> zurückgehen, wie etwa ae. cēpan > ne. keep /ki:p/ (über GVS) mit der Präteritumsform ae. cēp(e)de > me. kepte > ne. kept.

- **DEHNUNG IN OFFENER SILBE** (ca. 13. Jh.): Altenglische Kurzvokale werden in offener Silbe <231> gedehnt:

  ae. talu > me. tāle > ne. tale /teɪl/ (GVS)
  ae. broken > me. brōken > ne. broke /brəʊk/ (GVS).

- **KÜRZUNG IN DRITTLETZTER SILBE** (ca. 13. Jh.): Langvokale in der ersten Silbe dreisilbiger Wörter werden gekürzt:

  ae. sūðerne > me. sutherne > ne. southern /sʌðən/ (im Gegensatz zu ae. sūð /su:θ/> me. south /su:θ/ > ne. south /saʊθ/ über GVS).

Literatur: Görlach (1982: 48-53); Pinsker (1974: 97–108).

Metathese (Metathesis) 819

Umstellung von sprachlichen Einheiten, in der Regel von Lauten, zuweilen aber auch von Silben, Wörtern, Phrasen etc.

Metathesen kommen gelegentlich in der Sprachgeschichte vor; vgl. z. B. die Entwicklung von engl. *wasp* aus ae. *wæps, wæfs*, von engl. *bird* aus ae. *brid(d)*. (vgl. auch *brennen – burn; Roß*, ahd. *hros – horse*).

Mittelenglisch (Middle English) 820

Periode der englischen Sprachgeschichte, die sich zeitlich durch den erkennbaren Beginn der sprachlichen Auswirkungen der normannischen Eroberung und das Jahr 1500 eingrenzen läßt.

Als Beginn der mittelenglischen Periode wird in der Regel das Jahr 1100 angesetzt. Innersprachliche Merkmale, die diesen Schnitt rechtfertigen sind u. a.:
- Zusammenfall der Vokale der unbetonten Flexionsendungen,
- starke Vereinfachung der Flexion durch Verlust des grammatischen Geschlechts <416> und Verlust der Opposition zwischen Dativ und Akkusativ,
- früheste Schicht der französischen Lehnwörter,
- Übernahme der anglonormannischen Schreibtradition.

Das Ende der mittelenglischen Periode um 1500 wird unter anderem durch folgende Entwicklungen belegt:
- die Londoner Standardsprache breitet sich über ganz England aus (begünstigt durch die Einführung des Buchdrucks durch Caxton 1476),
- die Hauptperiode der Entlehnungen aus dem Französischen ist abgeschlossen,
- die unbetonten Flexionsvokale verstummen und die Kasus- und Personalendungen werden auf /-s, -st, -θ/ reduziert.

Auch im Mittelenglischen besteht noch eine starke Differenzierung zwischen den verschiedenen Dialekten, die die Entwicklung der Standardsprache unterschiedlich stark beeinflußt haben. Aufgrund des starken Einflusses des Skandinavischen im Bereich des sog. Danelaw im Nordosten Englands – dieses Gebiet zwischen Themse und Tyne war von 886 bis 899 unter dänischer Herrschaft – haben sich die Dialektgrenzen gegenüber dem Altenglischen <802> verschoben:

Abb. 820/1: Die Dialekte des Mittelenglischen

Quelle: Baugh/Cable (1978: 190)

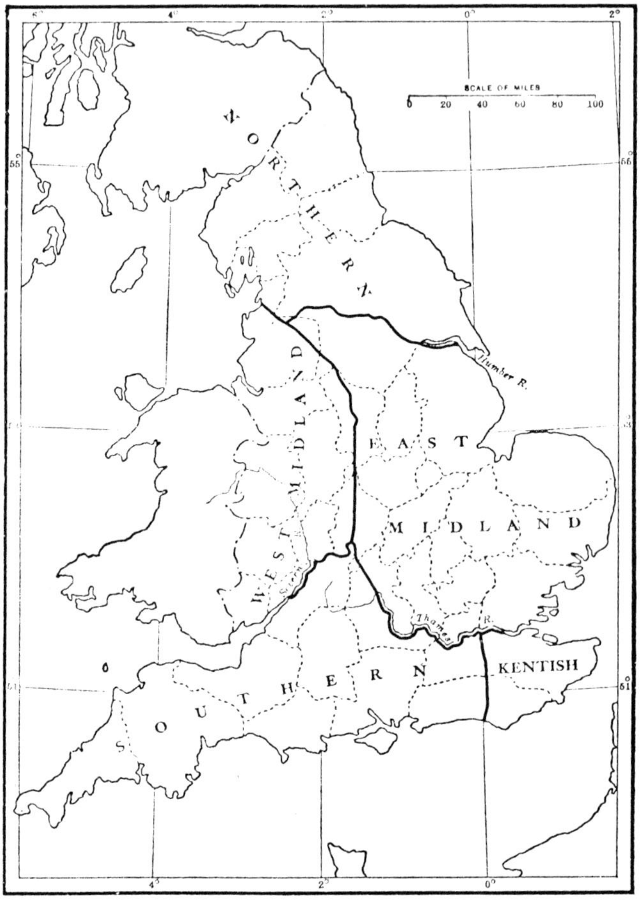

THE DIALECTS OF MIDDLE ENGLISH

Die Hauptdialektgebiete des Mittelenglischen sind:

- **SÜDENGLISCH (SOUTHERN)**
- **OSTMITTELLÄNDISCH (EAST MIDLAND)**
- **WESTMITTELLÄNDISCH (WEST MIDLAND)**
- **NORDENGLISCH (NORTHERN)**

Innerhalb des südlichen Dialekts weist das **KENTISCHE (KENTISH)** einige Charakteristika auf, so daß es häufig als eigenes Dialektgebiet betrachtet wird.

Für die Entwicklung des Standards war vor allem das Ostmittelländische von Bedeutung, nicht zuletzt aufgrund seiner wirtschaftlichen Vormachtstellung gegenüber den anderen Dialektgebieten.

Vor allem seit dem 14. Jahrhundert entwickelte sich eine qualitativ sehr hochstehende Literatur. Der bedeutendste mittelenglische Dichter ist Geoffrey Chaucer (ca. 1340–1400), dessen *Canterbury Tales* zur Weltliteratur zählen.

Abb. 820/2: Canterbury Tales

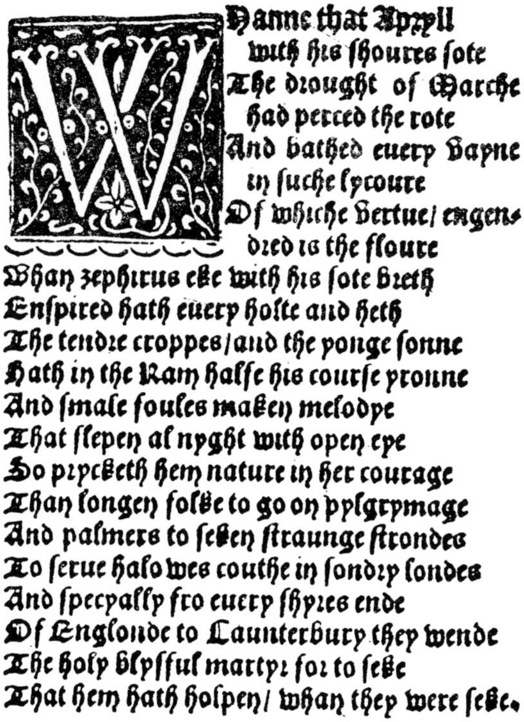
Whanne that Apryll
with his shoures sote
The drought of Marche
had perced the rote
And bathed euery vayne
in suche lycoure
Of whiche vertue/ engen-
dred is the floure
Whan zephirus eke with his sote breth
Enspired hath euery holte and heth
The tendre croppes/and the yonge sonne
Hath in the Ram halfe his course ronne
And smale foules maken melodye
That slepen al nyght with open eye
So pryketh hem nature in her courage
Than longen folke to go on pylgrymage
And palmers to seken straunge strondes
To serue halowes couthe in sondry londes
And specyally fro euery shyres ende
Of Englonde to Caunterbury they wende
The holy blyssful martyr for to seke
That hem hath holpen/ whan they were seke.

821 Periodisierung

Einteilung einer Sprache in ihre historischen Entwicklungsstufen.

Die englische Sprachgeschichte wird traditionell in 4 Perioden eingeteilt:

ALTENGLISCH <802>	450 (700)–1100
MITTELENGLISCH <820>	1100–1500
FRÜHNEUENGLISCH	1500–1700
NEUENGLISCH	ab 1700

Jede Periodisierung ist bis zu einem gewissen Grad willkürlich, da sich Sprache kontinuierlich entwickelt und die Übergänge von einer Periode in die andere stets fließend sind. Zeitliche Schnitte sollten dabei durch charakteristische innersprachliche Kriterien begründet sein, die jedoch häufig mit außersprachlichen Erscheinungen, besonders mit politischen und kulturgeschichtlichen Entwicklungen, in engem Zusammenhang stehen.

Für die zeitliche Abgrenzung des Altenglischen <802> wird u. a. der Beginn der Besiedlung Englands durch die Angelsachsen genannt, die laut Bedas *Historia Ecclesiastica Gentis Anglorum*, der Hauptquelle für die Geschichte dieser Zeit, 449 einsetzte. Die Jahreszahl 700 bezieht sich auf den Beginn der literarischen Überlieferung. Der weitgehende Verfall der im Altenglischen noch deutlich differenzierten Flexionsendungen ist eines der wesentlichen innersprachlichen Kriterien für das Ende der altenglischen Periode um 1100. Diese Entwicklung setzte zwar schon in altenglischer Zeit ein, wurde aber durch die Auswirkungen der normannischen Eroberung (im Jahr 1066) wesentlich beschleunigt, weil damit das Französische die Sprache der herrschenden Schichten und fast ausschließliche Schriftsprache wurde. Weitere Kriterien sind das starke Eindringen französischer Lehnwörter <808> sowie die Übernahme der kontinentalen Schreibtradition.

Die frühneuenglische Periode läßt sich durch Kriterien wie die allmähliche Herausbildung einer Standardsprache <720> und einer einheitlichen Orthographie <224> begründen, die wesentlich durch die Einführung des Buchdrucks durch Caxton im Jahr 1476 gefördert wurde. Für die Abgrenzung des Neuenglischen ab 1700 lassen sich u. a. der Abschluß grundlegender Lautentwicklungen wie des *Great Vowel Shift* <813> und die beginnende Auseinanderentwicklung des britischen und amerikanischen Englisch <703> anführen.

Jede dieser Perioden kann in sinnvolle kleinere Epochen unterteilt werden.

Literatur: Görlach (1982: 26–28); Pinsker (1974: 1; 4–12).

Phonemspaltung – Phonemverschmelzung – Phonemverschiebung (Phoneme Split – Phoneme Merger – Phoneme Shift) 822

Phonemspaltung

Historische Veränderung im Phonemsystem einer Sprache, bei der aus einem Phonem <225> zwei Phoneme entstehen.

Im Altenglischen waren die Frikative /f/ und /v/ (ebenso wie /θ/ bzw. /ð/ und /s/ bzw. /z/ komplementär distribuiert <104>, so daß sie als Allophone eines Phonems /f/ (bzw. /θ/ und /s/) anzusehen waren. Durch eine Reihe von sprachgeschichtlichen Entwicklungen, z. B. den Abfall der Endungen nach der altenglischen Zeit, ging diese komplementäre Distribution verloren. Als Folge treten stimmhafte und stimmlose Frikative in derselben Position auf, so daß jeweils zwei gesonderte Phoneme anzusetzen sind.

ae. lēaf /lɛːəf/ – lǣfan /læːvən/
me. leef /lɛːf/ – leve /lɛːv/
ne. leaf /liːf/ – leave /liːv/

Phonemverschmelzung/Phonemzusammenfall

Historische Veränderung im Phonemsystem einer Sprache, bei der aus zwei Phonemen ein Phonem entsteht.

Die mittelenglischen Vokalphoneme /ɛː/ (*sea*) und /eː/ (*see*) fallen im Rahmen des Great Vowel Shift <813> zu einem Phonem /iː/ zusammen. (Die ursprüngliche Differenzierung ist noch vielfach in der Schreibung von /iː/ mit <ea> und <ee> im heutigen Englisch sichtbar.)

Phonemverschiebung

Historische Veränderung im Phonemsystem einer Sprache, bei der sich nur die Qualität einzelner Phoneme, nicht aber die Anzahl der Phoneme ändert.

Germanische Lautverschiebung <811>

823 Präterito-Präsentium/Präterito-Präsens-Verb (Preterito-Present Verb)

Verb, das
- seine Präsensformen in derselben Weise wie starke Verben <825> ihre Präteritalformen, also durch Ablaut <801>, und
- seine Präteritalformen wie die schwachen Verben <825> mit einem Dentalsuffix {D} bildet.

Bei den Präterito-Präsentia handelt es sich um eine Gruppe von Verben, bei denen der indogermanische starke Perfektstamm (Präteritum) präsentische Bedeutung angenommen hat und die im Germanischen vom Perfektstamm ein neues Präteritum und Partizip Präteritum nach der Art der schwachen Verben gebildet haben. Man kann die Entstehung der Präterito-Präsentia mit Hilfe einer Vorstellungsverschiebung erklären:

Ae. *witan* / ahd. *wizzan* (nhd. *wissen*) mit der ablautenden Präsensform *wāt* 'ich weiß' ist etymologisch verwandt mit lat. *videre* 'sehen'; die präsentische Bedeutung 'ich weiß' kann auch umschrieben werden mit 'ich habe gesehen'.

Die altenglischen Präterito-Präsentia werden entsprechend ihren Ablautverhältnissen den Ablautreihen der starken Verben zugeordnet. Dabei gehen die Präsensformen auf die 2. und 3., die neugebildeten Präteritalformen auf die 4. Stammform zurück.

Für das Neuenglische sind die Präterito-Präsentia insofern wichtig, als die meisten Modalverben <452> (*can*, *could*, *may*, *might*, *must*, *shall*, *should*) auf sie zurückgehen, wodurch sich auch deren formale Charakteristika erklären.

824 Rekonstruktion

Erschließung einer in Texten nicht belegten, früheren Wortform aus einer oder mehreren späteren bekannten Formen mit Hilfe lautgesetzlicher Entwicklungen.

Die Methode der Rekonstruktion wurde besonders im 19. Jahrhundert von der historisch-vergleichenden Sprachwissenschaft <907> verwendet, um die Verwandtschaftsverhältnisse zwischen den einzelnen Sprachen der indogermanischen Sprachfamilie <816> aufzuzeigen und eine postulierte gemeinsame idg. „Ursprache“ zu beschreiben. So läßt sich etwa aus den belegten westgermanischen (ae.

fæder, ahd. *fater*), ostgermanischen (got. *fadar*) und nordgermanischen Formen (an. *faðir*) eine gemeinsame urgermanische Form **fadēr* erschließen. Zusammen mit Belegen aus anderen Sprachen der indogermanischen Sprachfamilie, wie lat. *pater* (italischer Zweig) und sanskrit *pitar* (indoiranischer Zweig), kann dann eine indogermanische Urform rekonstruiert werden.

Rekonstruierte Formen werden durch ein Sternchen (*) gekennzeichnet.

Schwaches Verb – Starkes Verb (Weak Verb – Strong Verb) 825

Schwaches Verb

Verb, das Präteritum <406> und Partizip Präteritum <433>
– mit Hilfe eines Dentalsuffixes {D}
– und nicht mit Ablaut <801> bildet.

Starkes Verb

Verb, das Präteritum und Partizip Präteritum
– mit Hilfe von Ablaut
– und nicht mit einem Dentalsuffix {D} bildet.

Im Altenglischen gibt es neben einigen Sonderfällen starke und schwache Verben. Die Bildung von Präteritum und Partizip Präteritum mit Hilfe des Ablauts geht auf das Indogermanische <816> zurück, ist aber im Altenglischen nicht mehr produktiv, d.h. es entstehen keine neuen starken Verben. Die schwache Konjugation <304> mit Hilfe eines Dentalsuffixes {D} entstand erst im Germanischen und wurde zur einzigen produktiven Bildungsweise für Tempusformen <406> im Englischen und den anderen germanischen Sprachen.

Die altenglischen schwachen Verben werden in drei Klassen eingeteilt. Hauptkennzeichen der 1. schwachen Klasse sind in der Regel die Infinitivendung *-an* und die Präteritalendung *-ede* oder *-de*, die der 2. Klasse die Infinitivendung *-ian* und die Präteritalendung *-ode*; die 3. Klasse umfaßt nur die vier Verben *habban, libban, hycgan* und *secgan* mit Mischformen:

ae.	fremman	fremede	ge-fremed	(1. Klasse)	'fill'
ae.	âlocian	locode	ge-locod	(2. Klasse)	'look'
ae.	libban	lifde	ge-lifd	(3. Klasse)	'live'

Von den starken Verben gehen die ersten sechs Klassen auf den indogermanischen Ablaut zurück, wobei die lautlichen Veränderungen zwischen dem Indogermanischen und dem Altenglischen das System erheblich komplizieren. Die ersten fünf Klassen der starken Verben beruhen auf dem qualitativen e/o-Ablaut <801> des Indogermanischen in Verbindung mit dem jeweiligen Folgelaut:

I. e/o-Ablaut und Folgelaut i̯:

idg.	ei	oi	i	i
germ.	ī	ai	i	i
ae.	ī	ā	i	i
	drīfan	drāf	drifon	(ge)drifen

II. e/o-Ablaut und Folgelaut u̯:

idg.	eu	ou	u	u
germ.	eu	au	u	u
ae.	ēo	ēa	u	o
	cēosan	cēas	curon	coren

III.a. e/o-Ablaut und Nasal (N) + Konsonant:

idg.	e + N	o + N	N̥	N̥
germ.	i + N	a + N	uN	uN
ae.	i + N	a + N	uN	uN
	bindan	band	bundon	bunden

III.b. e/o-Ablaut und Liquid (L) + Konsonant:

idg.	e + L	o + L	L̥	L̥
germ.	e + L	a + L	uL	uL
ae.	eo + L	ea + L	uL	oL
	weorpan	wearp	wurpon	worpen

IV. e/o-Ablaut und Nasal oder Liquid:

idg.	e + N/L	o + N/L	ē + N/L/L	N̥/L̥
germ.	e + N/L	a + N/L	ǣ + N/L	uN/uL
ae.	e + L, i + N	æ + L, o + N	ǣ + L, ō + N	oL, uN
	stelan	stæl	stǣlon	stolen

V. e/o-Ablaut und Konsonant (außer N oder L):

idg.	e	o	ē	e
germ.	e	a	ǣ	e
ae.	e	æ	ǣ	e
	sprecan	spræc	sprǣcon	sprecen

(Erklärung: N̥/L̥ silbischer Nasal/Liquid)

Die sechste Klasse der altenglischen starken Verben geht auf den quantitativen Ablaut <801> des Indogermanischen <816> zurück:

VI. a/o-Ablaut:

idg.	a/o	ā/ō	ā/ō	a/o
germ.	a	ō	ō	a
ae.	a	ō	ō	a
	faran	fōr	fōron	faren

Häufig werden die sog. **REDUPLIZIERENDEN VERBEN (REDUPLICATIVE VERBS)** des Altenglischen als siebte Klasse der starken Verben bezeichnet. Im Indogermanischen bildeten sie das Präteritum durch **REDUPLIKATION (REDUPLICATION)**, d. h. Verdoppelung der ersten Silbe (wie etwa im Lateinischen *poscere – poposci*). Aufgrund der sprachgeschichtlichen Entwicklung ist diese Reduplikation im Altenglischen nur noch in Resten erkennbar; im Gotischen erfolgte die Reduplikation durch den silbenanlautenden Konsonanten und den Vokal <ai>, der /e/ gesprochen wurde:

got.	haitan	haihait	haihaitum	haitans
ae.	hātan	hēt	hēton	hāten
got.	lētan	lailot	lailotum	lētans
ae.	lætan	lēt	lēton	læten

Diese Einteilung in starke und schwache Verben korreliert nicht mit der zwischen regelmäßigen und unregelmäßigen Verben im Neuenglischen:

REGELMÄSSIGES VERB (REGULAR VERB): Verb, das die Formen des *past tense* <406> und *past participle* <433> mit einem der drei Allomorphe <307> /d/, /t/, /ɪd/ des *past tense*-Morphems {D} bildet.

walk – walked – walked;
love – loved – loved;
hate – hated – hated.

Bei regelmäßigen Verben sind die Formen des *past tense* und des *past participle* immer identisch.

UNREGELMÄSSIGES VERB (IRREGULAR VERB): Verb, das die Formen des *past tense* und *past participle* nicht mit einem der drei Allomorphe /d/, /t/, /ɪd/ des *past tense*-Morphems {D} bildet.

drink – drank – drunk	sell – sold – sold	take – took – taken
put – put – put	build – built – built	go – went – gone
meet – met – met		

Die unregelmäßigen Verben des Neuenglischen gehen nicht nur – wie *drink* – auf starke Verben des Altenglischen zurück, sondern sind – wie etwa *meet, sell* oder *build* – häufig auf schwache Verben zurückzuführen.

826 Synkope – Apokope (Syncope – Apocope)

Synkope

Ausfall eines Vokals im Wortinnern, wodurch der Verlust einer Silbe verursacht wird.

Apokope

Wegfall eines Vokals am Wortende, wodurch der Verlust einer Silbe verursacht wird.

Sowohl Synkope als auch Apokope sind Sonderformen der Elision <209> und in erster Linie eine Erscheinung der gesprochenen Sprache. Dies wird etwa bei der synkopierten Form der Negationspartikel *not* in Kombinationen wie *don't, wouldn't, can't* etc. deutlich.

Besonders wirksam waren Apokope und Synkope im Mittelenglischen, wo sie vor allem die Reduktion der Flexionsendungen in der Verbal- und Substantivflexion einleiteten. In der Schreibung sind häufig die unsynkopierten Formen erhalten oder wiederhergestellt: *looked, loved, name* etc.

Synkopiert werden seit dem Mittelenglischen oft auch dreisilbige Wörter, wie etwa me. *ev(e)ry, nev(e)re, breth(e)ren, bus(i)ness*; auch hier ist die Synkope nur gelegentlich in der neuenglischen Schreibung erkennbar.

827 Umlaut (Mutation)

Kombinatorischer Lautwandel <818>, bei dem sich die Qualität eines Vokals durch den Einfluß des Vokals der folgenden Silbe ändert.

Der Terminus Umlaut wird einerseits für den umgelauteten Vokal verwendet, andererseits auch für den historischen Vorgang.

Der sprachgeschichtlich für das Altenglische wichtigste Umlaut ist der **I-UMLAUT (I-MUTATION)** (ca. 6. Jahrhundert), bei dem die altenglischen Hinterzungenvokale <236> a(:), o(:), u(:) durch ursprüngliches germanisches i oder j der Folgesilbe zu æ(:), œ(:) > e(:), y(:) wurden.

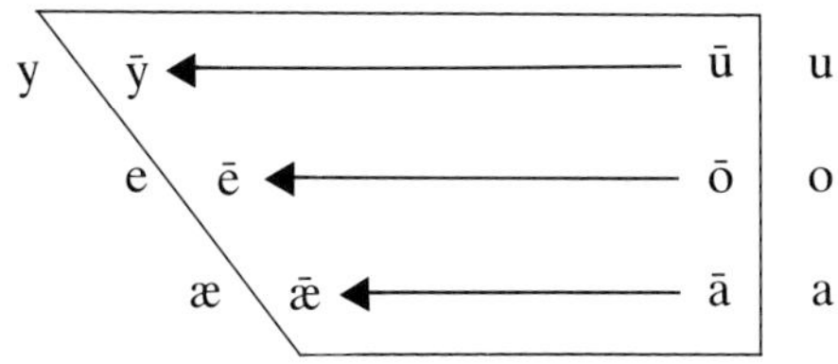

Altenglische Pluralformen wie *tēθ* (*teeth*) zu *tōθ* (*tooth*) lassen sich durch den i-Umlaut erklären: Im Germanischen wurde der Plural durch eine Endung **-iz* gebildet, die den Umlaut von /o:/ zu /e:/ bewirkte und dann abfiel. Ähnliche Beispiele finden sich in der Wortbildung, etwa *fill* (aus ae. fyllan < germ. *fuljan) und *full.*

Vernersches Gesetz (Verner's Law) 828

Kombinatorischer Lautwandel im Verlauf der Germanischen Lautverschiebung <811>, wonach die urgermanischen (aus indogermanischen p$^{(h)}$, t$^{(h)}$, k$^{(h)}$, ku̯$^{(h)}$ entstandenen) stimmlosen Reibelaute /f, θ, X, Xu̯/ sowie der bereits indogermanisch bestehende stimmlose Reibelaut /s/ in stimmhafter Umgebung stimmhaft werden, wenn die unmittelbar vorhergehende Silbe im Indogermanischen nicht den Hauptakzent <201> trug.

Das Gesetz wirkt also nicht im Anlaut, da dieser immer stimmlos war. Reflexe dieses Gesetzes im Neuenglischen finden sich z. B. im Bereich der Wortbildung:

ne.	dead (Adjektiv)	– death (Substantiv)
ae.	dēad < *dauþ	– deaþ
urgerm.	*dauþás 'tot'	– *dáuþus 'Tod'

Auch der Konsonantenwechsel in ne. *was* – *were* geht auf das Vernersche Gesetz zurück: /s/ und /r/ entsprechen beide einem indogermanischen /s/, das im Präteritum Plural und Partizip Präteritum (vgl. 3. und 4. Stammform des altenglischen starken Verbs der V. Klasse *wesan* <825>) stimmhaft und durch sog. **RHOTAZISMUS (RHOTACISM)** zu /r/ wurde. Der Rhotazismus, also der Lautwandel von urgermanischem /z/ (aus indogermanisch /s/) zu /r/, ist charakteristisch für alle west- und nordgermanischen Sprachen und unterscheidet diese etwa vom Gotischen, einer ostgermanischen Sprache.

Das Nebeneinander der stimmlosen und stimmhaften Frikative /f, θ, X, Xu̯, s/ und /b, d, g, gu̯, z >b, d, g, w, r/ in einem Flexionsparadigma <303> bzw. in wurzelverwandten Wörtern aufgrund des Vernerschen Gesetzes bezeichnet man als **GRAMMATISCHEN WECHSEL (GRAMMATICAL CHANGE)**. Im Altenglischen tritt grammatischer Wechsel als Folge des Vernerschen Gesetzes häufig bei starken Verben auf.

Dabei ist jedoch zu berücksichtigen, daß es sich im Altenglischen aufgrund der lautlichen Veränderungen zwischen dem Germanischen und dem Altenglischen nicht um den Wechsel von stimmlosen und stimmhaften Konsonanten in einem Paradigma handelt, sondern um den Wechsel zwischen den Konsonanten, die sich aus denen entwickelt haben, die durch das Vernersche Gesetz entstanden sind. So werden z. B. germ. /ð/> ae. /d/ und germ. /θ/ intervokalisch zu ae. /ð/, so daß sich der grammatische Wechsel bei starken Verben im Wechsel zwischen /θ/ und /ð/ (in der 1. und 2. Stammform <801>) einerseits und /*d*/ (in der 3. und 4. Stammform) andererseits niederschlägt:

(indo)germ.	θ	θ	θ	θ
nach dem VG	θ	θ	ð	ð
ae.	ð	θ	d	d
	cweðan	cwæθ	cwǣdon	cweden
	weorðan	wearθ	wurdon	worden

Ähnlich mit Rhotazismus: ae. *wesan* (das einzige Beispiel, wo Auswirkungen des Vernerschen Gesetzes noch heute im Wechsel von *was* – *were* vorhanden sind).

In der englischen Sprachgeschichtsforschung – etwa bei Quirk/Wrenn (1977: 127–8) – wird das Vernersche Gesetz auch gelegentlich als **SECOND CONSONANT SHIFT** bezeichnet, da es als eine zweite Stufe der 1. oder Germanischen Lautverschiebung anzusehen ist. Diese Verwendung unterscheidet sich grundlegend von dem in der deutschen Forschung üblichen Begriff der 2. oder Hochdeutschen Lautverschiebung <811>.

Empfohlene einführende Lektüre zu diesem Kapitel

Baugh/Cable (1978); Görlach (1982); Crystal (1988).

Aufgaben

F81 Erklären Sie die verschiedenen Schreibweisen für /i:/ im Neuenglischen in Wörtern sie *sea* und *see*.

F82 Worauf ist das starke Eindringen lateinischer, französischer und skandinavischer Lehnwörter in das Englische zurückzuführen? Wann waren die Hauptperioden des jeweiligen Einflusses? Geben Sie Beispiele.

F83 Warum ist es in bezug auf das heutige Englisch nicht sinnvoll, von starken und schwachen Verben zu sprechen?

F84 Finden Sie mit Hilfe eines historischen Wörterbuchs heraus, welche Bedeutungsveränderung die folgenden Wörter durchgemacht haben, und geben Sie an, um welchen Typ von Bedeutungswandel es sich dabei handelt:

(a) fowl
(b) park (v.)
(c) knight
(d) lady
(e) awful

F85 Handelt es sich beim *Great Vowel Shift* um Phonemverschmelzung, Phonemspaltung oder Phonemverschiebung?

F86 Worauf sind Pluralformen wie *feet, geese, mice* im heutigen Englisch zurückzuführen?

F87 Wie kann man die Unterschiede in der Strukturierung des englischen und des deutschen Wortschatzes in den folgenden Beispielen bezeichnen? Wo liegen die historischen Ursachen für diese Erscheinung?

(a)	ask	– question	fragen	– Frage
	eye	– oculist	Auge	– Augenarzt
(b)	beef	– cattle	Rind	
	answer	– respond	antworten	

F88 Wann sind die Grenzen zwischen Alt-, Mittel-, Frühneuenglisch und Neuenglisch anzusetzen? Ordnen Sie die folgenden historischen Ereignisse bzw. Autoren diesen Epochen zu:

(a) Angelsächsische Eroberung
(b) Shakespeare
(c) Normannische Eroberung
(d) Wikingereinfälle
(e) Chaucer

9 Linguistische Schulen und Teilgebiete der Linguistik

901 Amerikanischer Strukturalismus (American Structuralism)

Ausprägung des Strukturalismus <920>, die sich vor allem mit der Segmentierung <116> und Klassifikation <116> sprachlicher Einheiten aufgrund formaler <105> Eigenschaften beschäftigt, wobei Kriterien wie Distribution <104> und Verfahren wie Substitution <120> eine große Rolle spielen.

Zu den Hauptvertretern des amerikanischen Strukturalismus zählen L. Bloomfield, Ch. Hockett und Z. Harris. Kennzeichnend für den Ansatz ist eine weitgehende Ausklammerung der Bedeutung und die Konzentration auf die Analyse von Korpora <109>.

Aufgrund der zentralen Rolle distributioneller Analysen zur Ermittlung sprachlicher Elemente wird der amerikanische Strukturalismus auch oft **DISTRIBUTIONALISMUS (DISTRIBUTIONALISM)** genannt.

Während die Prager Schule <917> sprachliche Einheiten mit Hilfe ihrer Funktion ermittelt und etwa Phoneme <225> als kleinste bedeutungsunterscheidende Einheiten definiert, geschieht dies im amerikanischen Strukturalismus durch die systematische Untersuchung der Verteilung sprachlicher Einheiten aufgrund ihrer Kombination miteinander. Laute mit gleicher oder ähnlicher Verteilung werden in Klassen oder sog. Taxonomien eingeteilt (z. B. Konsonanten oder Vokale aufgrund ihrer Position in der Silbe), weshalb man bei dieser sprachwissenschaftlichen Richtung gelegentlich auch von **TAXONOMISCHEM STRUKTURALISMUS (TAXONOMIC STRUCTURALISM)** spricht.

Auf der Grundlage des amerikanischen Strukturalismus und der Erkenntnis seiner Grenzen vor allem in den Bereichen der Syntax und Semantik entwickelte Chomsky die generative Transformationsgrammatik <907>.

902 Britischer Kontextualismus (British Contextualism)

Ausprägung des Strukturalismus <920>, bei der die Analyse des sprachlichen wie des außersprachlichen Kontexts <608>, in dem ein Satz geäußert wird, im Vordergrund steht.

Hauptvertreter des britischen Kontextualismus war J. R. Firth, der auf den Arbeiten des Anthropologen B. Malinowski aufbaut und Bedeutung in Beziehung setzt zum *context of situation*. Dieser *context* umfaßt alle Faktoren der außersprachlichen Welt, die für die sprachliche Analyse einer Äußerung relevant sind. Auf der rein sprachlichen Ebene spielt die Konzeption der Kollokation <511> in bezug auf die Bedeutung <505> eine zentrale Rolle ("You shall know a word by the company it keeps"; Firth).

Heute können vor allem die Arbeiten von M.A.K. Halliday in gewisser Weise als Fortführung des Ansatzes des britischen Kontextualismus gesehen werden; sein Einfluß zeigt sich aber auch in den Grammatiken der Quirk-Schule (GCE, CGEL).

Computerlinguistik (Computational Linguistics) 903

> Methodischer Ansatz innerhalb der Linguistik, der mit Hilfe der elektronischen Datenverarbeitung versucht, linguistische Probleme und Fragestellungen zu lösen.

Weitere Bezeichnungen für die Computerlinguistik (CL) sind u.a. **LINGUISTISCHE DATENVERARBEITUNG (LDV)** und **ELEKTRONISCHE SPRACHFORSCHUNG (ESF)**.

Alle Teilbereiche der Linguistik können, wenn es sinnvoll erscheint, den Computer als Hilfsmittel einsetzen. Ausschlaggebend sind dabei v.a. der Gesichtspunkt der Arbeits- und Zeitersparnis (etwa bei der Bearbeitung großer Mengen von Sprachmaterial oder bei mechanischen Arbeiten wie Zählen, Erstellen von Listen, Sortieren etc.), die größere Zuverlässigkeit sowie der Gewinn an „Objektivität" (im Gegensatz zum intuitiven sprachlichen Wissen des Menschen).

Die Computerlinguistik begann in den 50er und 60er Jahren in den USA und verläuft parallel zu der rasanten Entwicklung sowohl der Computertechnologie als auch der Programmiersprachen.

Heute beschäftigt sich die Computerlinguistik v. a. mit folgenden Themenbereichen:
- automatische Dokumentation und Bereitstellung von Informationssystemen, z. B. Datenbanken (*information retrieval*),
- Sprachanalyse (insbesondere morphologische, syntaktische, semantische Analyse),
- Verarbeitung und statistische Auswertung der Analysedaten (Frequenz- oder Stiluntersuchungen, Konkordanzen, Indizierung, Lexikographie etc.),
- Maschinelle Übersetzung (MÜ) *(machine translation) (MT)*,
- Sprachsimulation (Entwicklung von Frage-Antwort-Systemen, Dialogtechniken, Erforschung der Möglichkeiten der DV-gestützten Spracherkennung).

904 Dependenzgrammatik (Dependency Grammar)

Strukturalistisches Grammatikmodell, das die Elemente eines Satzes in ihren Abhängigkeiten zueinander beschreibt, wobei Dependenz als Vorkommensrelation bestimmt ist.

In der Dependenzgrammatik wird dem Verb eine zentrale Stellung im Satz zuerkannt. Ein wesentliches Argument dafür ist die Tatsache, daß das Verb über seine Valenz <451> die Struktur eines Satzes weitgehend bestimmt. So benötigt ein Verb wie *sleep* nur eine Ergänzung <451> (*She slept*), während *kill* zwei Ergänzungen fordert (*She killed him*). Da ein Verb wie *sleep* das Vorhandensein einer Ergänzung vom Typ *she* fordert; *she* umgekehrt aber nicht ein Verb vom Typ *sleep* fordert, sondern auch mit mehrvalenten Verben wie *kill* vorkommt, kann die Ergänzung *she* auf der Basis dieser Vorkommensrelation als vom Verb abhängig gesehen werden. In *She killed him* können analog *kill* als regierendes Element und *she* und *him* als abhängige Elemente gesehen werden. Dem Subjekt kommt dabei im Gegensatz zur traditionellen Grammatik keinerlei Sonderstatus gegenüber anderen Ergänzungen (wie den Objekten) zu. In dieser Weise wird eine Hierarchie der Elemente eines Satzes entwickelt, an deren Spitze das Verb steht. Die Darstellung erfolgt in sog. Stemmata:

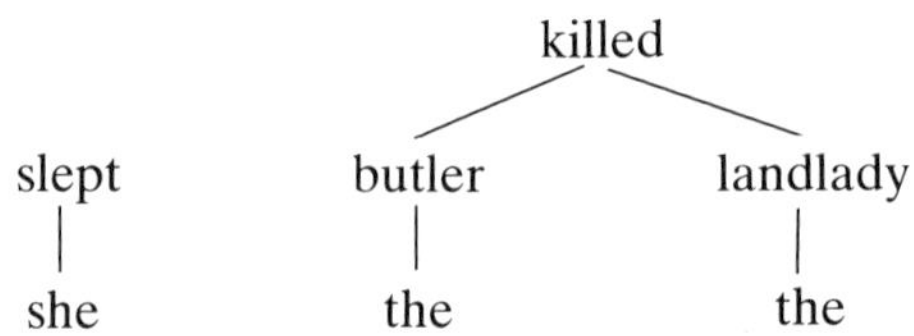

Im Gegensatz zur Phrasenstrukturgrammatik <916> beruht die Hierarchie einer Dependenzgrammatik nicht auf einer Teil-Ganzes-Relation, sondern auf den postulierten Abhängigkeitsrelationen von Elementen der gleichen Teilungsstufe.

Valenz <451>, als ein zentraler Begriff der Dependenzgrammatik, bezieht sich nicht nur auf das Verb, sondern beschreibt auch Abhängigkeitsverhältnisse zwischen anderen Elementen (etwa Artikel und Substantiv).

Im wesentlichen geht das Modell der Dependenzgrammatik auf den französischen Sprachwissenschaftler Lucien Tesnière zurück und wurde vor allem für das Französische und – besonders im Rahmen der Valenzgrammatik – für das Deutsche weiterentwickelt.

Feministische Linguistik 905

Ansatz innerhalb der Sprachwissenschaft, der die Untersuchung des Sprachgebrauchs unter dem Aspekt der Diskriminierung gegen Frauen zum Gegenstand hat.

So kritisiert die feministische Linguistik z. B. die häufige Verwendung des maskulinen Pronomens (*he/er*) in Texten, wo sowohl Männer als auch Frauen gemeint sein können (*The teacher will tell his pupils . . .*). In Großbritannien hat diese Form der Sprachkritik auch zur Verwendung von geschlechtsneutralen Substantiven bei vielen Berufsbezeichnungen u.ä., besonders in Texten wie Stellenanzeigen, geführt, z. B. *cleaning person*, *chairperson*. Dennoch ist festzustellen, daß diese Bestrebungen der Sprachveränderung in manchen Fällen – etwa bei der Verwendung der Anrede *Ms* (für *Miss* oder *Mrs*) oder in Hinblick auf das deutsche Pronomen *man* – sich noch nicht allgemein durchgesetzt haben und viele Kritiker finden.

If a woman is swept off a ship into the water, the cry is 'Man overboard!'. If she is killed by a hit-and-run driver, the charge is 'manslaughter'! If she is injured on the job, the coverage is 'workman's compensation'! But if she arrives at a threshold marked 'Men Only', she knows the admonition is not intended to bar animals or plants or inanimate objects. It is meant for her.

A. Graham, "The Making of a non-sexist dictionary" [zitiert nach: Philip M. Smith: *Language, the Sexes and Society*, Oxford: Blackwell (1985)]

Generative Semantik (Generative Semantics) 906

Syntaxmodell, in dem Sätze aus einer Tiefenstruktur <120> abgeleitet werden, die in dem Sinne als semantisch zu bezeichnen ist, als sie die Struktur von Sätzen auf atomare Bedeutungskomponenten <524> zurückführt.

Die generative Semantik ist als eine Ausprägung der generativen Transformationsgrammatik <907> vor allem Ende der sechziger und Anfang der siebziger Jahre (Ross, McCawley) entwickelt worden. Im Unterschied zum *Aspects*-Modell der TG wird hier die Tiefenstruktur nicht durch eine weitere Komponente der Grammatik semantisch interpretiert, sondern sie stellt praktisch die letztendliche semantische Repräsentation eines Satzes dar. Wesentlich ist dabei das Prinzip der **LEXIKALISCHEN DEKOMPOSITION**, d. h. daß auch lexikalische Einheiten in der Tiefenstruktur weiter aufgegliedert werden. So wird z. B. in der Tiefenstruktur eines Satzes wie *The butler killed the landlady* das Verb *kill* in die Prädikate 'CAUSE', 'BECOME' und 'NOT ALIVE' aufgelöst. Durch das Ansetzen einer semantischen Tiefenstruktur dieser Art wird die Trennung von semantischen und syntaktischen Regeln in der Grammatik aufgelöst.

907 Generative Transformationsgrammatik/TG (Generative Transformational Grammar/TG)

> Modell der Sprachbeschreibung, das Regeln aufstellt, mit denen eine unbegrenzte Zahl von grammatischen Sätzen einer Sprache erzeugt werden kann, wobei für diese Sätze zugrundeliegende Tiefenstrukturen <121> postuliert werden, die dann durch eine Reihe von Operationen wie Umstellungen, Deletionen usw. (Transformationen) in Oberflächenstrukturen übergeführt werden.

Ausgangspunkt der TG ist die Tatsache, daß die Darstellung von Sätzen im Rahmen einer reinen Phrasenstrukturgrammatik <916> nicht immer befriedigend ist, z. B. im Falle von diskontinuierlichen Morphemen <307>. Außerdem kann eine Phrasenstrukturgrammatik den Zusammenhang etwa von Aktiv- und Passivsätzen nur unzureichend verdeutlichen. Aus diesem Grund wird in der TG eine Tiefenstruktur postuliert, in der dann z. B. diskontinuierliche Elemente zusammengefaßt sind und die etwa für Aktiv- und Passivsätze dieselbe ist. Im wesentlichen wird die Tiefenstruktur über Phrasenstrukturregeln vom Typ S → NP + VP, NP → det + N etc. erzeugt und durch **TRANSFORMATIONEN (TRANSFORMATIONS)** wie Deletion, Umstellung etc. in eine Oberflächenstruktur übergeführt. Die Tiefenstruktur von *She has finished the letter* läßt sich also - stark vereinfacht – folgendermaßen darstellen:

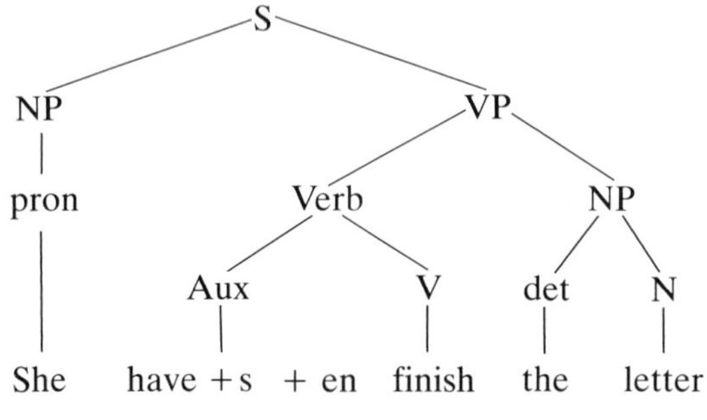

Der Auxiliarkomplex Aux umfaßt dabei z. B. Tempus- und Modusmarkierung des Verbs. Durch eine obligatorische Umstellungstransformation kann die Oberflächenstruktur *She has finished the letter* erzeugt werden. Durch Anwendung der Passivtransformation (NP_1 + Aux + V + $NP_2 \rightarrow NP_2$ + Aux + be + en + V + by + NP_1), bei der es sich um eine fakultative Transformation handelt, ist es möglich, aus derselben Tiefenstruktur die Oberflächenstrukturen *The letter has been finished* bzw. *The letter has been finished by her* zu erzeugen.

Im *Aspects*-Modell ist die Oberflächenstruktur Grundlage für die phonologische Komponente, die dann über sog. morphophonemische Regeln <309> die Morphemkette in eine Phonemkette umwandelt (also z. B. *finish* + ed → /ˈfɪnɪʃ/ oder *cut* + *en* → /kʌt/. Die Tiefenstruktur wird als Grundlage der semantischen Interpretation des Satzes gesehen.

Das *Aspects*-Modell umfaßt darüberhinaus zwei Typen von Regeln, die für das Erzeugen grammatischer Sätze wichtig sind:

STRIKTE SUBKATEGORISIERUNGSREGELN (STRICT SUBCATEGORIZATION RULES), die den formalen Kontext, in dem ein Verb vorkommen kann, spezifizieren, also etwa darstellen, ob ein Verb ein direktes Objekt braucht oder nicht; und **SELEKTIONSRESTRIKTIONEN (SELECTIONAL RESTRICTIONS)**, die grammatisch relevante semantische Komponenten <524> aufzeigen und Sätze wie **The letter wrote her* aufgrund der Inkompatibilität <512> bezüglich der Merkmale '– human' bei *letter* und '+ human' für das Subjekt von *write* ausschließen. Diese Einbeziehung einer semantischen Komponente ist ein wesentlicher Unterschied zwischen dem Modell von *Aspects* und dem vorausgehenden Modell in *Syntactic Structures*.

Ein wesentlicher Unterschied zwischen der generativen Transformationsgrammatik und den vorangehenden Ansätzen des amerikanischen Strukturalismus <901> besteht darin, daß die TG es sich zum Ziel setzt, einen Regelapparat zur Beschreibung aller in einer Sprache möglichen grammatischen Sätze aufzustellen. Das bedeutet u. a. eine Abkehr vom Prinzip der Korpusanalyse <109>, die durch die Intuition des Linguisten ersetzt wird. Grundlage der Beschreibung ist dabei die Unterscheidung von Kompetenz und Performanz <108> und die abstrakte Vorstellung eines *ideal speaker/hearer*, was häufig, besonders aus soziolinguistischer und konversationsanalytischer Sicht kritisiert worden ist.

Ein wesentliches Charakteristikum der TG ist ihre Spracherwerbstheorie. Die Grundüberlegung dabei ist, daß Spracherwerb über angeborene Eigenschaften erst möglich wird. Es wird also im Gegensatz zum Behaviorismus ein nativistischer Standpunkt vertreten. Der Suche nach Universalien <122>, die den Spracherwerb erleichtern, bildet dementsprechend auch ein wesentliches Ziel der Theorie, wobei behauptet wird, Transformationen zählten zu diesen Universalien.

Das Modell der generativen Transformationsgrammatik wurde in Chomskys *Syntactic Structures* (1957) in einer ersten Version dargelegt. Chomskys *Aspects of the Theory of Syntax* (1965) stellt eine beträchtliche Modifikation der Theorie dar und wurde lange Zeit als **STANDARDTHEORIE (STANDARD THEORY)** bezeichnet. In den siebziger und achtziger Jahren erfuhr die Theorie weitere Modifikationen, von denen sich jedoch keine im Sinne einer weitgehend akzeptierten Standardtheorie durchsetzen konnte. Kasusgrammatik <910> und generative Semantik <906> können als Ableger der Transformationsgrammatik Chomskys gesehen werden. Chomskys *Lectures on Government and Binding* stellen eine Weiterführung der Theorie dar, die im wesentlichen darauf beruht, keine spezifischen Transformationen wie Passivtransformation anzusetzen, sondern eine generelle Umformung (*move* α) zu postulieren und Restriktionen für die Anwendbarkeit dieser Regel aufzustellen. Während die generative Transformationsgrammatik in den sechziger Jahren weltweit wissenschaftsgeschichtlich von sehr großem Einfluß war, ist ihre Bedeutung seitdem, insbesondere in der europäischen Linguistik, zurückgegangen.

Literatur: Sells (1985), Fanselow/Felix (1987), Cook (1988).

908 Historisch-vergleichende Sprachwissenschaft / Indogermanistik/Komparatistik (Comparative Philology)

Historische Sprachwissenschaft des 19. Jahrhunderts, bei der die Erforschung der Entwicklung und der Verwandtschaft der indogermanischen Sprachen und die auf Vergleich aufbauende Rekonstruktion <824> früherer, nicht durch schriftliche Sprachzeugnisse belegter Sprachzustände wie Germanisch oder Indogermanisch <816> im Mittelpunkt stand.

Die Schule der historisch-vergleichenden Sprachwissenschaft entwickelte sich in Deutschland Anfang des 19. Jh., nachdem – ausgelöst durch die Entdeckung des Sanskrits durch den Engländer W. Jones – erstmals die Hypothese einer möglichen Sprachverwandtschaft zwischen den indogermanischen Einzelsprachen aufgestellt wurde. Durch Sprachvergleich versuchte man, frühere Sprachzustände der Einzelsprachen der indogermanischen Sprachfamilie zu erforschen, die Art und den Grad der Verwandtschaft näher zu bestimmen und die indogermanische Grundsprache zu rekonstruieren. Im Mittelpunkt stand dabei die Erforschung des systematischen Lautwandels. Wichtigste Ergebnisse waren die Entdeckung der 1. (oder Germanischen) und der 2. (oder Hochdeutschen) Lautverschiebung <812> durch Jacob Grimm und des Vernerschen Gesetzes <828>.

IC-Analyse/Konstituentenanalyse (IC-Analysis/Immediate Constituent Analysis) 909

> Analyse in binären Teilungsschritten, die Wörter oder Sätze in immer kleinere Bestandteile bis zur Ebene der Morpheme <307> zerlegt.

Die IC-Analyse wurde vor allem im amerikanischen Strukturalismus (Bloomfield, Harris) <901> entwickelt. Dabei wird davon ausgegangen, daß sich ein Satz wie *The butler murdered the landlady* aus zwei **UNMITTELBAREN KONSTITUENTEN (IMMEDIATE CONSTITUENTS)** *the butler* und *murdered the landlady* zusammensetzt, die dann jeweils wieder in *the* und *butler* bzw. *murdered* und *the landlady* zerfallen, wobei *the landlady* einen weiteren Teilungsschritt erforderlich macht.

Als Kritik gegen das Verfahren der IC-Analyse ist anzuführen, daß die Kriterien für die Teilung und das Prinzip der binären Teilungsschritte nicht immer einsichtig sind. Aus dependenzgrammatischer Sicht <904> wäre z. B. einzuwenden, daß bei einem Satz wie *The butler murdered the landlady* eine binäre Teilung keineswegs zwingend ist, sondern man auch auf der ersten Stufe drei Konstituenten – *the butler*, *murdered* und *the landlady* – ansetzen kann.

Kasusgrammatik (Case Grammar) 910

> Syntaxmodell, in dem dem Verb (bzw. dem Adjektiv) bei der Satzanalyse eine zentrale Stellung zugewiesen wird, indem es sog. Kasusrahmen um sich eröffnet, d. h. eine bestimmte Anzahl von Kasus obligatorisch oder fakultativ fordert, wobei unter Kasus eine semantische Rolle verstanden wird.

Kasus im Sinne der Kasusgrammatik, die 1968 von Fillmore im Rahmen der generativen Transformationsgrammatik <907> entwickelt wurde, darf also nicht verwechselt werden mit dem traditionellen Kasusbegriff <424>, der sich auf Flexionsformen <307> von Substantiven, Adjektiven und Artikeln bezieht. Zur Verdeutlichung werden anstelle von Kasus im Sinne der Kasusgrammatik gelegentlich auch Termini wie **TIEFENKASUS (DEEP CASE)** oder **KASUSROLLE (CASE ROLE)** verwendet.

Mit Hilfe dieses Ansatzes läßt sich verdeutlichen, daß in den Sätzen

(1) He opened the door
(2) He opened the door with a key
(3) The key opened the door
(4) The door opened

die Nominalphrasen *he*, *the door* und *(with) a key* jeweils denselben Kasus besitzen, nämlich **AGENTIVE** (*he*), **INSTRUMENTAL** (*(with) a key*) und **OBJECTIVE** (*the door*). Der Kasusrahmen von *open* ließe sich also als + ___ O (I) (A) beschreiben, was bedeutet, daß der OBJECTIVE obligatorisch in der Oberflächenstruktur realisiert sein muß, während AGENTIVE und INSTRUMENTAL fakultativ sind. Dabei wird auch festgelegt, welche syntaktischen Positionen die einzelnen Kasus wahrnehmen, also z. B. durch Regeln der folgenden Art: Wird A realisiert, so nimmt er die Subjektposition ein (Satz 1), tritt zudem ein I auf, dann in der Form einer Präpositionalphrase mit *with* (Satz 2); tritt A nicht auf, dann nimmt I Subjektposition ein (Satz 3), und falls nur der OBJECTIVE realisiert wird, steht er in Subjektposition (Satz 4).

Eine der Hauptschwierigkeiten des Modells besteht in der genauen Abgrenzung verschiedener Kasus voneinander. Fillmore (1968) führt folgende Kasus auf: **AGENTIV (AGENTIVE)**, **INSTRUMENTALIS (INSTRUMENTAL)**, **DATIV (DATIVE)**, **FAKTITIV (FACTITIVE)**, **LOKATIV (LOCATIVE)** und **OBJEKTIV (OBJECTIVE)**. Die Anzahl der angesetzten Kasus variiert stark in verschiedenen Modellen, wobei sich kein Modell allgemein durchgesetzt hat. Dennoch kann man sagen, daß der kasusgrammatische Ansatz in viele Beschreibungen, also etwa auch in CGEL oder in manche Ausprägungen der Valenztheorie <451>, eingegangen ist.

In der *Government-Binding*-Theorie entsprechen den Tiefenkasus dieser Art die sog. **θ-ROLES (THETA-ROLES oder THEMATIC ROLES bzw. THETA-ROLLEN)**. Der Terminus **KASUS (CASE)** wird in diesem Modell in einem anderen (dem traditionellen Kasusbegriff näheren) Sinn verwendet, und zwar für abstrakte Kasus, die Nominalphrasen in der Tiefenstruktur zugeordnet werden.

911 Konstituentenstrukturgrammatik (Constituent Structure Grammar)

Modell der Sprachbeschreibung, das die Struktur von Sätzen als hierarchische Teil-Ganzes-Beziehungen mit Hilfe der Konstituentenanalyse <909> darstellt.

Die Konstituentenstrukturgrammatik wurde im Rahmen des amerikanischen Strukturalismus <901> entwickelt und stellt die Grundlage für die Phrasenstrukturgrammatik <916> dar.

Kontrastive Linguistik (Contrastive Linguistics) 912

Teilgebiet der Sprachwissenschaft, das den synchronen <103> Vergleich zweier oder mehrerer Sprachen zum Gegenstand hat.

Innerhalb der kontrastiven Linguistik werden die Beschreibungen zweier Sprachen miteinander verglichen, wobei wesentlich ist, daß beide Sprachen zunächst unabhängig voneinander beschrieben werden. Bis zu einem gewissen Grad können Erkenntnisse der kontrastiven Linguistik im Fremdsprachenunterricht verwendet werden. Wenn z. B. Diskrepanzen im Phonemsystem der beiden Sprachen festgestellt werden, so ist anzunehmen, daß Phoneme von L2 (der Zielsprache), die in der Muttersprache der Lernenden (L1) nicht vorkommen – wie etwa /θ, ð, w, æ/ im Falle von L1 Deutsch und L2 Englisch, eine besondere Schwierigkeit darstellen.

Literatur: Burgschmidt/Götz (1974).

Lexikographie (Lexicography) 913

1 Erstellen von Wörterbüchern.

2 Teilgebiet der Angewandten Linguistik, das sich mit der Analyse von Wörterbüchern und den theoretischen Grundlagen der Wörterbucherstellung beschäftigt.

In gewisser Weise baut die Lexikographie als angewandte Disziplin auf Erkenntnissen der theoretischen Lexikologie <914> auf, da sie theoretische Erkenntnisse in die Praxis der Darstellung des Wortschatzes (einer Sprache) im Wörterbuch umsetzt.

Gelegentlich wird für Lexikographie (2) die Bezeichnung **METALEXIKOGRAPHIE** verwendet.

Lexikologie (Lexicology) 914

Teilgebiet der Sprachwissenschaft, das sich mit der Erforschung des Wortschatzes einer Sprache, seiner Struktur und inneren Gliederung sowie mit seinen einzelnen Bestandteilen, den Wörtern bzw. Lexemen <305>, befaßt, und zwar sowohl in synchroner als auch in diachroner <103> Hinsicht.

Manchmal wird Lexikologie auch im Sinne von Lexikographie (1) <913> gebraucht.

915 Neurolinguistik (Neurolinguistics)

Teilgebiet der Linguistik, das die im menschlichen Gehirn und Nervensystem gegebenen Grundlagen für den Erwerb und die Verwendung von Sprache zum Gegenstand hat.

So wurde etwa festgestellt, daß sich das Sprachzentrum in der linken Gehirnhälfte hinter dem Ohr befindet. Sprachstörungen oder Sprachverlust (**APHASIE (APHASIA)**) lassen sich häufig auf organische Ursachen zurückführen und können lokalisiert und behandelt werden.

916 Phrasenstrukturgrammatik – PSG (Phrase Structure Grammar – PSG)

Grammatik, die Sätze nach dem Prinzip der Zerlegung in unmittelbare Konstituenten (*immediate constituent analysis* <909>) so beschreibt,
- daß durch die Anwendung von Regeln das hierarchisch höchste Element in zwei (oder mehrere) Kategorien einer niedrigeren Stufe der Hierarchie überführt wird, auf die dann jeweils wieder Regeln desselben Typs anwendbar sind,
- wobei sich eine Hierarchie in der Strukturbeschreibung des Satzes ergibt, die auf dem Teil-Ganzes-Prinzip beruht und an deren Spitze der Gesamtsatz steht.

Die Regeln, die dabei angewandt werden, heißen **PHRASENSTRUKTURREGELN/ERSETZUNGSREGELN (PHRASE STRUCTURE RULES/REWRITE RULES)** und werden mit Hilfe von sog. **KATEGORIAL-SYMBOLEN (CATEGORY SYMBOLS)** (wie S für *sentence*) dargestellt:

S → NP + VP
NP → det + N etc.
VP → V + NP

Auf der Grundlage solcher Regeln lassen sich die Strukturen von Sätzen in der Form sog. Baumgraphe darstellen.

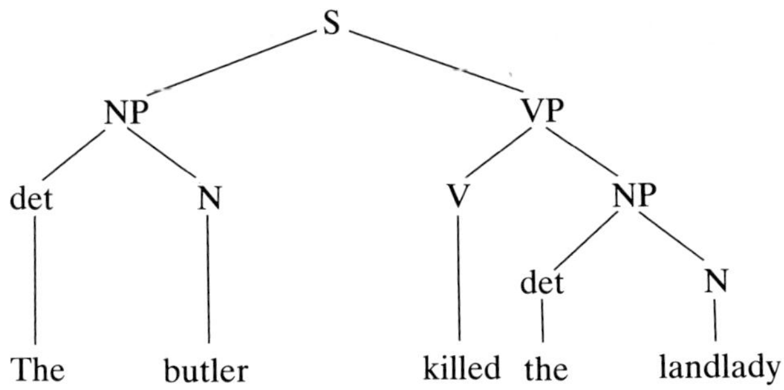

Die Phrasenstrukturgrammatik erreicht damit einen höheren Abstraktionsgrad als eine Konstituentenstrukturgrammatik <911>. Aber auch eine reine Phrasenstrukturgrammatik hat den Nachteil, daß sie an die lineare Abfolge der Elemente im Satz gebunden ist und von daher etwa im Falle von diskontinuierlichen Morphemen <307> (wie *have* + *en* in *She has been there*) unbefriedigend erscheint.

Die Phrasenstrukturgrammatik bildet eine wesentliche Teilkomponente innerhalb des Modells der generativen Transformationsgrammatik <907>, wo sie – stark vereinfacht gesprochen – zur Beschreibung der Tiefenstruktur eines Satzes dient, auf der die transformationelle Komponente aufbaut.

Prager Schule (Prague School) 917

> Richtung des Strukturalismus <920>, die die Funktion <105> sprachlicher Elemente in den Mittelpunkt der Betrachtung stellt.

In der Phonologie <227> äußert sich die Betonung der Funktion etwa in der Definition des Phonems <225> als kleinster bedeutungsdifferenzierender Einheit. Diese kleinsten Einheiten werden ermittelt durch das Aufstellen von Minimalpaaren <225> wie *pit : bit, pit : fit, pit : sit* etc.. Der Bedeutungsunterschied kann dabei bereits durch ein einziges distinktives Merkmal <225> eines Phonems verursacht sein, z. B. ‘fortis’ bzw. ‘lenis’ bei p und b. Phoneme sind dementsprechend als Bündel distinktiver Merkmale zu verstehen, so das Phonem /p/ als Kombination der Merkmale ‘bilabial’ + ‘plosiv’ + ‘fortis’.

Im Bereich der Syntax wird im Rahmen der **FUNKTIONALEN SATZPERSPEKTIVE (FUNCTIONAL SENTENCE PERSPECTIVE)** die Unterscheidung von Thema und Rhema <615> entwickelt.

Zu den wichtigsten Vertretern der Prager Schule, die 1926 gegründet wurde, sind V. Mathesius, N. Trubetzkoy, J. Firbas und R. Jakobson zu zählen. Heute finden die Arbeiten der Prager Schule u. a. in den Theorien von M.A.K. Halliday ihren Niederschlag <britischer Kontextualismus 902>.

918 Psycholinguistik (Psycholinguistics)

Teilgebiet der Sprachwissenschaft, das sich mit den bei der Verwendung von Sprache ablaufenden psychologischen Prozessen beschäftigt.

Die Psycholinguistik untersucht die psychologischen Faktoren, die sowohl die Verwendung als auch das Verstehen von Sprache beeinflussen, sowie psychologisch bedingte Zusammenhänge zwischen Denken, Bewußtsein, Intuition und Sprechen.

Ein Hauptforschungsgebiet der Psycholinguistik ist der Spracherwerb unter den verschiedensten Voraussetzungen, sei es beim Erlernen der Muttersprache oder beim Erwerb einer Fremdsprache.

Die moderne Psycholinguistik entwickelte sich in den 50er Jahren in den USA (z. B. C. E. Osgood). Das Interesse an psychologischen Problemen in Verbindung mit Sprache und Sprechen war jedoch schon früher vorhanden, etwa bei den deutschen Sprachphilosophen W. v. Humboldt und H. Steinthal, bei den amerikanischen Ethnolinguisten des frühen 20. Jh. (vgl. Sapir-Whorf-Hypothese <716>), aber auch bei der Prager Schule oder bei Chomsky im Hinblick auf die Rolle der Intuition in seinem Modell der TG <907>.

919 Semiotik (Semiotics)

Wissenschaft von den Eigenschaften und Wirkungsmechanismen von Zeichensystemen.

Gegenstand der Semiotik sind natürliche wie künstliche Sprachen, aber auch Zeichensysteme wie Verkehrszeichen oder die Morsesprache. Nach den Philosophen Peirce, Morris und Carnap läßt sich die Semiotik in die drei Gebiete Semantik <522>, Syntax <448> und Pragmatik <516> einteilen.

920 Strukturalismus (Structuralism)

Methode der Sprachbetrachtung, die Sprache als ein zusammenhängendes System sieht und sprachliche Zeichen in ihren Relationen zu den anderen sprachlichen Zeichen dieses Systems beschreibt.

Strukturalismus ist eine sehr verallgemeinernde Bezeichnung für verschiedene Ansätze innerhalb der Linguistik im 20. Jh.: Als Hauptrichtungen gelten im allgemeinen der amerikanische Strukturalismus <901>, die Kopenhagener Schule (die sog. Glossematik von Hjelmslev), die Genfer Schule und die Prager Schule <917>, aber auch der britische Kontextualismus <902> und die Dependenzgrammatik <904> sind dem Strukturalismus zuzuordnen.

Die generative Transformationsgrammatik <907> kann einerseits als Weiterführung des amerikanischen Strukturalismus verstanden werden, andererseits aber auch als Abkehr vom Strukturalismus.

Grundauffassungen und theoretische Grundbegriffe der verschiedenen Richtungen der Linguistik, die mit der Bezeichnung Strukturalismus umschrieben werden, wurden erstmals in F. de Saussures *Cours de linguistique générale* (1916) formuliert. Dazu gehören u. a.:

- die Auffassung von Sprache als ein System von sprachlichen Zeichen <117>,
- die Trennung von *langage* (*faculté du langage* = Sprachfähigkeit), *langue* und *parole* <110>,
- der Vorrang der gesprochenen vor der geschriebenen Sprache <605>,
- die Forderung nach wertungsfreier, rein deskriptiver Sprachanalyse, weshalb der Strukturalismus auch als deskriptive Sprachwissenschaft <102> bezeichnet wird,
- die Trennung von historischer (diachroner <103>) und nicht-historischer Betrachtungsweise, wobei der nicht-historischen der Vorrang eingeräumt wird.

Survey of English Usage – Cobuild 921

Survey of English Usage

Korpus <109> geschriebener und gesprochener Texte des britischen Englisch, das unter der Leitung von Randolph Quirk angelegt wurde und die Grundlage vieler Analysen der Grammatik des heutigen Englisch darstellt.

Die Arbeit am *Survey of English Usage* wurde 1959 an der University of Durham begonnen und ab 1960 am University College, London fortgesetzt. Ziel war es, ein Korpus zur Untersuchung der Grammatik des Englischen (im Sinne von *educated English*) zu schaffen, das auch eine statistische Auswertung grammatischer Phänomene (also Häufigkeit bestimmter Konstruktionen etc.) erlaubt. Der *Survey of English Usage* hat sich in vielen Einzeluntersuchungen niedergeschlagen und bildet – neben Akzeptabilitätstests u.ä. – eine wichtige Grundlage für die Grammatiken von R. Quirk, S. Greenbaum, G. Leech und J. Svartvik, also vor allem die *Grammar of Contemporary English* (GCE)(1972) und *A Comprehensive Grammar of the English Language* (CGEL) (1985).

Cobuild

Collins Birmingham University International Language Database: Korpus <109> geschriebener und gesprochener Texte vor allem des britischen Englisch, das an der Universität Birmingham unter Leitung von John Sinclair angelegt wurde und als Grundlage für lexikographische und syntaktische Arbeiten dient.

In der Fortführung korpusbezogener Arbeiten an der Universität Birmingham wurde das Cobuild-Projekt im Jahr 1980 ins Leben gerufen. Cobuild besteht aus mehreren Teilkorpora und umfaßt insgesamt über 20 Millionen Wörter. Durch seinen Umfang, seine Aktualität und seine computergestützte Verfügbarkeit stellt das Cobuild Korpus eines der bedeutendsten Textkorpora für die Analyse der englischen Gegenwartssprache dar, was sich u. a. in Publikationen wie dem *Collins Cobuild English Language Dictionary* (1987) und der *Collins Cobuild English Grammar* (1990) niedergeschlagen hat.

922 Traditionelle Grammatik/Traditionelle Sprachwissenschaft (Traditional Grammar)

Sprachbeschreibung, wie sie seit der Antike zunächst für das Griechische und Lateinische entwickelt, später auch auf die europäischen Sprachen angewandt wurde.

Als typische Kennzeichen der traditionellen Grammatik lassen sich anführen:

- das Primat der geschriebenen Sprache <605>,
- eine oft präskriptive <102> und puristische Haltung,
- eine Orientierung am Vorbild des Lateinischen,
- die Vermischung der Ebenen von Form <105> und Bedeutung <505>,
- die Vermischung der Ebenen der Synchronie und der Diachronie <103>.

Obwohl sich die moderne Linguistik in diesen Punkten von der traditionellen Grammatik unterscheidet, hat sie viele Konzepte der traditionellen Grammatik übernommen, etwa die Unterscheidung von Subjekt und Prädikat <445> oder die Wortklasseneinteilung <453>.

923 Übersetzungswissenschaft (Translation Theory)

Teilgebiet der angewandten Sprachwissenschaft <119>, das die wissenschaftliche Analyse der Übersetzung von einer Sprache in eine andere zum Gegenstand hat.

Ein Untersuchungsgegenstand der Übersetzungswissenschaft ist die Frage, welche Bedingungen erfüllt sein müssen, damit **ÄQUIVALENZ (EQUIVALENCE)**, also Gleichwertigkeit von Ausgangs- und Zieltext, erreicht wird bzw. inwieweit eine solche Äquivalenz überhaupt möglich ist. Die moderne Übersetzungswissenschaft betont vor allem Faktoren wie die kulturelle Einbettung von Texten, die Zusammensetzung des Adressatenkreises und den Zweck der Übersetzung.

Zum Teil wird der Terminus **TRANSLATIONSTHEORIE** verwendet, wobei **TRANSLATION** als Oberbegriff für Übersetzen und Dolmetschen gesehen wird.

Empfohlene einführende Lektüre zu diesem Kapitel

Robins (1967); Brekle (1972); Lyons (1970).

Aufgaben

F91 Welche der folgenden Aussagen trifft auf die generative Transformationsgrammatik, welche auf die Valenzgrammatik zu?

(a) Sätze werden in der Form von Strukturbäumen analysiert, in denen der Satz S als hierarchisch höchstes Element angesetzt wird.
(b) An der Spitze der Hierarchie eines Satzes steht das Verb, von dem alle anderen Glieder als abhängig gesehen werden.
(c) Die Satzanalyse erfolgt nach dem Prinzip der Teil-Ganzes-Relation, wobei binäre Teilungsschritte zugrundegelegt sind.

F92 Mit welchen Schulen sind folgende Linguisten zu assoziieren?

(a) Leonard Bloomfield
(b) Noam Chomsky
(c) Charles Fillmore
(d) Michael Halliday
(e) Nicolai Trubetzkoy

F93 Wie ist die zeitliche Aufeinanderfolge von

(a) Phrasenstrukturgrammatik
(b) Kasusgrammatik
(c) generativer Transformationsgrammatik
(d) generativer Semantik
(e) amerikanischem Strukturalismus?

F94 Was ist der *Survey of English Usage*? Für welche wichtigen Arbeiten im Bereich der englischen Linguistik stellt er die Grundlage dar?

F95 Inwiefern unterscheiden sich die Ansätze von Chomsky und Quirk in Hinblick darauf, wie man feststellt, ob eine Konstruktion grammatisch ist oder nicht?

Lösungen der Aufgaben

A11 (a) *I ain't got no idea* kann nicht als falsch bezeichnet werden, weil doppelte Verneinung in einer Reihe von englischen Dialekten durchaus vorkommt. In der Standardsprache wäre eine solche Form jedoch nicht akzeptabel.
(b) Die Konstruktion *avoided to do* ist nicht akzeptabel (bzw. nicht grammatisch).

A12 Das Mißverständnis, das dieser Äußerung zugrundeliegt, ist, daß die ältere Form auch die richtigere sei. Nachdem heute *Who did you ask?* offensichtlich auch in der englischen Standardsprache weit verbreitet ist, wäre ein solches Urteil im Rahmen einer deskriptiven Wissenschaft nicht gerechtfertigt.

A13 Es handelt sich dabei um die schriftliche Transkription spontaner mündlicher Sprache. Die Konstruktionsabbrüche können als Performanzerscheinungen klassifiziert werden.

A14 Der Fehler ist durch Interferenz bedingt, weil die Bedeutung des deutschen Wortes *ordinär* mit der von *ordinary* gleichgesetzt wird.

A15 Das Neuhochdeutsche ist – wie das Altenglische – eine flektierende Sprache, da weitgehend durch Flexionsendungen zum Ausdruck gebracht wird: (a) die Wortklassenzugehörigkeit (*rund* Adjektiv; *Runde* Substantiv; *umrunden* Verb), (b) Satzgliedfunktionen wie Subjekt (Nominativ), direktes Objekt (Akkusativ) etc..

A21 /f/: frikativ – labiodental – fortis
/ð/: frikativ – dental – lenis
/ŋ/: nasal – velar – lenis
/t/: plosiv – alveolar – fortis

Weitere Merkmale (wie 'aspiriert' etc.) dienen lediglich der phonetischen Beschreibung der Sprachlaute, nicht aber zur Beschreibung der Phoneme. Anstelle von 'fortis' – 'lenis' wird gelegentlich die Opposition 'stimmlos' – 'stimmhaft' zur Beschreibung auf der phonologischen Ebene herangezogen.

A22 Der RP-Vokal /ɑ:/ kommt dem Kardinalvokal 5 sehr nahe, wird aber etwas zentraler artikuliert.

A23 Vokallänge ist insofern ein sinnvolles phonologisches Merkmal, als in derselben Lautumgebung etwa der lange Vokal /i:/ immer länger artikuliert wird als der entsprechende kurze Vokal /ɪ/. Vor Leniskonsonanten kann jedoch der kurze Vokal /ɪ/ länger als der lange Vokal /i:/ vor Fortiskonsonanten sein, so daß eine nicht vom Kontext abstrahierende Einteilung in lange und kurze Vokale auf der phonetischen Ebene nicht möglich ist.

A24 (a) /i:/
(b) /æ/
(c) /ɒ/

A25 (a) *intrusive* /r/
(b) partielle regressive Assimilation
(c) Elision

A26 Allophone von /l/: siehe <225>

A27 (a) They went to Connemara. falling
(b) Did they really? rising
(c) How did they like it? falling
(d) What was the weather like? falling

Im Gegensatz zum Deutschen werden *wh*-Fragen im Englischen mit fallender und nicht mit steigender Intonation gesprochen.

A28 (a) /m/ (b) /k, g/

A29

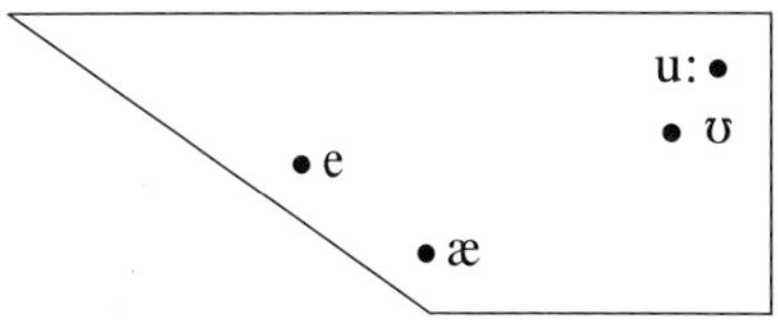

Die Markierung im Vokalviereck bezeichnet den höchsten Punkt der Zunge bei der Artikulation des betreffenden Vokals.

A31 Das Morphem {D}, mit dem die regelmäßigen Verben <825> im Englischen das *past tense* <406> bilden, hat die Allomorphe /d/, /t/ und /ɪd/. Diese Allomorphe sind komplementär distribuiert <104>. Dabei gelten folgende Allomorphverteilungsregeln:

/d/: V___	nach Vokalen: /peɪd/ (*paid*), /emptɪd/ (*emptied*)
C_{sth}___	nach stimmhaften Konsonanten außer /d/: /kɔ:ld/ (*called*), /lʌvd/ (*loved*)
/t/: C_{stl}___	nach stimmlosen Konsonanten außer /t/: /tɔ:kt/ (*talked*), /lɑ:ft/ (*laughed*)
/ɪd/: d/t___	nach /d/ oder /t/: /rɪˈwɔ:dɪd/ (*rewarded*), /ˈheɪtɪd/ (*hated*).

A32 (a/b) *business*/*driver*: Suffigierung (Nominalisierung aus Adjektiv bzw. Verb)
(c/d) *CGEL*/*radar*: Acronym
(e) *bedsitter*: Komposition (Kopulativkompositum)
(f) *a cold*: Zero-Derivation (Nominalisierung)
(g) *edit*: Rückbildung
(h) *railway*: Komposition (Determinativkompositum)
(i) *minibus*: Präfigierung

A33 the (fr./gr.) + queen (fr./lex.) + like (fr./lex.) + S (geb./gr.) + to (fr./gr.) + stay (fr./lex.) + at (fr./gr.) + Balmoral (fr./lex.) + castle (fr./lex.) + and (fr./gr.) + insist (fr./lex.) + S (geb./gr.) + on (fr./gr.) + go (fr./lex.) + ing (geb./gr.) + to (fr./gr.) + Scot (fr./lex.) + land (fr./lex.) + once (fr./lex.) + a (fr./gr.) + year (fr./lex.). Anmerkung: Wörter wie *insist* erweisen sich bei einer rein synchronen Analyse als problematisch. Historisch ist eine Analyse in zwei Morpheme gerechtfertigt. Man könnte also ein Wurzelmorphem **sist* ansetzen, das auch in *persist*, *consist* etc. enthalten wäre. Allerdings ist es von der Bedeutung her kaum möglich, diese Wörter in zwei Morpheme zu zerlegen: Zum einen ist fraglich, ob **sist* in *insist*, *persist* und *consist* jeweils dieselbe Bedeutung hat. Zum anderen erscheint zweifelhaft, ob sich die Bedeutung von *insist* aus der Bedeutung eines Morphems **sist* und eines Morphems *in* ergeben kann. Von daher ist es wohl angemessener, solche Wörter im Neuenglischen (trotz der im Lateinischen gegebenen Mehrmorphemigkeit) als einmorphemisch zu betrachten.

A34 (a) *went* ist eine Suppletivform. (b) *took*, *shot* und *drove* können als Portmanteaumorpheme analysiert werden. In anderen linguistischen Modellen werden solche Formen durch einen Vokalwechsel erklärt. (c) Im Falle von *put* und *cut* kann die *past-tense*-Form durch ein Nullmorphem erklärt werden.

A35 Determinans ist jeweils der erste Bestandteil der Wortbildung, das Determinatum der zweite, also *house*, *tie*, *-er*, das Nullmorphem ∅ und *fair*. Bei *bus driver* ist *bus* Determinans zu *driver*, *drive* Determinans zu *-er*.

A41 *the Pope to give him a divorce from his first wife, Katherine (2); this (3)*

A42 *When she had a baby, it turned out to be Broody Mary.*

Hauptsatz:
Adverbiale *Subject* *Verb* *Subject Complement*

Nebensatz:
S *V* *dir O*

Im Falle von *have* ist die Passivierbarkeit nicht gegeben.

A43 Es handelt sich um einen *compound sentence*, der aus zwei *main clauses* besteht, nämlich:

- einem *complex sentence*: *He wanted this because when she had a baby it turned out to be Broody Mary*, wobei *when she had a baby it turned out to be Broody Mary* wiederum als *complex sentence* analysierbar wäre, und
- einem *simple sentence*: *Henry wanted a boy.*

A44 Demonstrativpronomen (in beiden Fällen)

A45 *because, when, and, and.*

A46 Adverb: *however*
Adverbiale: *however, with all his followers, from the Church of England.*

A47 *want*: monotransitives Verb
refuse: intransitives verb (mit *dual class membership* auch monotransitives Verb)
secede: als *prepositional verb secede from* mit direktem Objekt

Im Valenzmodell würde *want* als obligatorisch zweivalentes Verb, *refuse* als obligatorisch einvalentes, fakultativ zweivalentes Verb und *secede* als obligatorisch zweivalentes Verb mit einer Präpositionalergänzung klassifiziert werden.

A48 Die Quirk-Grammatiken verwenden den Terminus Tempus nur für flektierte Formen. Da im Englischen zum Ausdruck der 'Zukünftigkeit' entweder Präsensformen oder periphrastische Formen verwendet werden, gibt es im Englischen kein Tempus Futur.

A49 (a) Hauptsatz:

Adverbiale: *On the little branch line which starts at Wockley Junction and conveys passengers to Eggmarsh St John, Ashenden Oakshott, Bishop's Ickenham and other small and somnolent hamlets*
Subjekt: *the early afternoon train*
Verb: *had begun*
Adverbiale: *just*
direktes Objekt: *its leisurely journey*

(b) Präpositionalphrase:

On the little branch line which starts at Wockley Junction and conveys passengers to Eggmarsh St John, Ashenden Oakshott, Bishop's Ickenham and other small and somnolent hamlets
Präposition: *on* + Nominalphrase (*the little... hamlets*)
Nominalphrase: *branch line* als *head; the* als Determiner; *little* als prämodifizierendes Adjektiv; Postmodifikation durch den Relativsatz *which starts at... somnolent hamlets.*

A51 (a) durativ (b) iterativ (c) inchoativ (d) terminativ (e) *blow up* 'explodieren': punktuell – 'vergrößern': terminativ (f) terminativ

A52
1. *vehicle* ist das Hyperonym aller anderen Wörter.
2. *bus* ist Hyperonym zu *minibus*, *coach* und *double-decker*, *train* das Hyperonym zu *intercity train.*
3. *minibus, coach* und *double-decker* (nur in der Bedeutung 'bus') sind Kohyponyme.

A53 Eindeutige Fälle von Homonymie liegen bei *pole* und *ear* vor, weil die Homonyme etymologisch nicht miteinander verwandt sind. Bei *coach*, *tie* und *right* handelt es sich sprachgeschichtlich um Polysemie, wobei die etymologische Verwandtschaft bei *right* und *tie* vielleicht nicht mehr eindeutig erkennbar ist.

A54 Richtig: (a), (c), (d).

A55 (a) Hyponymie (b) Konversität (c) Antonymie (d) Kausativität (e) Konversität

A56 Kollokation

A57 (a) *manage* ist ein implikativer Prädikator, denn der Satz impliziert *William beat the Anglo-Saxons*. Hierbei handelt es sich nicht um eine Präsupposition, denn der negierte Satz (*William did not manage to beat the Anglo-Saxons*) impliziert *William did not beat the Anglo-Saxons but tried to*.

(b/c) *disapprove* und *regret* sind faktive Prädikatoren. *Mary Stuart married the murderer of her second husband* bzw. *William conquered England* bilden Präsuppositionen, die auch bei Negation des Gesamtsatzes erhalten bleiben.

(d) *want* ist weder faktiv noch implikativ.

A58 Richtig: (b), (c). Im Falle von (a) handelt es sich um den Sprechakt der Deskription.

A59 Richtig: (c), (d). Da der negierte Satz *She did not succeed in getting a place as an assistant teacher* impliziert *She did not get a place as an assistant teacher*, handelt es sich um Implikation und nicht um Präsupposition. *Succeed* ist folglich kein faktiver, sondern ein implikativer Prädikator.

A60 (a) Beschreibung (b) Warnung (c) Erklärung.

A61 *so* kann als Pro-Form beschrieben werden, die "not only the intellectual but the moral foundations of the *ancien régime* were crumbling" wieder aufgreift.

A62 (a) *they* (Z. 3): anaphorische Referenz auf *the Thatcherites*
(b) *we* (Z. 4): exophorische Referenz (*the British* o.ä.)
(c) *she* (Z. 4): in gewisser Weise exophorische Referenz, weil der Name *Margaret Thatcher* im Text nicht genannt wurde (auch nicht in der Passage, die diesem Ausschnitt unmittelbar vorausgeht); in gewisser Weise anaphorisch mit Bezug auf *Thatcherites*.

A63 Der Bezug von *ancien régime* ergibt sich aus den drei vorhergehenden Kapiteln des Buches, in dem die Lage der britischen Gesellschaft Ende der siebziger Jahre geschildert wird. *Her victorious entrance to Number 10* bezieht sich auf ihren Amtsantritt als Premierministerin, was entsprechendes Weltwissen (u.a. daß

Number 10 der Regierungssitz ist) voraussetzt. (In einer deutschen Übersetzung müßte man unter Umständen – je nach Leserkreis – von *Downing Street* sprechen.)

A64 Auch *the idea* kann als Pro-Form aufgefaßt werden, und zwar für *decline is a moral issue*.

A65 Lexikalisch ergibt sich Kohäsion u.a. durch das Auftreten folgender Elemente:
(a) moral being – one – who – his (own judgment) – his (right) – his (moral faculties) – his (capacity) – he – man – his (living)
(b) choice – choose – choice – choose
(c) moral (being) – moral (faculties) – moral (cripple)

A71 Richtig: (a), (b), (c). Vom Standpunkt der deskriptiven Linguistik her wäre es falsch zu sagen, Dialekte unterschieden sich im Grad der Korrektheit, denn innerhalb eines Dialekts können auch Formen wie *You don't know nothing* akzeptabel sein. Im System dieses Dialekts sind solche Formen korrekt, auch wenn sie gegen die Regeln des *Standard English* verstoßen.

A72 Creolsprachen werden auch als Muttersprache gesprochen, Pidginsprachen nicht.

A73 Richtig: (a), (d). Schottland verfügt über einen eigenen Aussprachestandard mit hohem Sozialprestige.

A74 Richtig: (a), (c), (d).

A75 Die Sätze in (a) unterscheiden sich in Hinblick auf den Dialekt – *wee dram* sind schottische Dialektwörter – während sich die Sätze in (b) im Register unterscheiden, wobei *Can I offer you a whisky?* formaler und höflicher ist als *Would you mind a whisky?*

A76 Richtig: (a), (b), (d). Zu (c) vgl. A71: was für Dialekte zutrifft, gilt auch für andere Varietäten einer Sprache.

A77 Richtig: (c).

A78 Beispiele: *postvocalic* /r/, *retroflex* /r/, /ɑ:/ v. /æ/; vgl. <703>

A81 Die Schreibung spiegelt die Tatsache wider, daß die beiden Wörter im Mittelenglischen unterschiedlich ausgesprochen wurden: *sea* /sɛ:/ und *see* /se:/. Im Verlauf des *Great Vowel Shift* fielen die beiden Vokale (im 17. Jh.) zu /i:/ zusammen.

A82 Lateinische Lehnwörter im Englischen sind vor allem auf folgende Faktoren zurückzuführen:
- das Eindringen von lateinischem Wortschatz in das Germanische vor der Besiedlung Englands durch die Angelsachsen,
- die Tatsache, daß Latein im Mittelalter die Sprache der Gelehrten und der Kirche war,
- die Bedeutung des Latein im Humanismus.

Französische Lehnwörter sind auf die normannische Eroberung (1066) zurückzuführen, sind aber erst vor allem im 13. und 14. Jahrhundert ins Englische eingedrungen. Skandinavische Lehnwörter gehen darauf zurück, daß die Dänen im 9. und 10. Jahrhundert weite Teile Nordostenglands (*Danelaw*) besetzt hatten, wobei sich der Einfluß vor allem ab dem 12. Jahrhundert auswirkt. (Beispiele s. Eintrag.)

A83 Starke Verben bilden die Präteritalformen mit Hilfe von Ablaut. Während im Altenglischen das indogermanische Ablautsystem noch deutlich ist, ist das im Neuenglischen vor allem aufgrund lautlicher Veränderungen nicht mehr der Fall. Auch manche der historisch schwachen Verben sind aufgrund von Assimilationen und anderen Lautveränderungen oft nicht mehr regelmäßig.

A84 a) und b) Bedeutungsverengung
c) und d) Bedeutungsverbesserung
e) Bedeutungsverschlechterung

A85 Im wesentlichen handelt es sich beim *Great Vowel Shift* um eine Phonemverschiebung. Phonemverschmelzung liegt allerdings im Falle von me. /e:/ und /ɛ:/ vor, die im Laufe des *Great Vowel Shift* zu /i:/ zusammenfielen.

A86 Die historische Ursache für solche Pluralformen bildet der i-Umlaut des Altenglischen.

A87 (a) Im Englischen liegt Dissoziation, im Deutschen Konsoziation vor. (b) Im englischen Wortschatz treten Dubletten auf, die sich im Laufe der Sprachgeschichte in Hinblick auf Bedeutung oder Stilebene auseinander entwickelt haben. Ursache für beide Erscheinungen ist die großzügige Übernahme französischen Wortgutes neben altem germanischem Wortgut in der mittelenglischen Zeit.

A88 Mit der angelsächsischen Eroberung im 5. Jahrhundert beginnt die altenglische Sprachperiode (450/700–1100). In diese Zeit (vor allem in das 9. und 10. Jahrhundert) fallen die Wikingereinfälle, die sich sprachgeschichtlich vor allem ab dem 12. Jahrhundert auswirken. Die normannische Eroberung 1066 war das entscheidende historische Ereignis, das die Entwicklung zum Mittelenglischen (1100–1500) ausgelöst hat. Chaucers (1340–1400) *Canterbury Tales* sind das wohl bedeutendste literarische Werk in Mittelenglisch; Shakespeare (1564–1616) ist der frühneuenglischen Periode (1500–1700) zuzurechnen.

A91 Transformationsgrammatik: (a), (c)
Valdenzgrammatik: (b)

A92 (a) Bloomfield mit seinem Werk *Language* (1933) ist einer der Hauptvertreter des frühen amerikanischen Strukturalismus.
(b) Chomsky begründete mit *Syntactic Structures* (1957) und mit *Aspects of the Theory of Syntax* (1965) die generative Transformationsgrammatik.

(c) In seinem berühmten Aufsatz 'The Case for Case' entwickelte Fillmore (1968) die Grundgedanken der Kasusgrammatik.
(d) Halliday baut sowohl auf Erkenntnissen der Prager Schule wie der Tradition des britischen Kontextualismus auf.
(e) Trubetzkoy ist einer der Hauptvertreter der Prager Schule.

A93 Im weiteren Sinne können (a) – (d) zum amerikanischen Strukturalismus (e) gerechnet werden. Die Phrasenstrukturgrammatik ist dabei eine Ausprägung des amerikanischen Strukturalismus, die in dieser Form durch Chomskys generative Transformationsgrammatik (c) überwunden wurde. Generative Semantik (d) und Kasusgrammatik (b) sind zwei Ansätze im Rahmen der generativen Transformationsgrammatik, die sich aber von den Theorien Chomskys in *Aspects of the Theory of Syntax* (1965) unterscheiden.

A94 S. den entsprechenden Eintrag.

A95 Während Quirk für die Beurteilung der Akzeptabilität einer Konstruktion Textkorpora wie den *Survey of English Usage* <921> (und Tests mit *native speakers*) verwendet, stellt Chomsky die Intuition des Linguisten in den Vordergrund.

Bibliographie

1. Terminologiewörterbücher

Burgschmidt, E. *Sprachwissenschaftliche Termini für Anglisten. Deskriptive Linguistik, Angewandte Linguistik, Historische Linguistik, Fachdidaktik, Textlinguistik.* Nürnberg: Verlag Burgschmidt, 1976.

Crystal, D. *A First Dictionary of Linguistics and Phonetics*. London: Deutsch, 1980.

Lewandowski, Th. *Linguistisches Wörterbuch*, 3 Bände. Heidelberg: UTB, [4]1984.

2. Allgemeine Literatur

Allerton, D.J. *Valency and the English Verb*, London/New York: Academic Press, 1982.

Austin, J.L. *How to do Things with Words*. Cambridge Mass.: Harvard University Press/New York: OUP, 1962.

Barnickel, K.D. *Sprachliche Varianten des heutigen Englisch*, 2 Bände, München: Hueber, 1982.

Baugh, A.C./Cable, T. *A History of the English Language*, Englewood Cliffs, N.J.: Prentice-Hall, [3]1978.

Bell, A.M. *Visible Speech. The Science of Universal Alphabetics for the Writing of all Languages in one Alphabet*. London: Simpkin, Marshall, 1867.

Bernstein, B. *Class, Codes and Control*. Vol I., London, 1971.

Betz, W. „Deutsch und Lateinisch. Die Lehnbildungen der althochdeutschen Benediktinerregel“, 1949.

Bloomfield, L. *An Introduction to the Study of Language*. Nachdruck der Ausgabe London 1914. Amsterdam u. a.: Benjamins, 1983.

Bloomfield, L. *Language*. London: Allen & Unwin, 1976 ([1]1933).

Bolinger, D./Sears, D.A. *Aspects of Language*. New York: Harcourt Brace Jovanovich, [3]1981.

Brekle, H.E. *Eine Einführung in die Sprachwissenschaftliche Bedeutungslehre*. München: Fink, 1972.

Brown, G. *Listening to Spoken English*. London: Longman, 1977.

Brown, G./Yule, G. *Discourse Analysis*. Cambridge Textbooks in Linguistics. Cambridge: CUP, 1983.

Burgschmidt, E./Götz, D. *Kontrastive Linguistik. Deutsch/Englisch*. München: Hueber, 1974.

Carstensen, B. „Amerikanische Einflüsse auf die deutsche Sprache“, in: Carstensen, B./Galinsky, H.: *Amerikanismen der deutschen Gegenwartssprache*. Heidelberg: Winter, [2]1967.

Carter, R. *Vocabulary*. London: Unwin Hyman, 1987.

Chomsky, A.N. *Aspects of the Theory of Syntax*. Cambridge, Mass.: M.I.T. Press, 1965.

Chomsky, A.N. *Syntactic Structures*. The Hague: Mouton, 1957.

Collins Cobuild English Grammar (ed. by J. Sinclair), London/Glasgow: Collins, 1990.

Collins Cobuild English Language Dictionary (ed. by J. Sinclair), London/Glasgow: Collins, 1987.

Cook, K.J. *Chomsky's Universal Grammar. An Introduction*. Oxford: Blackwell, 1988.

Crystal, D./Davy, D. *Advanced Conversational English*. London: Longman, 1975.

Crystal, D./Davy, D. *Investigating English Style*. London: Longman, 1983.

Crystal, D. *The English Language*. Harmondsworth: Penguin, 1988.

Crystal, D. „English“, in: *Lingua 17* (1967), 24–56.

Coseriu, E. *Probleme der strukturellen Semantik*. Tübinger Beiträge zur Linguistik, Tübingen, 1973.
Cowie, A.P./Mackin, R. (eds.) *The Oxford Dictionary of Current Idiomatic English*. Vol. I.: Verbs with Prepositions and Particles. Vol. II.: Phrase, Clause and Sentence Idioms. London: OUP, 1975 (I) und 1983 (II).
Culler, J. *Saussure*. Fontana Modern Masters Series, Glasgow: Fontana, 1972.
De Beaugrande, R./Dressler, W.U. *Einführung in die Textlinguistik*. Tübingen: Niemeyer, 1981.
Dirven, R./Radden, G. *Semantische Syntax des Englischen*. Wiesbaden: Akademische Verlagsgesellschaft Athenaion, 1977.
Fanselow, G./Felix S.W. *Sprachtheorie. 2. Die Rektions- und Bindungstheorie*. Tübingen: UTB Francke, 1987.
Fillmore, C.J. "The Case for Case", in: Bach, E./Harms, R.T. (eds): *Universals in Linguistic Theory*. New York: Holt, Rinehart and Winston, 1968.
Finkenstaedt, Th./Wolff, D. *Ordered Profusion. Studies in Dictionaries and the English Lexicon*, with contributions by H.J. Neuhaus and W. Herget. Heidelberg: Carl Winter, 1973.
Gimson, A.C. *An Introduction to the Pronunciation of English*. London: Arnold, ^{3}1980.
Gipper, H. *Gibt es ein sprachliches Relativitätsprinzip? Untersuchungen zur Sapir-Whorf-Hypothese*. Frankfurt: Fischer, 1972.
Görlach, M. *Einführung in die englische Sprachgeschichte*. UTB 383, Heidelberg: Quelle & Meyer, ^{2}1982.
Götz, D./Burgschmidt, E. *Historische Linguistik: Englisch*. Anglistische Arbeitshefte, Tübingen: Max Niemeyer, 1973.
Götz, D./Burgschmidt, E. *Einführung in die Sprachwissenschaft für Anglisten*. München: Hueber, 1971.
Greenbaum, S. *Good English and the Grammarian*. London: Longman, 1988.
Grice, P.H. "Logic and Conversation", in: Coole, P./Morgan, J.L. *Syntax and Semantics*. Vol. 3: *Speech Acts*. New York, San Francisco, London: Academic Press, 1975.
Halliday, M.A.K. *A Course in Spoken English*: Intonation. London: OUP, 1970.
Halliday, M.A.K./Hasan, R. *Cohesion in English*. (English Language Series 9), London: Longman, 1976.
Halliday, M.A.K./McIntosh, A./Strevens, P. *The Linguistic Sciences and Language Teaching*. London: Longman, 1964.
Hanowell, M. *Sprachhistorischer Examenskurs Englisch*. München: Hueber, 1980.
Hansen, B./Hansen, K./Neubert, A./Schentke, M. *Englische Lexikologie. Eine Einführung in Wortbildung und lexikalische Semantik*. Leipzig: Verlag Enzyklopädie, 1985.
Hausmann, F.J. „Kollokation im deutschen Wörterbuch. Ein Beitrag zur Theorie des lexikographischen Beispiels". In Bergenholtz, H./Mugdan J. *Lexikographie und Grammatik*. Tübingen: Niemeyer, 1985.
Hönig, H.G./ Kußmaul, P. *Strategie der Übersetzung. Ein Lehr- und Arbeitsbuch*. Tübingen: Narr, ^{2}1984.
Jones, D. *Everyman's English Pronouncing Dictionary*. Edited by Alfred C. Gimson, London: J.M. Dent & Sons, ^{14}1977.
Kastovsky, D. *Wortbildung und Semantik*. (Studienreihe Englisch 14). Düsseldorf: Schwann-Bagel, 1982.
König, E./Legenhausen, L. *Englische Syntax 1: Komplexe Sätze*. Frankfurt: Fischer Athenäum, 1972.
Koller, W. *Einführung in die Übersetzungswissenschaft*. Heidelberg: UTB, ^{2}1983.
Labov, W. *The Social Stratification of English in New York City*. Washington D.C., 1966.

Lamprecht, A. *Grammatik der englischen Sprache*. Berlin: Cornelson, 1972.
Leech, G.N. *Meaning and the English Verb*. London: Longman, 1971.
Leech, G.N. *Towards a Semantic Description of English*. London: Longman, 1971.
Leech, G.N. *Semantics*. Harmondsworth: Penguin, ^{2}1981.
Leech, G.N. *Principles of Pragmatics*. London: Longman, 1983.
Leech, G.N./Svartvik, J.: *A Communicative Grammar of English*. London: Longman, 1975.
Lehnert, M. *Altenglisches Elementarbuch*. Sammlung Göschen 2210. Berlin, New York: de Gruyter, ^{9}1978.
Leisi, E. *Der Wortinhalt. Seine Struktur im Deutschen und Englischen*. Heidelberg: Quelle u. Meyer, 1971.
Leisi, E. *Praxis der englischen Semantik*. Heidelberg: Carl Winter, ^{3}1985 (^{2}1973).
Leisi, E. *Das heutige Englisch*. Heidelberg: Carl Winter, ^{7}1985.
Longman Dictionary of Contemporary English. Ed. Della Summers. London: Longman und München: Langenscheidt, ^{2}1987.
Lyons, J. *Introduction to Theoretical Linguistics*. Cambridge: CUP, 1968.
Lyons, J. *Semantics*. Vol. 1, Cambridge: CUP, 1977.
Lyons, J. *Chomsky*. Harvester: Hassocks, 1977.
Marchand, H. *The Categories and Types of Present-Day English Word-Formation*. München: Verlag C.H. Beck, ^{2}1969.
Matthews, P.H. *Morphology. An Introduction to the Theory of Word Structure*. Cambridge Textbooks in Linguistics, Cambridge: CUP, 1974.
Matthews, P.H. *Syntax*. Cambridge: CUP, 1981.
Ogden, Ch.K./Richards. *The Meaning of Meaning*. London: Routledge & Kegan Paul, 1923.
Orton, H./Dieth, E. *Survey of English Dialects*. Leeds: Arnold, 1962.
Orton, H./Sanderson, S./Widdowson, J. (eds.) *The Linguistic Atlas of England*. London: Croom Helm, 1978.
Oxford Advanced Learner's Dictionary of Current English. Ed. A.S. Hornby with the assistance of A.P. Cowie and J. Windsor Lewis. London: OUP, ^{4}1989. $_{1}$(1948)$_{2}$.
Palmer, F.R. *Grammar*. Harmondsworth: Penguin Books, 1982.
Palmer, F.R. *Semantics*. Cambridge: CUP, 1981 (^{1}1976).
Pike, K.L. *The Intonation of American English*. Ann Arbor: Univ. of Michigan Press, 1945.
Pinsker, H.E. *Historische Englische Grammatik*. München: Hueber, ^{4}1974.
Quirk, R./Greenbaum, S. *A University Grammar of English*. London: Longman, 1973.
Quirk, R./Greenbaum, S./Leech, G./Svartvik, J. *A Comprehensive Grammar of the English Language*. London: Longman, 1985.
Quirk, R./Wrenn, C.L. *An Old English Grammar*. Methuen's Old English Library. London: Methuen, ^{2}1977.
Reiß, K./Vermeer, H.J. *Grundlegung einer allgemeinen Translationstheorie*. Tübingen: Niemeyer, 1984.
Robins, R.H. *General Linguistics. An Introductory Survey*. London: Longman, ^{2}1976.
Saussure, F. de/Bally, C. (Hrsg.). *Grundfragen der allgemeinen Sprachwissenschaft*. Berlin: de Gruyter, 1931 (^{2}1967).
Searle, J.R. *Speech Acts: An Essay in the Philosophy of Language*. Cambridge: CUP, 1969.
Searle, J.R. „What is a Speech Act?", in: Searle, J.R. *The Philosophy of Language*, London: OUP, 1971, 39–54.
Sells, P. *Lectures on Contemporary Syntactic Theories*. Stanford: Center for the Study of Language and Information, 1985.
Sinclair, J. "Beginning the Study of Lexis" in: Bazell, C.E., Catford, J.C., Halliday, M.A.K., Robins, R.H. *In Memory of J.R. Firth*. London: Longman, 1966: 410–30.

Snell-Hornby, M. *Übersetzungswissenschaft. Eine Neuorientierung*. Tübingen: UTB, 1986.

Svartvik, J./Quirk, R. *A Corpus of English Conversation*. Lund, Schweden: LWC Gleerup, 1980.

The Oxford English Dictionary. Being a Corrected Re-Issue with an Introduction, Supplement, and Bibliography, of A New English Dictionary on Historical Principles. Founded Mainly on the Materials Collected by the Philological Society and ed. by James A.H. Murrey, Henry Bradley, W.A. Craigie, C.T. Onions. 12 vols. & Supplement. Oxford: Clarendon Press, 1933. Neue Supplementbände 1972–1986.

The Oxford English Dictionary. Edited by W. Burchfield, 20 vols., Oxford: Clarendon Press, ^{2}1989.

Trudgill, P./Hannah, J. *International English. A Guide to the Varieties of Standard English*. London: Arnold, 1982.

Trudgill, P./Hughes, A. *English Accents and Dialects: An Introduction to Social and Regional Varieties of British English*. London: Arnold, 1979.

Trudgill, P. *Sociolinguistics: An Introduction*. Harmondsworth: Penguin, 1983 (^{1}1974).

Ungerer, F./Meier, G.E.H./Schäfer, K./Lechler, Sh.B. *A Grammar of Present-Day English*. Stuttgart: Klett, 1984.

Wells, J.C. *Accents of English. An Introduction.* 3 vols., Cambridge: CUP, 1982.

Wells, J.C. *Longman Pronunciation Dictionary.* London; Longman, 1990.

Werlich, E. *A Text Grammar of English*. Heidelberg: Quelle & Meyer, 1976.

Wills, W. *Übersetzungswissenschaft. Probleme und Methoden*. Stuttgart: Klett, 1977.

Verzeichnis in der Sprachwissenschaft gebräuchlicher Abkürzungen

ae.	Altenglisch
afr.	Anglofriesisch
afrz.	Altfranzösisch
ahd.	Althochdeutsch
agn.	Anglonormannisch
ALD	Oxford Advanced Learner's Dictionary
AmE	American English
an.	Altnordisch
angl.	Anglisch
BrE	British English
CGE	Communicative Grammar of English
CGEL	A Comprehensive Grammar of the English Language
Cobuild	Collins Birmingham University International Language Database
DCE	Longman Dictionary of Contemporary English
EPD	English Pronouncing Dictionary
frne.	Frühneuenglisch
GCE	A Grammar of Contemporary English
germ.	Germanisch
got.	Gotisch
GVS	Great Vowel Shift
idg.	indogermanisch
IPA	International Phonetic Association International Phonetic Alphabet
kent.	Kentisch
lat.	Lateinisch
LDOCE	Longman Dictionary of Contemporary English
LOB	Lancaster-Oslo-Bergen Corpus
me.	Mittelenglisch
merc.	Mercisch
mhd.	Mittelhochdeutsch
Ms	Manuskript
ne.	Neuenglisch
nhd.	Neuhochdeutsch
NP	Nominalphrase
NED	New English Dictionary
OALD	Oxford Advanced Learner's Dictionary
ODEE	Oxford Dictionary of English Etymology
ODCIE	Oxford Dictionary of Current Idiomatic English
OED	Oxford English Dictionary
PSG	Phrasenstrukturgrammatik
RP	Received Pronunciation
SED	Survey of English Dialects
SEU	Survey of English Usage
TG	Transformationsgrammatik
UGE	University Grammar of English
VP	Verbalphrase
ws.	Westsächsisch

Index von Namen und Projekten

Die Zahlen bezeichnen die Nummer des Eintrags, Sternchen einen Haupteintrag.

Index englischer Termini

Die angegebenen Zahlen bezeichnen das Kapitel.

Index deutscher Termini

Die angegebenen Zahlen bezeichnen das Kapitel, Sternchen einen Haupteintrag.